KB145027

# 연합학습

Korean edition copyright ⓒ 2022 by aCORN Publishing Co. All rights reserved.

Original English language edition published by Morgan and Claypool publishers
Copyright ⓒ 2020 Morgan and Claypool Publishers
All Rights Reserved Morgan and Claypool Publishers

이 책은 Morgan and Claypool Publishers와 에이콘출판㈜가 정식 계약하여 번역한 책이므로
이 책의 일부나 전체 내용을 무단으로 복사, 복제, 전재하는 것은 저작권법에 저촉됩니다.

# 연합학습

치앙 양·양 리우·용 청·옌 캉·텐젠 첸·한 유 지음   이태휘 옮김

에이콘

에이콘출판의 기틀을 마련하신 故 정완재 선생님 (1935-2004)

## 치앙 양 Qiang Yang

위뱅크WeBank의 AI 부서장(AI 최고 책임자)이자 홍콩 과학기술대학교 컴퓨터공학과 석좌교수다. 그 전에 학과장을 맡은 바 있으며, 빅데이터 인스티튜트Big Data Institute의 설립이사(2015~2018)이기도 했다. 관심 분야는 AI, 머신러닝, 데이터 마이닝 등이며 특히 전이학습, 자동 계획 수립, 연합학습, 사례 기반 추론에 관심을 갖고 있다. ACM, AAAI, IEEE, IAPR, AAAS 등 여러 국제 협회의 회원이다. 메릴랜드대학교 칼리지 파크 캠퍼스에서 1989년에 컴퓨터공학 박사학위를, 1985년에 천체물리학 석사학위를 받았다. 학사학위는 천체물리학으로 1982년에 베이징대학교에서 받았다. 워털루대학교(1989~1995)와 사이먼프레이저대학교(1995~2001)의 교수를 역임했다. 「ACM TIST ACM Transactions on Intelligent Systems and Technology」와 「IEEE TBD IEEE Transactions on Big Data」 저널의 초대 편집장을 지냈다. IJCAI International Joint Conference on AI의 대회장(2017~2019)과 AAAI Association for the Advancement of AI의 집행 이사회 멤버(2016~2020)로 봉사했다. 수상 경력으로는 '2004/2005 ACM KDDCUP 챔피언십', 'ACM SIGKDD 특별 공로상 Distinguished Service Award'(2017), 'AAAI 혁신적인 AI 애플리케이션 상 Innovative AI Applications Award'(2016) 등이 있다. 화웨이 Huawei의 '노아의 방주 연구소 Noah's Ark Lab' 초대 연구소장(2012~2014)을 지냈으며, AI 플랫폼 회사인 포패러다임 4Paradigm의 공동 설립자이기도 하다. 지은 책으로는 『Intelligent Planning』(Springer, 1997), 『Crafting Your Research Future』(Morgan & Claypool, 2012), 『Constraint-based Design Recovery for Software Engineering』(Springer, 1997) 등이 있다.

**양 리우**[Yang Liu]

위뱅크의 AI 부서 선임 연구원이다. 연구 관심 분야는 머신러닝, 연합학습, 전이학습, 다중 에이전트 시스템, 통계 역학 등이며, 이러한 기술들을 금융업에 적용하는 연구에 관심을 갖고 있다. 2012년에 프린스턴대학교에서 박사학위를 받았으며, 2007년에 칭화대학교에서 학사학위를 받았다. 다수의 특허를 보유하고 있으며, 「ACM TIST」와 「Nature」를 비롯한 최우수 과학 저널에 논문을 출간한 바 있다.

**용 청**[Yong Cheng]

위뱅크의 AI 부서 선임 연구원이다. 그 전에는 화웨이 테크놀로지스[Huawei Technologies Co., Ltd.]에서 선임 엔지니어, 벨 연구소[Bell Labs] 독일 지사에서 선임 연구원으로 일했다. 홍콩에 있는 화웨이-HKUST 이노베이션 연구소에서 연구원으로 일하기도 했다. 주요 연구 분야는 심층학습, 연합학습, 컴퓨터 비전 및 OCR, 수학적 최적화 및 알고리듬, 분산 컴퓨팅, 혼합 정수 프로그래밍[Mixed-Integer Programming] 등이다. 20편 이상의 저널 및 콘퍼런스 논문을 출간했으며, 40건 이상의 특허를 출원했다. 중국 항저우에 있는 저장대학교에서 2006년에 학사(최우수 졸업)학위를, 홍콩 과학기술대학교와 독일 다름슈타트 공과대학교에서 각각 2010년과 2013년에 석사, 박사(최우수 졸업)학위를 받았다. 다름슈타트 공과대학교에서 2014년에 최우수 박사학위 논문상을, 2006년에 저장대학교에서 최우수 학사학위 논문상을 받았다. ICASSP'15에서 '혼합 정수 원뿔 프로그래밍[Mixed-Integer Conic Programming]'에 관한 튜토리얼을 진행했으며, (IJCAI'19와 함께 열린) FML'19의 프로그램 위원이었다.

**옌 캉**<sup></sup>Yan Kang (https://github.com/yankang18)

위뱅크의 AI 부서 선임 연구원이다. 주로 프라이버시 보전 머신러닝과 연합 전이학습 기법들을 연구 개발하고 있다. 미국 메릴랜드대학교 볼티모어 카운티에서 석사, 박사학위를 받았다. 이종 데이터 통합<sup>heterogeneous data integration</sup>을 위한 머신러닝과 시맨틱 웹<sup>semantic web</sup>을 주제로 한 박사 연구로 박사 펠로우십을 지원받았다. 박사 과정 동안 미국 국립표준기술원<sup>NIST, National Institute of Standards and Technology</sup> 및 미국 국립과학재단<sup>NSF, National Science Foundation</sup>과 협동으로 수행하는 여러 프로젝트에 참여하며 온톨로지<sup>ontology</sup> 통합 시스템을 설계하고 개발했다. 상용 소프트웨어 프로젝트 경험도 충분히 갖고 있다. 위뱅크에 합류하기 전에는 4년 여 동안 스타독 유니언<sup>Stardog Union Inc.</sup>과 서너 코퍼레이션<sup>Cerner Corporation</sup>에 근무하며 시스템을 설계하고 개발하는 일을 했다.

**텐젠 첸**<sup>Tianjian Chen</sup>

위뱅크의 AI 부서 부<sup>副</sup>부서장이다. 연합학습 기술에 기반한 Banking Intelligence Ecosystem을 구축하는 책임을 맡고 있다. 위뱅크에 합류하기 전에는 바이두 파이낸스<sup>Baidu Finance</sup>의 최고 아키텍트, 바이두의 수석 아키텍트였다. 대규모 분산 시스템 설계 분야에 12년 이상의 경험을 보유하고 있으며, 웹 검색 엔진, P2P 스토리지, 유전체학, 추천 시스템, 디지털 뱅킹, 머신러닝 등 다양한 응용 분야에 기술 혁신을 이끌었다.

**한 유**<sup>Han Yu</sup>(http://hanyu.sg)

싱가포르 난양 기술대학교 컴퓨터공학과의 조교수다. 2015년부터 2018년까지 최고 권위의 리콴유 포스트닥 펠로우십<sup>Lee Kuan Yew Post-Doctoral Fellowship</sup>을 받았다. 난양 기술대학교에 합류하기 전에는 휴렛팩커드<sup>HP, Hewlett-Packard</sup>에서 임베디드 소프트웨어 엔지니어로 일했다. 난양 기술대학교에서 컴퓨터공학으로 박사학위를 받았다. 주로 온라인 컨벡스 최적화<sup>convex optimization</sup>, 윤리적 AI, 연합학습, 그리고 이러한 기술들을 크라우드소싱<sup>crowdsourcing</sup> 같은 복잡한 협업 시스템에 적용하는 연구를 한다. 120편 이상의 연구 논문을 최우수 국제 콘퍼런스 및 저널에 출간했으며, 수상 경력도 다수 보유하고 있다.

이 책에서는 데이터가 여러 사이트에 흩어져 있고 소유하고 있는 개인이나 조직이 서로 달라서 데이터를 한데 모으기가 쉽지 않을 때, 어떻게 인공지능 애플리케이션에서 머신러닝 모델을 만들고 사용하는지 알려준다. 근래 들어 빅데이터 시대에 살고 있다는 얘기를 많이 들었을 텐데, 물론 빅데이터는 오늘날의 사회에서 AI의 발전에 불을 지피는 중요한 요소다. 하지만 진실은 이 시대가 서로 조각조각 분리돼 있는 스몰 데이터 사일로의 시대라는 것이다. 데이터는 휴대 전화와 같은 에지 디바이스에서 수집되고 그곳에 저장된다. 병원 같은 조직에서는 특성상 제한된 사용자의 데이터밖에 보지 못하는 경우가 많다. 그러나 프라이버시 보호 및 보안 요구사항으로 인해 단순하게 서로 다른 조직에 있는 데이터를 합치는 것은 갈수록 더 어려워지고 있다. 이러한 상황에서, 연합 머신러닝<sup>federated machine learning</sup>(줄여서 연합학습<sup>federated learning</sup>)이 실제적인 해결책으로 떠오르고 있다. 연합학습을 통해 사용자 프라이버시와 데이터 기밀 유지에 관한 요구사항을 준수하면서 여러 당사자가 공유하는 고성능 모델을 만들 수 있다.

프라이버시 보호와 보안 문제를 해결할 수 있다는 점 외에도, 연합학습을 하면 클라우드 시스템의 에지 디바이스에서 컴퓨팅 능력을 최대한 활용할 수 있다는 강력한 이점이 있다. 디바이스와 서버 간에 통신을 할 때 원시 데이터를 전부 보내지 않고 계산 결과만 보내면 통신이 훨씬 효율적이다. 예를 들어 자율주행 자동차에서 대부분의 계산은 로컬에서 처리한 다음, 필요한 결과만 일정 간격으로 클라우드와 서로 교환하는 방식으로 효율을 높일 수 있다. 위성에서 수집한 정보를 지구에 있는 컴퓨터와 통신할 때도 최소한의 통신 채널만 사용하기 위해 대부분의 계산을 먼저 끝내기도 한다. 연합학습을 이용하면 여러 디바이스와 컴퓨팅 서버 간에 계산 결과만 교환하는 방식으로 계산을 동기화할 수 있다.

비유를 들어 연합학습을 설명해보겠다. ML 모델은 양이고 데이터는 풀이라 하겠다. 전통적인 방식으로 양을 사육한다면 풀을 구해서 양이 있는 곳에 풀을 옮겨줄 텐데, 데이터셋을 구해서 중앙 서버로 보내는 경우가 이와 흡사하겠다. 하지만 프라이버시 보호 문제와 규정 때문에 데이터를 물리적으로 이동시킬 수는 없다. 비유에 맞춰 얘기하면, 풀을 더 이상 해당 지역 밖으로 옮겨다 주지 못한다. 그 대신 연합학습에서는 이중 방법론을 사용한다. 양을 초원 여러 군데에 방목하는 방식인데, 데이터를 로컬 구역 밖으로 옮기지 않고 분산 방식으로 ML 모델을 구축하는 것이 이와 흡사하다. 결국에는 양이 모든 곳의 풀을 먹고 자라게 되듯, ML 모델도 모두의 데이터를 이용해 자라게 된다.

오늘날 현대 사회에서는 AI를 전보다 더 책임감 있게 사용할 것을 요구하고 있으며, 사용자 프라이버시 보호와 데이터 기밀 유지가 AI 시스템의 중요한 속성이 됐다. 이러한 방향으로 보면, 연합학습은 이미 사용자 모델을 휴대 전화에 안전하게 업데이트하는 것부터 여러 병원의 의료 이미지 처리 성능을 향상하는 데 이르기까지 다양한 곳에 상당히 긍정적인 영향을 미치고 있다. 이러한 연합학습 기술의 밑바탕에는 분산 최적화 및 학습, 동형 암호, 차분 프라이버시, 다자간 보안 계산 등 기존에 여러 컴퓨터 과학 분야에서 연구된 다양한 기술이 깔려 있다.

연합학습에는 두 가지 유형이 있는데, 바로 수평 연합학습과 수직 연합학습이다. 수평 연합학습을 채택한 B2C[Business-to-Consumer] 응용의 예로는 구글의 지보드[GBoard]가 있다. 수평 연합학습을 써서 에지 컴퓨팅을 뒷받침할 수도 있다. 클라우드 시스템의 에지 디바이스에서 컴퓨팅 작업을 많이 처리할 수 있으면 원시 데이터를 중앙 서버에 보내야 할 필요가 없어진다.

수직 연합학습은 위뱅크[WeBank]에서 제안하고 발전시킨 유형으로, 여러 조직이 얼라이언스를 맺고 함께 공유하는 ML 모델을 만들어 사용하는 B2B[Business-to-Business] 모델을 나타낸다. 수직 연합학습 모델은 로컬 데이터를 사이트 외부로 내보내지 않고 비즈니스 요구사항에 따른 모델 성능을 유지하면서 구축된다. 이 책에서는 B2C 모델과 B2B 모델을 모두 다룬다.

연합학습 시스템을 개발하려면 ML 알고리듬, 분산 머신러닝[DML, Distributed Machine Learning], 암호화 및 보안, 프라이버시 보전 데이터 마이닝, 게임 이론 및 경제 원칙, 인센티브 메커니즘 설계, 법률 및 규제 요구사항 등 여러 분야의 기술이 필요하다. 이렇게 다양한 분야에 정통하기란 매우 어려운 일이며, 현재 이 분야를 연구하기 위한 자료는 여기저기 흩어져 있는 갖가지 연구 논문과 블로그 글뿐이다. 그렇기에 연합학습이라는 주제를 하나로 묶어서 종합적으로 소개하는 텍스트가 절실히 필요해 이 책을 내게 됐다.

이 책은 연합학습 입문서로, 이 분야를 처음 접하는 이들에게는 첫 번째 관문이 될 것이다. 컴퓨터 과학과 AI, ML 분야의 학생들, 그리고 빅데이터 및 AI 애플리케이션 개발자들을 대상으로 이 책을 썼다. 학부 고학년이나 대학원 학생들과 교수들, 대학 및 연구 기관에 있는 연구자들이라면 이 책이 유용할 것이다. 법률이나 정책 담당 기관, 정부 부처에서 일하는 이들에게도 빅데이터 및 AI와 관련된 법적 문제에 대한 참고서가 될 수 있겠다. 강의용으로는 대학원 세미나 과정의 교재나 연합학습 문헌에 대한 참고서로 사용할 만하다.

이 책을 구상하게 된 것은 위뱅크에서 FATE[Federated AI Technology Enabler]라는 연합학습 플랫폼을 개발하면서다. FATE는 세계 최초의 오픈소스 연합학습 플랫폼이 됐으며, 현재 리눅스 재단[Linux Foundation]에 속해 있다. 위뱅크는 중국에서 수억 명의 사람들에게 서비스를 제공하는 디지털 은행으로, 은행, 보험, 인터넷, 소매업, 공급망 관리 등 다양한 영역의 기업들과 비즈니스 제휴 관계를 맺고 있다. 위뱅크에서 일하면서 데이터를 쉽게 공유하기 어려운 환경에서 ML이 뒷받침된 새로운 비즈니스를 구축하려면 협력을 해야 할 필요성이 매우 크다는 사실을 직접

눈으로 확인했다.

구글은 소비자용 모바일 서비스에 연합학습을 대규모로 적용했는데, 이것이 연합학습을 B2C에 사용한 사례다. 위뱅크에서는 한 단계 더 나아가 연합학습을 B2B 응용을 위해 여러 비즈니스 간에 제휴가 가능하도록 발전시켰다. 우리는 최초로 연합학습을 수평 연합학습, 수직 연합학습, 전이학습 기반 연합학습으로 분류해 정리한 다음, 이 내용을 「ACM TIST<sup>Transactions on Intelligent Systems and Technology</sup>」라는 저널에 연구 동향 조사 논문[Yang et al., 2019]으로 출간했으며, 2019년에 하와이에서 열린 'AAAI 인공지능 콘퍼런스(인공지능 발전 협회<sup>Association for the Advancement of Artificial Intelligence</sup>에서 주관)에도 발표했다. 그 후에, 2019년 제14회 중국 컴퓨터 연맹 기술 프론티어<sup>Chinese Computer Federation Technology Frontier</sup>를 비롯한 여러 콘퍼런스에서 다양한 튜토리얼이 열렸다. 이 책을 집필하는 도중에 우리의 오픈소스 연합학습 시스템인 FATE가 탄생해 세상에 공개됐으며[WeBank FATE, 2019](https://www.fedai.org 참고), IEEE를 통해 연합학습에 관한 최초의 국제 표준이 개발되고 있다[IEEE P3652.1, 2019]. 튜토리얼 자료와 관련 연구 논문들을 바탕으로 이 책을 집필했다.

치앙 양, 양 리우, 용 청, 옌 캉, 텐젠 첸, 한 유
2019년 11월

| 감사의 글 |

이 책을 쓰는 데 많은 분들이 헌신적인 노력을 기울여주셨다. 박사 과정 학생들과 연구원들, 그 외 다양한 단계에서 함께한 연구 파트너들이 이 책에 많은 도움을 줬다. 기여해준 분들께 진심으로 감사를 표한다.

- 다산 가오<sup>Dashan Gao</sup>는 2장과 3장을 쓰는 데 도움을 줬다.
- 쉐양 우<sup>Xueyang Wu</sup>는 3장과 5장을 쓰는 데 도움을 줬다.
- 씨니 량<sup>Xinle Liang</sup>은 3장과 9장을 쓰는 데 도움을 줬다.
- 윤펑 황<sup>Yunfeng Huang</sup>은 5장과 8장을 쓰는 데 도움을 줬다.
- 셩 완<sup>Sheng Wan</sup>은 6장과 8장을 쓰는 데 도움을 줬다.
- 시구앙 웨이<sup>Xiguang Wei</sup>는 9장을 쓰는 데 도움을 줬다.
- 펑웨이 씽<sup>Pengwei Xing</sup>은 8장과 10장을 쓰는 데 도움을 줬다.

마지막으로, 우리를 이해해주고 끊임없이 지원해준 가족들에게 감사한다. 가족이 없었다면 이 책은 나올 수 없었을 것이다.

## | 옮긴이 소개 |

이태휘(taewhi+tr@gmail.com)

산업체와 학교, 연구기관을 거치며 여러 시스템 소프트웨어 개발 프로젝트를 수행했다. 2007년부터 2010년까지 티맥스소프트에서 근무하며 티베로 관계형 데이터베이스 개발에 참여했다. 2014년에 서울대학교 컴퓨터공학부에서 박사학위를 받았으며, 현재 한국전자통신연구원에서 선임연구원으로 재직하며 머신러닝 모델을 이용한 근사 질의 처리 엔진을 개발하는 TrainDB 프로젝트를 이끌고 있다. 에이콘출판사에서 펴낸 『퀄리티 코드』(2017), 『양자 컴퓨팅 입문』(2020), 『양자 컴퓨팅: 이론에서 응용까지』(2020)를 우리말로 옮겼다.

지금 옆에 놓여 있는 스마트폰에서 연합학습이 수행 중일 수도 있겠다. 연합학습이란 훈련 데이터를 한데 모으지 않고 협력적으로 수행하는 머신러닝 기술로, 구글에서 2016년에 「Federated Learning: Strategies for Improving Communication Efficiency」라는 논문을 발표하면서 하나의 용어로 자리 잡혔다. 연합학습은 기존의 머신러닝 기술이 지닌 한계를 넘어 컴퓨팅 자원 소모의 분산, 프라이버시 보호, 개인 맞춤형 학습 등을 실현할 수 있는 대안으로 주목받으며 구글, 애플, IBM 등의 거대 기업을 비롯해 많은 테크 기업에서 연구를 진행 중이다. 이에 발맞춰 국내에서도 네이버, 카카오, SKT 등 여러 기업에서 연구 개발을 진행하고 있으며 학계에서도 연구는 물론이고 학회 강좌 등을 통해 기술 전파에 힘쓰고 있다.

이 책은 직접 연합학습 프레임워크를 개발한 저자들이 기존의 머신러닝 기술에 익숙한 개발자, 연구자에게 연합학습 분야의 연구 동향을 두루 정리해서 알려준다. 연합학습이 발전해온 전반적인 흐름이나 관련 개념을 익히는 데는 알맞으나 실습 위주의 머신러닝 실용서는 아니며 한 분야를 깊이 다루고 있지 않다. 이 책을 시작점으로 삼아 전체적인 지형도를 파악한 다음 이를 발판으로 좀 더 구체적으로 관심 있는 분야로 나아가면 좋으리라 생각한다. 실제로 연합학습을 구현해보려면 저자들이 참여한 페드AI[FedAI] 그룹의 페이트[FATE]를 비롯해 텐서플로 페더레이티드[Tensorflow Federated], IBM 페더레이티드 러닝[Federated Learning], 인텔의 오픈FL[OpenFL], 엔비디아[NVIDIA]의 클라라[Clara], 오픈마인드[OpenMined]의 파이시프트[PySyft] 등 여러 오픈소스 연합학습 프레임워크가 나와 있으므로 개발 환경이나 성향에 따라 선택해 사용해보기 바란다.

이 책은 우리말로 연합학습을 처음 소개하는 책이라서 그만큼 책임을 느낀다. 기존의 머신러닝 개념에 더해 분산학습까지 고려해야 하는 연합학습의 특성상 일반 개발자나 사용자로서는 연합학습에 접근하기가 더 어려운 것이 사실이다. 아무쪼록 이 책이 독자분들이 연합학습에 다가가는 데 도움이 되기를 소망한다.

끝으로, 번역을 믿고 맡겨주신 에이콘출판사의 권성준 사장님과 황영주 부사장님, 진행과 편집을 맡아주신 조유나, 김다예, 김경희 님께 각별히 감사드린다.

여러 데이터 소유자가 모두 훈련에 사용할 각자의 로컬 데이터를 비공개로 유지하며 함께 협력해 서로 공유하는 예측 모델을 훈련시키고 이용하려면 어떻게 해야 할까? 전통적인 머신러닝 방식에서는 모든 데이터를 한곳에, 보통 데이터 센터에 모아야 한다. 그러면 자연히 사용자의 프라이버시 보호와 데이터 기밀 유지에 관한 법률을 위반할 소지가 다분하다. 오늘날 세계 곳곳에서 테크 기업들에게 사용자 데이터를 개인정보 보호법에 따라 신중하게 취급할 것을 요구한다. 유럽 연합의 일반 데이터 보호 규정<sup>GDPR, General Data Protection Regulation</sup>이 대표적인 예다. 이 책에서는 연합 머신러닝을 이용해 이러한 문제를 어떻게 해결하는지 설명한다. 분산 머신러닝, 암호화 및 보안, 경제 원리와 게임 이론에 근거한 인센티브 메커니즘 설계를 결합한 새로운 해결책을 제시한다. 여러 유형의 프라이버시 보전 머신러닝 솔루션과 각각의 기술 배경을 설명하고, 대표적인 실제 적용 사례를 살펴본다. 연합학습이 어떻게 책임 있는 AI 개발 및 응용에 대한 기술적, 사회적 요구에 부응하는 차세대 머신러닝의 밑거름이 될 수 있는지 알아본다.

## 오탈자

한국어판의 정오표는 에이콘출판사의 도서정보 페이지 http://www.acornpub. co.kr/book/federated-learning에서 볼 수 있다.


## 문의사항

한국어판에 관한 질문은 에이콘출판사 편집 팀(editor@acornpub.co.kr)이나 옮긴이 의 이메일로 문의하길 바란다.


### 키워드

연합학습, 다자간 보안 계산, 프라이버시 보전 머신러닝, 머신러닝 알고리듬, 전이학습, 인공지능, 데이터 기밀성, GDPR, 프라이버시 보호 규정

# 1

# 서론

## 1.1 동기

우리는 머신러닝[ML, Machine Learning]이 급속도로 발전하면서 컴퓨터 비전, 자동 음성 인식, 자연어 처리, 추천 시스템 등 다양한 인공지능[AI, Artificial Intelligence] 애플리케이션의 성능이 월등히 좋아지는 장면을 목격했다[Pouyanfar et al., 2019, Hatcher and Yu, 2018, Goodfellow et al., 2016]. 이러한 ML 기술, 특히 딥러닝[DL, Deep Learning]이 성공한 것은 방대한 양의 데이터, 소위 빅데이터를 이용할 수 있게 된 덕분이다[Trask, 2019, Pouyanfar et al., 2019, Hatcher and Yu, 2018]. 방대한 데이터가 있으면 DL 시스템으로 다양한 작업을 수행할 수 있으며, 그 성능은 종종 사람의 능력을 뛰어넘기도 한다. 예를 들어, 수백만 개의 훈련 이미지만 있으면 상용으로 쓸 수 있을 정도의 DL 기반 얼굴 인식 시스템을 만들 수 있다. 이러한 종류의 시스템이 만족할 만한 수준의 성능을 갖추려면 일반적으로 엄청나게 많은 데이터가 필요하다. 페이스북의 객체 탐지[object detection] 시스템은 인스타그램 이미지 35억 장을 훈련했다는 사례가 보고되기도 했다[Hartmann, 2019].

일반적으로 AI 애플리케이션이 위력을 발휘하려면 많은 양의 데이터가 필요하다. 그러나 실제로는 대다수의 응용 분야에서 빅데이터를 얻기는 어렵다. 우리는 대부분의 시간을 '스몰 데이터small data'와 보낸다. 데이터의 크기가 작거나, 일부 값이나 레이블 등 중요한 정보가 빠져 있다. 충분한 데이터 레이블을 확보하려면 도메인 전문가의 많은 노력이 필요한 경우도 많다. 예를 들어 의료 이미지 분석을 할 때 의사들을 고용해 환자의 장기를 스캔한 이미지에 기초한 진단을 확보하는데, 이러한 작업은 지루하고 시간이 많이 든다. 그렇기 때문에 품질이 좋은 대용량 훈련 데이터를 확보하지 못하는 경우가 많다. 아니면 서로 연결 짓기 어려운 데이터 사일로들과 씨름해야 한다.

현대 사회에서 데이터 소유권과 관련된 이슈가 점점 더 많이 부각되고 있다. AI 기술을 만드는 데 필요한 데이터를 사용할 권리는 누구에게 있는가? AI 기반 제품 추천 서비스를 제공하는 사업자는 제품이나 구매 이력에 관한 데이터의 소유권이 자신에게 있다고 주장하지만, 사용자의 구매 행위나 지불 수단에 관한 데이터의 소유권이 누구에게 있는지는 불분명하다. 데이터를 생성하고 소유하는 당사자와 조직이 여럿이니까 기존처럼 데이터를 중심이 되는 한 곳에 보내서 모은 다음에 성능 좋은 컴퓨터로 ML 모델을 훈련시키고 만들겠다는 발상은 순진한 생각이다. 오늘날 이 방법론은 더 이상 통하지 않는다.

AI가 보급되고 그 응용 범위가 계속해서 넓어지면서 사용자 프라이버시 보호와 데이터 기밀 유지에 관한 우려가 커지고 있다. 사용자는 개인정보가 자신의 허가 없이 상업적, 정치적 목적으로 사용(혹은 악용)될까 봐 걱정한다. 최근에 사용자의 개인 데이터를 다른 회사에 유출해 벌금을 부과받은 대형 인터넷 기업도 여럿 나왔다. 스팸 메일을 보내거나 비밀리에 데이터를 거래해서 법정에서 처벌받은 이들도 많다.

법률적인 측면에서는, 법을 만드는 국회의원이나 규제 기관에서 데이터 관리 및 사용 방법을 규정하는 새로운 법을 내놓고 있다. 2018년 유럽 연합[EU, European Union]에서 일반 데이터 보호 규정[GDPR, General Data Protection Regulation]을 채택한 것이 대표적인 예다[GDPR website, 2018]. 미국 캘리포니아주에서는 2020년에 캘리포니아 소비자 개인정보 보호법[CCPA, California Consumer Privacy Act]을 시행했다[DLA Piper, 2019]. 중국에서는 2017년에 시행된 사이버 보안법과 민법총칙을 통해 데이터 수집과 거래에 엄격한 통제를 가하고 있다. 부록 A에 새로운 데이터 보호 법률 및 규제에 관한 더 자세한 정보가 실려 있으니 참고하기 바란다.

이렇게 새로운 법제적 환경 속에서, 각기 다른 조직 간에 데이터를 모아서 공유하는 일은 완전히 불가능한 것까지는 아니지만 갈수록 더 어려워지고 있다. 또한 특성상 민감한 데이터(예: 금융 거래 이력이나 의료 기록)는 데이터 소유자가 관리하는 격리된 데이터 사일로에 보관해야 하며, 마음대로 데이터를 옮기지 못하도록 금지돼 있다[Yang et al., 2019]. 업계의 경쟁, 사용자 프라이버시 보호, 데이터 보안, 복잡한 관리 절차 등으로 인해 심지어 같은 회사의 다른 부서 간 데이터를 통합하려고 해도 큰 저항에 부딪힌다. 엄청난 비용이 들기 때문에 다른 기관에 흩어져 있는 데이터를 통합하는 것은 거의 불가능하다[WeBank AI, 2019]. 프라이버시를 침해하면서 데이터를 모아서 공유하는 구닥다리 방식은 이제 불법이므로, 앞으로 여러 데이터 소유자가 관련된 데이터를 통합하는 일은 굉장히 어려울 것이다.

엄격한 새 개인정보 보호법을 준수하면서 데이터의 파편화[fragmentation]와 격리[isolation] 문제를 해결할 방법을 찾는 일이 AI 연구자와 실무자에게는 중요한 과업이다. 이 문제를 적절히 해결하지 못하면 새로운 AI 겨울이 닥쳐올 것이다[Yang et al., 2019].

서로 협력해 빅데이터를 공유함으로써 얻을 수 있는 이점이 명확하지 않은 것도 AI 업계가 데이터 때문에 곤경에 빠져 있는 또 다른 이유다. 두 조직이 의료 데이터에 대해 협력해서 합동 ML 모델을 훈련시키려 한다고 생각해보자. 기존 방식대로 데이터를 한 조직에서 다른 조직으로 옮기면, 데이터의 원래 소유자가 처음에 갖고 있었던 데이터에 대한 통제권을 잃게 될 것이다. 데이터의 가치는 데이터가 손안에서 떠나자마자 떨어지고 만다. 또한 여러 곳에서 온 데이터를 통합한 결과로 더 좋은 모델이 나와 이익을 얻었을 때, 이를 참여자 간에 어떻게 공정하게 나눠야 할지가 분명하지 않다. 데이터의 통제권 상실과 가치 배분의 불투명성이라는 두려움 때문에 데이터 파편화 문제가 심해지고 있다.

사물인터넷상의 에지 컴퓨팅을 고려해 빅데이터를 단일 개체가 아니라 다수의 참여자에게 분산하는 경우도 많다. 예를 들어, 지구의 이미지를 촬영하는 위성에서 모든 데이터를 지상에 있는 데이터 센터로 보내려면 전송해야 하는 양이 너무 많아서 모두 보내지는 못할 것이다. 마찬가지로, 자율주행 자동차의 경우 각 차량은 많은 정보를 로컬에서 ML 모델로 처리해야 하며 동시에 글로벌하게는 다른 자동차 및 컴퓨팅 센터와 협업해야 한다. 안전하면서 효율적인 방식으로 여러 사이트 간에 모델을 업데이트하고 공유하는 방법을 찾는 일이 현재의 컴퓨팅 방법론에서 해결해야 할 새로운 과제다.

## 1.2 해결책으로서의 연합학습

앞에서 얘기했듯이 ML 모델을 훈련시키려면 빅데이터가 필요한데, 여러 가지 이유로 생기는 데이터 사일로 문제가 걸림돌이 된다. 그렇다 보니 자연스레 중앙 저장소에 모든 데이터를 수집하지 않고 ML 모델을 구축할 수 있는 해결책을 찾게 된다. 원본 데이터가 있는 각 위치에서 모델을 훈련한 다음, 사이트들끼리 각자의 모델을 교환해서 글로벌 모델에 대한 합의에 도달하는 방법이 떠오른다. 사용자 프라이버시 보호와 데이터 기밀 유지를 보장하기 위해, 어떤 사이트에서도 다른 사이트의 개인 데이터를 추측할 수 없도록 통신 프로세스를 신중하게 설계한다. 그러면서도 모델은 원본 데이터를 합친 듯이 만든다. 이것이 '연합 머신러닝' 또는 줄여서 '연합학습'의 기본 개념이다.

연합학습은 맥머핸McMahan과 동료들의 에지-서버 아키텍처에서 휴대폰에 있는 언어 모델을 업데이트하는 상황에 처음 적용됐다[McMahan et al., 2016a, b, Konecný et al., 2016a, b]. 수많은 모바일 에지 디바이스에 개인 데이터가 들어 있다. 구글의 키보드 시스템인 지보드Gboard의 예측 모델을 업데이트하기 위해, 구글의 연구원들은 집단 모델collective model을 주기적으로 업데이트하는 연합학습 시스템을 개발했다. 지보드 시스템은 사용자에게 검색어를 추천하고, 추천한 단어를 사용자가 클릭했는지 여부를 수집한다. 지보드의 단어 예측 모델은 개별 핸드폰의 누적 데이터만이 아니라 모든 핸드폰의 데이터를 바탕으로 계속해서 개선되는데, 이때 연합 평균화FedAvg, Federated Averaging라는 기법이 쓰인다. 연합 평균화 기법에서는 에지 디바이스에서 중앙 저장소로 데이터를 옮길 필요가 없다. 그 대신 연합학습을 사용해, 스마트폰이나 태블릿 같은 각각의 모바일 디바이스에 있는 모델을 암호화해 클라우드로 보내게 된다. 모든 암호화된 모델은 클라우드의 서버에서 각 디바이스에 있는 데이터를 알지 못하게 암호화된 상태에서 글로벌 모델로 통합된다[Yang et al., 2019, McMahan et al., 2016a, b, Konecný et al., 2016a , b, Hartmann, 2018, Liu et al., 2019]. 업데이트된 모델은 물론 암호화된 상태로 클라우드 시스템의 에지에 위치한 모든 개별 디바이스에 다운로드된다[Konecný et al., 2016b, Hartmann, 2018, Yang et al., 2018, Hard et al., 2018]. 이러한 과정을 거치는 동안, 각 디바이스에 있는 사용자 개인 데이터는 다른 디바이스나 클라우드의 서버에 노출되지 않는다.

구글의 연합학습 시스템은 B2CBusiness-to-Consumer 응용에서 안전한 분산학습 환경을 설계하는 좋은 본보기를 보여준다. B2C 환경에서 연합학습을 사용하면 프라이버시 보호는 물론이고 에지 디바이스와 중앙 서버 간의 정보 전송 속도를 높여 성능을 높일 수 있다.

B2C 모델뿐만 아니라, 연합학습을 사용해 B2B<sup>Business-to-Business</sup> 모델도 지원할 수 있다. 연합학습은 알고리듬 설계 방법론에 근본적인 차이가 있다. 데이터를 이 사이트에서 저 사이트로 전송하는 대신, 모델 파라미터를 안전한 방식으로 전송해 다른 당사자가 다른 사람의 데이터 내용을 '추측'할 수 없도록 한다는 점에서 근본적으로 다르다. 지금부터 여러 당사자 간에 데이터를 분산하는 방법에 따라 공식적으로 연합학습을 어떻게 분류하는지 알아보겠다.

## 1.2.1 연합학습의 정의

연합학습의 목표는 여러 사이트에 있는 데이터를 기반으로 합동 ML 모델을 구축하는 것이다. 연합학습 과정은 모델 훈련과 모델 추론의 두 단계로 나뉜다. 모델 훈련 과정에서는 참여 당사자 간에 정보를 교환하는데, 데이터를 교환하지는 않는다. 교환 시에 각 사이트에서 보호하고 있는 개인 데이터 부분은 노출되지 않는다. 훈련된 모델은 참여 당사자 한 곳에 두거나 여러 당사자 간에 공유할 수 있다.

모델 추론 과정에서는 훈련된 모델을 새 데이터 인스턴스에 적용한다. B2B 환경의 예를 들면, 연합 의료 이미징 시스템을 이용해 다른 병원에 진단 내용이 있는 새로운 환자를 받을 수 있다. 이러한 경우, 당사자인 병원들끼리 협력해 예측을 수행한다. 마지막으로, 협업 모델로 얻은 이익을 공유할 수 있는 공정한 가치 배분 메커니즘이 있어야 한다. 연합을 지속 가능하게 만드는 방식으로 메커니즘 설계가 이뤄져야 한다.

넓은 의미에서 연합학습은 ML 모델 구축용 알고리듬 프레임워크로, 다음과 같은 특징으로 설명할 수 있다. 여기서 모델이란 어떤 참여자의 데이터 인스턴스를 결과로 사상하는 함수다.

- ML 모델을 합동으로 구축하려는 당사자가 둘 이상이다. 각 당사자는 모델 훈련에 쓰일 데이터 중 일부를 보유한다.

- 모델 훈련 과정 중에 각 당사자가 보유한 데이터가 외부로 나가지 않는다.

- 당사자 간에 모델을 전송할 때는 암호화 기법을 적용한 상태에서 모델을 부분적으로 전송해서 다른 당사자가 어떤 특정 당사자의 데이터를 역공학으로 알아낼 수 없게 한다.

- 결과 모델은 모든 데이터를 한 곳에 전송해서 구축한 이상적인 모델을 훌륭히 근사하는 수준의 성능을 보인다.

형식을 갖춰 얘기하면 다음과 같다. $N$명의 데이터 소유자 $\{\mathcal{F}_i\}_{i=1}^{N}$가 자신이 소유한 각각의 데이터셋 $\{\mathcal{D}_i\}_{i=1}^{N}$를 이용해 ML 모델을 훈련시키고 싶다고 생각해보자. 기존의 접근 방식에서는 모든 데이터 $\{\mathcal{D}_i\}_{i=1}^{N}$를 데이터 서버 한 곳에 모은 다음, 이 서버에서 중앙 집중식 데이터셋을 사용해 ML 모델 $\mathcal{M}_{SUM}$을 훈련한다. 기존 방식에서 데이터 소유자 $\mathcal{F}_i$는 자신의 데이터 $\mathcal{D}_i$를 서버, 그리고 다른 데이터 소유자들에게 노출하게 된다.

연합학습은 데이터 소유자들이 협력해서 모든 데이터 $\{\mathcal{D}_i\}_{i=1}^{N}$를 한데 모으지 않고 모델 $\mathcal{M}_{FED}$를 훈련시키는 ML 프로세스다. $\mathcal{V}_{SUM}$과 $\mathcal{V}_{FED}$를 각각 중앙 집중식 모델 $\mathcal{M}_{SUM}$과 연합 모델 $\mathcal{M}_{FED}$의 성능 측정 지표(예: 정확도^accuracy, 재현율^recall, F1 스코어^F1-score)라고 쓰겠다.

성능이 어느 정도 보장되는지 더 정확히 나타내보자. $\delta$를 음이 아닌 실수라 하자. 이때 다음을 만족하는 경우, 연합학습 모델 $\mathcal{M}_{FED}$가 $\delta$ 성능 손실^δ-performance loss을 갖고 있다고 말한다.

$$|\mathcal{V}_{SUM} - \mathcal{V}_{FED}| < \delta \tag{1.1}$$

식 (1.1)은 다음과 같은 직관을 나타내고 있다. 안전한 연합학습을 사용해 원본 데이터의 출처가 분산돼 있는 채로 ML 모델을 구축하면, 이 모델의 성능은 미래의 데이터에 대해 모든 출처에서 나온 데이터를 합쳐서 구축한 모델을 근사할 것이다.

연합학습 시스템의 성능이 합동 모델보다 조금 떨어지는 점은 용인할 만하다. 연합학습에서는 데이터 소유자가 데이터를 중앙 서버나 다른 데이터 소유자에게 노출시키지 않기 때문인데, 정확도에서 약간 $\delta$ 값만큼 손실을 보더라도 이렇게 추가로 얻을 수 있는 보안성과 프라이버시 보장이 훨씬 가치 있을 수 있다.

연합학습 시스템에는 중앙의 코디네이터 컴퓨터가 들어갈 수도 있고 그렇지 않을 수도 있는데, 이는 애플리케이션에 따라 다르다. 연합학습 아키텍처에 코디네이터가 들어가는 예가 그림 1.1에 나와 있다. 이러한 구조에서는 코디네이터가 중앙 집계 서버central aggregation server(혹은 파라미터 서버parameter server)가 되어 초기 모델을 로컬 데이터 소유자(클라이언트 또는 참여자라고도 함)인 A~C에게 보낸다. 로컬 데이터 소유자 A~C는 각기 자신의 데이터셋을 사용해 모델을 훈련한 다음, 업데이트한 모델 가중치를 집계 서버로 보낸다. 그러면 집계 서버는 데이터 소유자들로부터 받은 모델 업데이트를 결합한 다음(예를 들면, 연합 평균[McMahan et al., 2016a]을 이용해 결합할 수 있음), 결합한 모델 업데이트를 다시 로컬 데이터 소유자들에게 보낸다. 이 과정을 모델이 수렴하거나 최대 반복 횟수에 도달할 때까지 반복한다. 연합학습 아키텍처에서는 로컬 데이터 소유자의 원시 데이터가 해당 소유자를 벗어나지 않는다. 이러한 접근 방식으로 사용자 프라이버시와 데이터 보안의 보장은 물론이고, 원시 데이터를 전송하는 데 필요한 통신 비용도 아낄 수 있다. 정보 유출을 방지하기 위해 중앙 집계 서버와 로컬 데이터 소유자들 간의 통신은 암호화(예: 동형 암호화[Yang et al., 2019, Liu et al., 2019])를 하기도 한다.

연합학습 아키텍처를 피어 투 피어P2P, Peer to Peer 방식으로 설계할 수도 있는데, 이때는 코디네이터가 필요하지 않다. 그림 1.2와 같이 이 구조에서는 제3자third

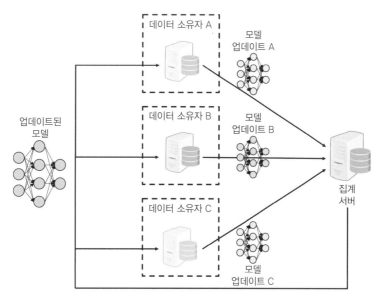

그림 1.1 연합학습 아키텍처 예시: 클라이언트-서버 모델

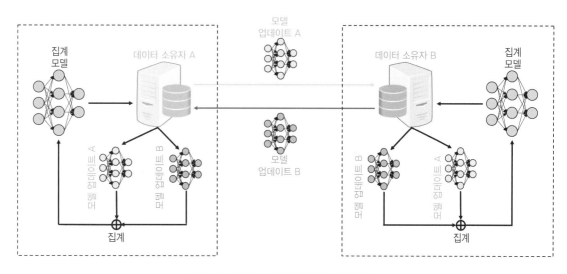

그림 1.2 연합학습 아키텍처 예시: P2P 모델

<sup>party</sup>의 도움 없이 당사자끼리 직접 통신을 하므로 보안성이 한층 더 보장된다. 이러한 아키텍처는 보안성이 높아지는 장점이 있지만 메시지를 암호화하고 복호화하는 데 더 많은 계산이 필요하다는 단점이 있다.

연합학습을 사용하면 몇 가지 이점이 생긴다. 설계상 데이터를 전송할 필요가 없으므로 사용자 프라이버시와 데이터 보안이 보전된다. 또한 여러 당사자가 협력해서 ML 모델을 훈련시키므로 각 당사자가 단독으로 달성할 수 있는 모델보다 더 나은 모델을 만끽할 수 있다. 예를 들어, 개인 상업 은행<sup>private commercial bank</sup> 간에 연합학습을 사용하면 은행업, 특히 인터넷 금융 산업에서 항상 골칫거리였던 다자간 대출을 탐지할 수 있다[WeBank AI, 2019]. 연합학습을 통해 중앙 데이터베이스를 구축하지 않고 연합학습에 참여하는 모든 금융 기관이 연합을 이루는 다른 기관에 새로운 사용자에 관한 정보를 질의할 수 있다. 다른 기관에서는 사용자의 특정 정보를 모르는 채로 자기 기관에 해당되는 대출에 관한 질의에 답하기만 하면 된다. 이를 통해 사용자 프라이버시와 데이터 무결성을 보호할 뿐만 아니라, 다자간 대출을 식별하는 중요한 비즈니스 목표까지 달성할 수 있다.

연합학습의 잠재력이 크기는 하지만, 맞닥뜨린 몇 가지 문제도 있다. 로컬 데이터 소유자와 집계 서버 간의 통신 연결이 느리고 불안정할 수 있다[Hartmann, 2018]. 로컬 데이터 소유자(예: 모바일 사용자)의 수가 굉장히 많을 수도 있다. 이론상으로는 모든 모바일 사용자가 연합학습에 참여할 수 있으므로, 이로 인해 시스템이 불안정하고 예측할 수 없게 된다. 연합학습에 참여하는 서로 다른 당사자의 데이터는 동일하지 않은 분포를 따르거나[Zhao et al., 2018, Sattler et al., 2019, van Lier, 2018] 서로 다른 참여자가 갖고 있는 데이터 샘플의 수가 균형이 맞지 않는 경우에는 치우친 모델이 결과로 나오거나 아예 모델 훈련에 실패할 수도 있다. 참여자가 분산돼 있고 인증하기가 어려운 점을 틈타, 전체 작업을 혼란스럽게 하는 연합학습 모델 중독 공격<sup>federated learning model poisoning</sup>

attack[Bhagoji et al., 2019, Han, 2019]이 발생할 수 있다. 연합학습 모델 중독 공격이란 하나 이상의 악의적인 참여자가 파괴적인 모델 업데이트를 보내 연합 모델을 쓸모없게 만드는 공격이다. 연합학습의 잠재력이 크기는 하지만, 몇 가지 맞닥뜨린 문제도 있다.

## 1.2.2 연합학습의 범주

행렬 $\mathcal{D}_i$를 $i$번째 데이터 소유자가 보유한 데이터라 하고, 행렬 $\mathcal{D}_i$의 각 행은 데이터 샘플을 나타내고 각 열은 구체적인 특성feature을 나타낸다고 가정하자. 데이터셋에는 레이블label이 포함돼 있을 수도 있다. 특성 공간feature space은 $\mathcal{X}$, 레이블 공간은 $\mathcal{Y}$, 샘플 ID 공간은 $\mathcal{I}$로 표기하겠다. 예를 들어 금융 분야에서는 사용자의 신용이 레이블이 될 수 있고, 마케팅 분야에서는 사용자의 구매 욕구가 레이블이 될 수 있겠다. 교육 분야에서는 학생들의 점수가 $\mathcal{Y}$가 될 수 있겠다. 특성 $\mathcal{X}$, 레이블 $\mathcal{Y}$, 샘플 ID $\mathcal{I}$는 완전한 학습 데이터셋 $(\mathcal{I}, \mathcal{X}, \mathcal{Y})$를 이룬다. 참여자들의 데이터셋은 서로 특성 공간 및 샘플 공간이 동일하지 않을 수 있다. 다양한 당사자 간에 데이터가 특성 공간과 샘플 공간에서 분할되는 방식에 따라 연합학습을 수평 연합학습HFL, Horizontal Federated Learning, 수직 연합학습VFL, Vertical Federated Learning, 연합 전이학습FTL, Federated Transfer Learning으로 분류한다. 그림 1.3 ~ 그림 1.5는 세 연합학습 범주를 당사자가 둘인 시나리오에 대해 보여주고 있다[Yang et al., 2019].

HFL은 연합학습의 참여자들이 공통된 데이터 특성을 공유하는 경우, 즉 참여자들끼리 데이터 특성이 서로 맞춰져 있고 데이터 샘플이 서로 다른 경우를 말한다. 데이터를 표 형식으로 볼 때 수평으로 분할하는 상황과 비슷하다. 그래서 HFL을 샘플 파티셔닝 연합학습sample-partitioned federated learning 또는 사례 파티셔닝 연합학습example-partitioned federated learning이라고도 한다[Kairouz et al., 2019]. HFL

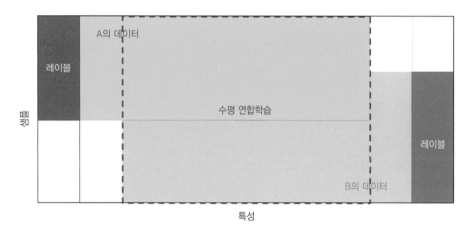

그림 1.3 수평 연합학습(HFL). 샘플 분할 연합학습이라고도 한다. 여러 참여자가 보유한 데이터 샘플의 공통 특성을 사용해 모델을 공동으로 훈련시킨다[Yang et al., 2019].

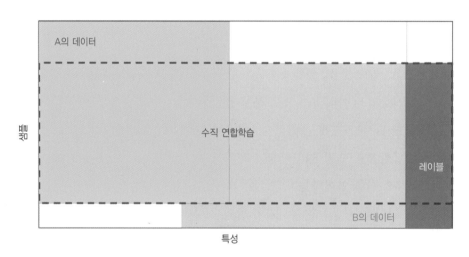

그림 1.4 수직 연합학습(VFL). 특성 분할 연합학습이라고도 한다. 여러 참여자가 보유한, 서로 특성이 겹치지 않거나 일부분만 겹치는 공통 데이터 샘플을 사용해 모델을 공동으로 훈련시킨다[Yang et al., 2019].

과 달리 VFL은 연합학습의 참여자들이 공통된 데이터 샘플을 공유하는 시나리오, 즉 참여자들끼리 데이터 샘플은 서로 맞춰져 있고 데이터 특성이 서로 다른 경우에 적용된다. 데이터를 표 형식으로 볼 때 수직으로 분할하는 상황과 비슷

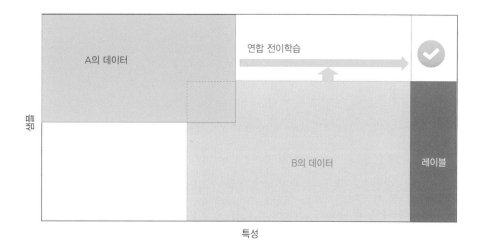

그림 1.5 연합 전이학습(FTL). 참여자 A와 참여자 B에 속하는 데이터 중 서로 배치를 맞춘 샘플들의 특성 표현 값들을 학습시킨 예측 모델을 활용해, 레이블이 없는 참여자 A의 샘플들의 레이블을 예측한다.

하다. 그래서 VFL을 특성 파티셔닝 연합학습feature-partitioned federated learning이라고도 한다. FTL은 데이터 샘플이나 특성이 서로 맞춰져 있지 않은 경우에 적용 가능하다.

예를 들어 두 당사자가 각기 다른 두 지역 시장에 서비스를 제공하는 두 은행인 경우, 두 은행 모두 사용하는 고객은 적겠지만 비즈니스 모델이 비슷하기 때문에 특성 공간은 매우 유사할 것이다. 즉, 공통된 사용자는 한정적이지만 데이터 특성은 공통 부분이 많으므로 두 은행은 수평 연합학습을 통해 ML 모델 구축에 협력할 수 있다[Yang et al., 2019, Liu et al., 2019].

두 당사자가 각기 다른 서비스를 제공하지만 많은 사용자를 공유하는 경우 (예를 들면, 은행이나 전자상거래 회사), 각자 갖고 있는 서로 다른 특성 공간상에서 협력해서 양측 모두에 더 나은 ML 모델을 만들 수 있다. 즉, 공통된 사용자는 많지만 데이터 특성은 공통 부분이 적으므로 두 회사는 수직 연합학습을 통해 ML 모델 구축에 협력할 수 있다[Yang et al., 2019, Liu et al., 2019]. 최근에 굽타Gupta와 래스카Raskar[Gupta and Raskar, 2018], 비파코마Vepakomma와 동료들

[Vepakomma et al., 2019, 2018]이 제안한 스플릿 학습<sup>split learning</sup>은 심층 신경망 <sup>DNN, Deep Neural Network</sup>의 수직 연합학습을 가능하게 하는 수직 연합학습의 특별한 경우로 볼 수 있다. 즉, 스플릿 학습은 수직 분할 데이터에 대한 연합학습 환경에서 DNN 훈련을 용이하게 한다[Vepakomma et al., 2019].

참여 당사자들이 매우 이질적인 데이터(예를 들면 분포 불일치, 도메인 이동, 제한된 겹치는 샘플, 부족한 레이블)를 갖는 시나리오에서는 HFL이나 VFL로 효과적인 ML 모델을 구축하지 못할 수도 있다. 이러한 경우에는 전이학습 기법을 활용해 각기 다른 당사자가 보유하고 있는 이질적인 데이터 간의 격차를 해소할 수 있다. 전이학습 기법을 활용하는 연합학습을 연합 전이학습<sup>FTL</sup>이라고 한다.

전이학습은 자원이 풍부한 원천 도메인<sup>source domain</sup>에서 습득한 지식을 활용하거나 옮겨서 자원이 부족한 대상 도메인<sup>target domain</sup>에서 효과적인 ML 모델을 구축하는 것을 목표로 한다. 이러한 특성상 전이학습은 참여 당사자들이 일반적으로 각기 다른 도메인에서 오는 연합학습 환경에 잘 맞는다. 신노 지아린 판<sup>Sinno Jialin Pan</sup>과 치앙 양<sup>Qiang Yang</sup>은 전이학습을 크게 (i) 인스턴스 기반 전이학습, (ii) 특성 기반 전이학습, (iii) 모델 기반 전이학습의 세 가지 범주로 나눴다[Pan and Yang, 2010]. 여기서는 이러한 세 가지 범주의 전이학습 기법이 어떻게 연합 환경에 적용될 수 있는지만 간략히 설명하겠다.

- **인스턴스 기반 FTL**: 참여 당사자들이 훈련 데이터 샘플을 선택적으로 고르거나 도메인 분포 간의 거리가 최소화되도록 가중치를 재조정해서 목적 손실 함수<sup>objective loss function</sup>를 최소화한다.

- **특성 기반 FTL**: 참여 당사자들이 협력적으로 공통의 특성 표현 공간을 학습한다. 원시 데이터를 변환해 나타낸 특성 표현 공간에서는 특성 표현 간의 분포 및 의미적 차이가 완화될 수 있으며, 그러한 지식을 다른 도메인으로 전이시켜 더 강건하고 정확한 공유 ML 모델을 구축할 수 있다.

그림 1.5는 참여자 A와 참여자 B가 보유하고 있는 서로 배치를 맞춘 샘플들의 특성 표현으로부터 학습한 예측 모델을 활용해 레이블이 없는 참여자 A의 샘플 레이블을 예측하는 FTL 시나리오를 나타내고 있다. 이 FTL이 어떻게 수행되는지에 관해서는 6장에서 자세히 설명하겠다.

- **모델 기반 FTL**: 참여 당사자들이 협력해서 전이학습으로 이익을 볼 수 있는 공유 모델을 공동으로 학습한다. 또는 참여 당사자들이 사전 훈련된 모델을 연합학습 작업을 위한 초기 모델의 전체 또는 일부로 활용하기도 한다.

HFL과 VFL에 관해서는 각각 4장과 5장에서 자세히 설명할 것이다. 6장에서는 양 리우$^{Yang Liu}$와 동료들이 제안한 특성 기반 FTL 프레임워크에 대해 자세히 설명한다[Liu et al., 2019].

## 1.3 연합학습의 발전 현황

연합학습의 개념은 컴퓨터 과학의 역사 전반에 걸쳐 여러 가지 형태로 나타났다. 이를테면, 프라이버시 보전 ML[Fang and Yang, 2008, Mohassel and Zhang, 2017, Vaidya and Clifton, 2004, Xu et al., 2015], 프라이버시 보전 DL[Liu et al., 2016, Phong, 2017, Phong et al., 2018], 협업 ML[Melis et al., 2018], 협업 DL[Zhang et al., 2018, Hitaj et al., 2017], 분산 ML[Li et al., 2014, Wang, 2016], 분산 DL[Vepakomma et al., 2018, Dean et al., 2012, Ben-Nun and Hoefler, 2018], 연합 최적화[Li et al., 2019, Xie et al., 2019], 프라이버시 보전 데이터 분석[Mangasarian et al., 2008, Mendes and Vilela, 2017, Wild and Mangasarian, 2007, Bogdanov et al., 2014] 등이 있다. 2장과 3장에서 몇 가지 예를 설명할 것이다.

### 1.3.1 연합학습 분야의 연구 이슈

연합학습 연구는 2016년에 구글이 아카이브<sup>arXiv</sup>[1]에 발표한 논문에서 공개됐다. 그 이후로 AI 커뮤니티에서 활발한 연구 분야가 됐는데, arXiv에 올라오는 사전 인쇄본의 양이 급증한 것을 증거로 삼을 수 있겠다. 치앙 양과 동료들은 연합학습의 최신 발전에 대한 전반적인 동향 조사 논문을 공개했다[Yang et al., 2019].

연합학습에 대한 최근 연구들은 주로 보안이나 통계적인 문제를 개선하는 데 중점을 두고 있다[Yang et al., 2019, Mancuso et al., 2019]. 커웨이 청<sup>Kewei Cheng</sup>과 동료들은 수직 연합학습 환경에서 새로운 무손실 프라이버시 보전 트리 부스팅<sup>tree-boosting</sup> 시스템인 시큐어부스트<sup>SecureBoost</sup>를 제안했다[Cheng et al., 2019]. 시큐어부스트는 프라이버시 비보전 방식과 동일한 수준의 정확성을 제공한다. 이론적으로 시큐어부스트 프레임워크가 중앙 집중식 데이터셋에 의존하는 다른 비연합 그레이디언트 트리 부스팅 알고리듬만큼 정확하다는 것이 증명됐다[Cheng et al., 2019].

양 리우와 동료들은 다양한 다자간 보안 ML<sup>secure multi-party ML</sup> 작업에 효과적으로 적용할 수 있는 유연한 연합 전이학습 프레임워크를 제시했다[Liu et al., 2019]. 이 프레임워크에서는 연합을 통해 사용자 프라이버시를 침해하지 않고 지식을 공유할 수 있으며, 전이학습을 통해 보완 지식을 네트워크로 전송할 수 있다. 결과적으로 대상 도메인 당사자는 원천 도메인 당사자의 풍부한 레이블을 활용해 더 유연하고 강력한 모델을 구축할 수 있다.

우리는 연합학습 시스템의 참여자를 정직하거나 악의적이거나 그 중간이라고 가정할 수 있다. 참여자가 악의적인 경우, 모델 훈련 중에 데이터가 오염될 수 있다. 아준 바고지<sup>Arjun Bhagoji</sup>와 동료들은 공모하지 않은 하나의 악성 에이전트

---

1 아카이브(arXiv)는 코넬대학교(Cornell University)에서 호스팅하는 전자 사전 인쇄본(e-print, electronic preprint) 저장소다. 더 자세한 내용을 원한다면 arXiv 웹사이트 https://arxiv.org/를 방문해보기 바란다.

가 일으키는 연합학습에 대한 모델 중독 공격 가능성을 연구했다[Bhagoji et al., 2019]. 이들은 여러 모델 중독 공격 수행 전략을 조사했는데, 그 결과 제약이 많은 적이라 해도 은신 상태를 유지하면서 모델 중독 공격을 수행할 수 있다는 것이 밝혀졌다. 바고지와 동료들의 연구는 연합학습 환경의 취약성을 드러내고 효과적인 방어 전략을 개발할 필요성을 주장하고 있다[Bhagoji et al., 2019].

연합학습 환경에서 기존 ML 모델을 재검토하는 것이 새로운 연구 방향이 됐다. 예를 들면, 연합학습을 강화학습과 결합하는 연구가 행크즈 한쿠이 주오[Hankz Hankui Zhuo]와 동료들에 의해 이뤄졌다[Zhuo et al., 2019]. 이 연구에서는 로컬 모델을 업데이트할 때 에이전트 사이에 공유된 정보에 가우스 미분[Gaussian differential]을 적용해 데이터와 모델의 프라이버시를 보호한다. 제안된 연합 강화학습 모델은 모든 공동 정보를 직접 입력으로 취하는 베이스라인에 근접한 성능을 보이는 것으로 나타났다[Zhuo et al., 2019].

버지니아 스미스[Virginia Smith]와 동료들은 별개이지만 서로 관련된 모델들을 각 노드에서 동시에 학습하는 연합학습에서 통계적 문제를 처리하는 데 멀티 태스크 학습[multi-task learning]이 자연스럽게 잘 맞는다는 사실을 증명했다[Smith et al., 2017]. 이 연구에서는 분산 멀티 태스크 학습 및 연합학습에서의 통신 비용, 뒤처진 낙오 노드[straggler], 내결함성[fault tolerance]과 같은 실제적인 문제를 고민했다. 새롭게 제시된 시스템 인지형 최적화 방법을 통해 다른 대안 방법들에 비해 효율성이 크게 향상됐다.

연합학습은 컴퓨터 비전 분야, 예를 들어 의료 이미지 분석[Sheller et al., 2018, Liu et al., 2018, Huang and Liu, 2019]이나 자연어 처리[Chen et al., 2019], 추천 시스템[Ammad-ud-din et al., 2019] 등의 분야에도 적용됐다. 이에 대해서는 8장에서 자세히 살펴볼 것이다.

연합학습의 응용으로는 구글의 연구원들이 모바일 키보드 예측에 연합학습을 적용해 모바일 사용자 데이터를 노출하지 않고 예측 정확도를 크게 향상한 사례가 있다[Bonawitz and Eichner et al., 2019, Yang et al., 2018, Hard et al., 2018]. 파이어폭스Firefox의 연구원들은 연합학습을 검색어 예측에 사용했다[Hartmann, 2018]. 이 밖에도 연합학습을 더욱 개인화하기 위한 새로운 연구가 이뤄지고 있다[Smith et al., 2017, Chen et al., 2018].

### 1.3.2 오픈소스 프로젝트

연합학습에 대한 관심이 이론 연구에만 국한된 것은 아니다. 연합학습 알고리듬과 연합학습 시스템의 개발 및 배포에 대한 연구도 활발히 진행되고 있다. 빠르게 성장하고 있는 여러 연합학습 오픈소스 프로젝트가 있다.

- FATE^Federated AI Technology Enabler[WeBank FATE, 2019]는 안전한 컴퓨팅 프레임워크를 개발해 연합 AI 생태계를 지원하기 위해 위뱅크^WeBank2의 AI 부서에서 시작한 오픈소스 프로젝트다[WeBank FedAI, 2019]. FATE는 동형 암호^HE, Homomorphic Encryption와 다자간 보안 계산^secure multi-party computation에 기반한 보안 계산 프로토콜을 구현하고 있다. 로지스틱 회귀^logistic regression, 트리 기반 알고리듬, DL(인공 신경망), 전이학습 등 다양한 연합학습 아키텍처와 보안 계산 알고리듬을 지원한다. FATE에 대한 자세한 내용은 깃허브^GitHub의 FATE 웹사이트[WeBank FATE, 2019]와 FedAI 웹사이트[WeBank FedAI, 2019]를 참고하기 바란다.

- 텐서플로[3] 페더레이티드^TFF, TensorFlow Federated 프로젝트[Han, 2019, TFF, 2019,

---

2  위뱅크(WeBank)는 2014년 12월에 중국에서 은행업 인가를 받아 설립된 중국 최초의 디지털 전용 은행이다. 위뱅크는 현재의 은행 시스템에서 서비스를 충분히 받지 못하는 개인 및 중소기업에게 편리하고 다양한 양질의 금융 서비스를 제공하는 데 온 힘을 기울이고 있다. 위뱅크에 대한 자세한 정보를 얻고 싶다면 https://www.webank.com/en/을 방문해보기 바란다.

3  텐서플로(TensorFlow)는 구글에서 개발, 유지 보수하고 있는 오픈소스 DL 프레임워크로, DL 연구와 구현에 널리 쓰이고 있다. 텐서플로에 대한 자세한 내용은 프로젝트 웹사이트인 https://www.tensorflow.org/와 깃허브 웹사이트 https://github.com/tensorflow를 참고하기 바란다.

Ingerman and Ostrowski, 2019, Tensorflow-federated, 2019]는 탈중앙 데이터셋에 대해 연합 ML 및 그 외의 연산을 실험하기 위한 오픈소스 프레임워크다. TFF를 이용해 개발자들은 모델과 데이터에 대한 기존 연합학습 알고리듬을 시뮬레이션하고 새로운 알고리듬을 실험할 수 있다. TFF에서 제공하는 빌딩 블록을 사용해 집계 분석과 같은 비학습 계산을 탈중앙 데이터에 대해 구현할 수도 있다. TFF의 인터페이스는 (1) 연합 학습 API<sup>Application Programming Interface</sup> (2) 연합 코어 API의 두 계층으로 이뤄져 있다. TFF에서는 연합 계산을 선언적으로 표현할 수 있으며, 따라서 이러한 연합 계산을 다양한 런타임 환경에 배포할 수 있다. TFF에는 실험에 사용할 수 있는 단일 머신 시뮬레이션 런타임이 포함돼 있다.

- 텐서플로 인크립티드<sup>TensorFlow-Encrypted</sup>[TensorFlow-encrypted, 2019]는 연구원 혹은 실무자들이 프라이버시 보전 ML을 실험할 수 있도록 텐서플로상에 구축된 파이썬 라이브러리다. 텐서플로와 유사한 인터페이스를 제공하며, 사용자가 ML, 암호화, 분산 시스템, 고성능 컴퓨팅의 전문가가 아니더라도 프라이버시 보전 ML 기술을 쉽게 사용할 수 있게 만드는 것이 텐서플로 인크립티드의 목표다.

- 코마인드<sup>coMind</sup>[coMind.org, 2018, coMindOrg, 2019]는 프라이버시 보전 연합 DL 모델을 훈련시키기 위한 오픈소스 프로젝트다. 코마인드의 핵심 구성요소는 사용자 프라이버시와 데이터 보안을 보전하면서 협업 방식으로 ML 모델을 훈련시키는 연합 평균화<sup>federated averaging</sup> 알고리듬[McMahan et al., 2016a, Yu et al., 2018]의 구현이다. 코마인드는 텐서플로상에 구축 됐으며 연합학습을 구현하기 위한 고수준 API를 제공한다.

- 호로보드<sup>Horovod</sup>[Sergeev and Balso, 2018, Horovod, 2019]는 우버<sup>Uber</sup>에서 개발한 오픈소스 DL 분산 훈련 프레임워크다. 오픈 MPI<sup>Message Passing Interface</sup>

를 기반으로 하며 텐서플로나 파이토치$^{PyTorch4}$와 같이 널리 쓰이는 DL 프레임워크 위에서 작동한다. 호로보드의 목표는 분산 DL을 빠르고 사용하기 쉽도록 만드는 것이다. 호로보드는 오픈 MPI를 통해 연합학습을 지원하며, 이 책을 쓰는 시점에 암호화는 아직 지원하지 않고 있다.

- 오픈마인드$^{OpenMined}$/파이시프트$^{PySyft}$[Han, 2019, OpenMined, 2019, Ryffel et al., 2018, PySyft, 2019, Ryffel, 2019]는 두 가지 프라이버시 보전 방법, 즉 (1) 연합학습과 (2) 차분 프라이버시를 제공한다. 오픈마인드는 두 보안 계산 방법을 다자간 계산과 동형 암호를 통해 심화 지원한다. 오픈마인드는 안전하고 확장성 있는 ML 모델을 구축하기 위한 최초의 오픈소스 연합학습 프레임워크인 파이시프트 라이브러리[PySyft, 2019]를 제공하고 있다[Ryffel, 2019]. 파이시프트는 훅$^{hook}$으로 연동해 사용할 수 있는 파이토치의 익스텐션$^{extension}$이다. 파이토치에 익숙한 사용자라면 파이시프트로 연합학습 시스템을 구현하기가 매우 쉽다. 이 책을 쓰는 시점에 오픈마인드 내에서 텐서플로 프레임워크 기반 연합학습 익스텐션을 개발하고 있다.

- LEAF 벤치마크[LEAF, 2019, Caldas et al., 2019]는 연합학습, 멀티 태스크 학습, 메타학습$^{meta-learning}$, 온 디바이스 학습$^{on-device\ learning}$ 등의 응용에 쓰이는 연합 환경에서의 ML에 대한 모듈식 벤치마크 프레임워크로, 카네기멜론대학교$^{Carnegie\ Mellon\ University}$와 구글 AI에서 유지, 관리하고 있다. LEAF에는 실제적인 연합학습 환경의 현실, 걸림돌, 복잡성을 파악하는 데 필요한 오픈소스 연합 데이터셋(FEMNIST, Sentiment140, Shakespeare 데이터셋 등)과 엄격한 평가 프레임워크, 여러 참조 구현 등으로 이뤄진 스위트$^{suite}$

---

4 파이토치(PyTorch)는 연구와 구현에 널리 사용되는 DL 프레임워크다. 자세한 내용은 공식 파이토치 웹사이트인 https://pytorch.org/와 깃허브 파이토치 웹사이트 https://github.com/pytorch/pytorch를 참고하기 바란다.

가 들어 있다. 이 분야의 연구자 및 실무자들은 LEAF를 이용해 더 현실적인 가정과 환경하에서 새로 제안된 솔루션을 자세히 조사해볼 수 있다. LEAF의 향후 릴리스에는 추가 태스크와 데이터셋이 포함될 예정이다.

### 1.3.3 표준화 활동

사용자 데이터를 안전하고 책임감 있게 사용하는 것에 관해 법적 측면에서 많은 발전이 이뤄지면서, 여러 조직이 동일한 언어를 사용하고 향후 연합학습 시스템을 개발할 때 표준 가이드라인을 따르도록 기술 표준을 개발할 필요가 있다. 또한 기술 커뮤니티가 기술 사용에 대해 규제 및 법률 커뮤니티와 소통할 필요성이 증가하고 있다. 결과적으로 여러 분야에 채택될 만한 국제 표준을 개발하는 것이 중요하다.

예를 들어, GDPR 요건을 충족하려고 노력하는 회사는 법적 요건을 충족하기 위해 어떤 기술 개발이 필요한지 알아야 한다. 규제 기관과 기술 개발자들 사이에서 다리 역할을 하는 것이 표준이다.

일찍이 위뱅크의 AI 부서에서 주도해 2018년 12월에 발족한 IEEE<sup>Institute of Electrical and Electronics Engineers</sup> P3652.1 연합 머신러닝 작업 그룹<sup>Federated Machine Learning Working Group</sup>에서 제정하는 표준도 있다[IEEE P3652.1, 2019]. 이 작업 그룹의 목표는 연합 ML의 아키텍처 프레임워크와 응용을 구축하는 가이드라인을 제시하는 것으로, 다음의 내용이 이러한 가이드라인에 들어갈 것이다.

1. 연합학습의 설명과 정의
2. 연합학습의 유형과 각 유형의 응용 시나리오
3. 연합학습의 성능 평가
4. 관련된 규제 요구사항

이 표준의 목적은 데이터를 직접 교환하지 않고 산업계에서 AI를 적용할 수 있는 타당한 해결책을 제공하는 것이다. 이 표준은 프라이버시 및 데이터 보호 이슈가 점점 더 중요해지고 있는 환경에서 협업을 촉진할 것으로 기대된다. 규제나 윤리적 문제를 위반하지 않고 AI를 개발하는 목적에서 분산 데이터 소스를 사용할 수 있게 되고, 분산 데이터 소스의 사용이 활성화될 것이다.

### 1.3.4 FedAI 생태계

FedAI[Federated AI] 생태계 프로젝트는 위뱅크의 AI 부서에서 시작했다[WeBank FedAI, 2019]. 이 프로젝트의 주요 목표는 사용자 프라이버시, 데이터 보안, 데이터 기밀성을 유지하는 고급 AI 기술을 개발하고 활성화하는 것이다. FedAI 생태계는 다음의 네 가지 주제를 특징으로 삼고 있다.

- **오픈소스 기술**: FedAI는 연합 ML과 그 응용의 오픈소스 개발 가속화를 목표로 하고 있다. FATE 프로젝트[WeBank FATE, 2019]는 FedAI 산하의 주력 프로젝트다.

- **표준과 가이드라인**: FedAI는 연합학습의 아키텍처 프레임워크 및 응용 가이드라인을 형식화하고 업계의 협업을 촉진하기 위해 파트너들과 함께 표준화를 진행하고 있다. 대표적인 작업으로는 IEEE P3652.1 연합 ML 작업 그룹이 있다[IEEE P3652.1, 2019].

- **다자간 합의 메커니즘**: FedAI는 더 많은 기관이 지속 가능한 방식으로 연합학습의 연구 개발에 참여하도록 장려하기 위해 인센티브 및 보상 메커니즘을 연구하고 있다. 예를 들어, FedAI는 블록체인과 같은 기술을 기반으로 다자간 합의 메커니즘을 구축하고자 노력하고 있다.

- **다양한 분야의 응용**: 연합학습의 잠재력을 발휘하기 위해 FedAI는 더 많은 분야의 응용 및 시나리오를 선보이고 새로운 비즈니스 모델을 구축하기

위해 노력을 기울이고 있다.

## 1.4 이 책의 구성

이 책의 구성은 다음과 같다. 2장은 프라이버시 보전 ML에 대한 배경지식으로, 유명한 기존 데이터 보안 기법들을 다룬다. 3장에서는 분산 ML을 설명할 텐데, 특히 연합학습과 분산 ML의 차이점을 강조해 설명하겠다. 4장, 5장, 6장에서는 수평 연합학습, 수직 연합학습, 연합 전이학습을 각각 자세히 알아본다. 7장에서는 연합학습에 참여하도록 동기를 부여하는 인센티브 메커니즘의 설계에 관해 논의한다. 8장에서는 연합학습을 컴퓨터 비전, 자연어 처리, 추천 시스템 분야로 확장하는 최근의 연구를 살펴본다. 9장에서는 연합 강화학습을 설명한다. 10장에서는 다양한 산업 부문에 연합학습이 앞으로 어떻게 적용될지 예상해본다. 마지막으로, 11장에서는 이 책을 요약정리하고 미래를 전망해본다. 부록 A에는 유럽 연합$^{EU}$, 미국, 중국의 최신 데이터 보호 법률 및 규정에 대한 개요를 실었다.

CHAPTER

# 2

# 배경지식

2장에서는 연합학습의 배경지식이 되는 프라이버시 보전 머신러닝 기법과 데이터 분석에 관해 소개한다.

## 2.1 프라이버시 보전 머신러닝

데이터 유출 사고와 프라이버시 침해 사고들이 발생하면서 사용자 프라이버시와 데이터 기밀성을 보전할 수 있는 AI 시스템이 필요하다는 대중의 인식이 높아졌다. 연구자들은 머신러닝 시스템 내부에서 프라이버시를 보전하는 성질을 지원하기 위한 기술 개발에 관심을 갖게 됐다. 그러한 결과로 나온 시스템이 프라이버시 보전 머신러닝<sup>PPML, Privacy-Preserving Machine Learning</sup> 시스템이다. 실제로 2018년은 PPML이 도약한 해로 평가받고 있다[Mancuso et al., 2019]. PPML은 일반적으로 사용자 프라이버시와 데이터 보안을 보호하기 위한 방어 수단을 갖춘

ML을 뜻하는 넓은 의미의 용어다. 시스템 보안 및 암호화 커뮤니티에서도 ML을 위한 다양한 보안 프레임워크를 제안한 바 있다.

앨런 웨스틴$^{Alan\ Westin}$은 정보 프라이버시를 "개인이나 그룹, 기관이 자신들에 관한 정보가 타인에게 언제, 어떻게, 얼마나 전달되는지를 스스로 결정하려는 주장"이라고 정의했다[Westin, 1968]. 이는 본질적으로 정보에 대한 접근과 처리를 제어할 권한을 정의하고 있다. 정보 프라이버시의 핵심 아이디어는 개인 데이터의 수집과 처리에 대한 제어권을 갖는 것이다[Mendes and Vilela, 2017].

2장에서는 다자간 보안 계산, 프라이버시 보전 모델의 훈련과 추론을 위한 동형 암호, 원하지 않는 데이터의 공개를 방지하기 위한 차분 프라이버시를 포함해 PPML에서 사용되는 몇 가지 유명한 접근법을 소개할 것이다. 프라이버시 보전 경사 하강법에 대해서도 설명할 것이다.

## 2.2 프라이버시 보전 머신러닝과 보안 머신러닝

프라이버시 보전 머신러닝$^{PPML}$에 대해 자세히 알아보기 전에 먼저 PPML과 보안 ML의 차이점을 명확히 해두자. PPML과 보안 ML은 대개 설계상 다루는 보안 침해의 유형이 다르다[Barreno et al., 2006]. 보안 ML에서는 적대자(공격자)가 데이터 분석 시스템의 무결성과 가용성을 침해한다고 가정하는 반면, PPML에서는 적대자가 ML 시스템의 프라이버시와 기밀성을 침해한다고 가정한다.

보안이 위태로워지는 경우는 대부분 제3자의 고의적인 공격으로 인해서다. 우리가 관심을 갖는 ML에서의 주요 공격 유형은 다음의 세 가지다.

- **무결성 공격**$^{integrity\ attack}$: 무결성에 대한 공격이 발생하면 침입 지점이 ML 시스템에 의해 정상(즉, 거짓 음성$^{false\ negative}$)으로 분류될 수 있다.
- **가용성 공격**$^{availability\ attack}$: 가용성에 대한 공격이 발생하면 분류 오류(거짓 음성

과 거짓 양성 모두)를 일으켜 ML 시스템이 쓸모없어질 수 있다. 더 넓은 범위의 무결성 공격 유형이다.

- **기밀성 공격**<sup>confidentiality attack</sup>: 기밀성에 대한 공격이 발생하면 ML 시스템의 민감한 정보(예를 들어, 학습 데이터 또는 모델)가 유출될 수 있다.

표 2.1은 PPML과 보안 ML을 보안 침해와 적대자 공격, 방어 기법 측면에서 비교한 것이다.

표 2.1 PPML과 보안 ML의 비교

|  | 보안 침해 | 적대자 공격 | 방어 기법 |
|---|---|---|---|
| PPML | 프라이버시<br>기밀성 | 재구성 공격<br>모델 전도 공격<br>소속 여부 추론 공격 | 다자간 보안 계산<br>동형 암호<br>차분 프라이버시 |
| 보안 ML | 무결성<br>가용성 | 중독 공격<br>적대적 공격<br>오라클 공격 | 방어적 증류법(defensive distillation)<br>적대적 훈련<br>정칙화(regularization) |

2장에서는 주로 PPML에 초점을 맞춰 ML의 프라이버시와 기밀성 침해에 대한 방어 기법을 다룬다. 보안 ML에 관해 좀 더 자세한 내용을 살펴보고 싶은 독자는 [Barreno et al., 2006]을 참고하기 바란다.

## 2.3 프라이버시 위협 모델과 보안 모델

### 2.3.1 프라이버시 위협 모델

ML에서 프라이버시와 기밀성을 보전하려면, 발생 가능한 위협 모델을 이해하는 것이 중요하다. ML 작업에서 참여자는 일반적으로 세 가지 역할, 즉 (1) 입력 참여자(예를 들어, 데이터 소유자), (2) 계산 참여자(예를 들어, 모델 구축자 및 추론 서비스 제공자), (3) 결과 참여자(예를 들어, 모델 질의자 및 사용자)를 맡게 된다 [Bogdanov et al., 2014].

ML에 대한 공격은 데이터 발행$^{data\ publishing}$, 모델 훈련$^{model\ training}$, 모델 추론$^{model\ inference}$을 비롯해 어느 단계에서든지 발생할 수 있다. 속성 추론 공격$^{attribute-inference\ attack}$은 데이터 발행 단계에서 발생할 수 있으며, 적대자는 악의적인 목적으로 데이터 레코드 소유자를 탈익명화$^{de-anonymization}$ 또는 대상화하려고 시도할 수 있다. ML 모델 훈련 중에는 재구성 공격$^{reconstruction\ attack}$이 발생할 수 있는데, 재구성 공격은 계산 참여자가 데이터 제공자의 원시 데이터를 재구성하거나 모델 구축자가 공개하려 했던 것보다 데이터 제공자에 관한 정보를 더 많이 학습하는 것을 목표로 한다.

연합학습의 경우에는 재구성 공격이 주요한 프라이버시 문제다. ML 모델의 추론 단계에서는 적대적인 결과 참여자가 모델이나 원시 훈련 데이터에 대한 추가 정보를 얻기 위해 리버스 엔지니어링$^{reverse\ engineering}$ 기법을 사용해 재구성 공격이나 모델 전도 공격$^{model\ inversion\ attack}$, 소속 여부 추론 공격$^{membership-inference\ attack}$을 수행할 수 있다.

**재구성 공격**$^{reconstruction\ attack}$ 재구성 공격에서 적대자의 목표는 ML 모델을 훈련시키거나 추론하는 동안에 훈련 데이터 또는 훈련 데이터의 특성 벡터$^{feature\ vector}$를 추출하는 것이다. 중앙 집중식 학습에서는 각기 다른 데이터 소유자의 원시 데이터가 계산 참여자에게 업로드되므로, 데이터가 악의적인 계산 참여자와 같은 적대자의 공격에 취약해진다. 대기업들은 ML 모델을 훈련시키고자 사용자들로부터 원시 데이터를 수집하기도 한다. 하지만 수집된 데이터가 사용자의 사전 동의 없이 다른 목적으로 쓰이거나 제3자에게 전송될 수 있다. 연합학습에서는 각 참여 당사자가 자신의 로컬 데이터를 사용해 ML 모델 훈련을 수행한다. 모델 가중치 업데이트 또는 그레이디언트$^{gradient}$ 정보만 참여자들 사이에 공유된다. 그러나 그레이디언트 정보 역시 훈련 데이터에 대한 추가 정보를 노출할 수도 있다[Aono et al., 2018]. 일반 텍스트 그레이디언트 업데이트 과정에서 응용 시나리오에 따라 프라이버시가 침해될 수도 있다. 재구성 공격에 저항하려면 서포트 벡터 머신$^{SVM, Support Vector Machine}$이나 k 최근접 이웃$^{kNN, k-Nearest Neighbors}$과 같이 명시적인 특성값을 저장하는 ML 모델은 사용하지 않아야 한다. 모델 훈련 시에는 다자간 보안 계산[Yao, 1982]과 동형 암호[Rivest et al., 1978]를 사용해 중간 값을 비공개로 유지함으로써 이러한 공격을 방어할 수 있다. 모델 추론 시에는 추론 결과를 계산하는 참여자에게 모델에 블랙 박스 형태로 접근하는 권한만 부여해야 한다. 다자간 보안 계산과 동형 암호를 활용하면 모델 추론 중에 사용자 질의의 프라이버시를 보호할 수 있다. 다자간 보안 계산과 동형 암호, PPML에서의 그 응용에 관해서는 2.4.1절과 2.4.2절에서 각각 소개할 것이다.

**모델 전도 공격**$^{model inversion attack}$ 모델 전도 공격에서는 적대자가 모델에 대해 화이트 박스 또는 블랙 박스 접근 권한을 갖고 있다고 가정한다. 화이트 박스 접근 권한을 갖고 있는 경우, 적대자는 저장된 특성 벡터가 없는 일반 텍스트 모델을 알 수 있다. 블랙 박스 접근 권한을 갖고 있는 경우, 적대자는 모델에 데이터로 질의하고 응답을 수집할 수만 있다. 적대자의 목표는 모델로부터 훈련 데이터 또는 훈련 데이터의 특성 벡터를 추출하는 것이다. 블랙 박스 접근이 가능한 적대자는 방정식을 풀이하는 공격$^{equation solving attack}$을 수행함으로써 그 응답으로 일반 텍스트 모델을 재구성할 수도 있다. 이론적으로 $N$차원 선형 모델의 경우 적대자가 $N + 1$개의 질의로 모델을 훔칠 수 있다. 이러한 문제를 $(x, h_\theta(x))$에서 $\theta$를 구하는 문제로 형식화할 수 있다. 적대자는 질의-응답 쌍들을 이용해 원본 모델을 시뮬레이션하는 유사한 모델을 학습할 수도 있다. 모델 전도 공격에 저항하려면 적대자에게 노출되는 모델 관련 지식을 줄여야 한다. 모델에 대한 접근은 블랙 박스 접근으로 제한해야 하며, 출력도 제한돼야 한다. 모델 전도 공격의 성공률을 줄이기 위해 제안된 전략이 여럿 있다. 맷 프레드릭슨[Matt Fredrikson]과 동료들은 반올림된 신뢰값만 보고하는 방식을 취한다[Fredrikson et al., 2015]. 모하마드 알-루베[Mohammad Al-Rubaie]와 모리스 장[J. Morris Chang]은 예측된 클래스 레이블을 응답으로 취하고, 모델 보호를 더욱 강화하기 위해 여러 테스트 인스턴스의 예측 결과를 집계한 결과를 반환한다[Al-Rubaie and Chang, 2016]. 보안 신경망 추론 시에 이러한 공격에 저항하기 위해 동형 암호와 결합한 베이지안 신경망[Bayesian neural network]도 개발됐다[Xie et al., 2019].

**소속 여부 추론 공격**[membership-inference attack] 소속 여부 추론 공격에서는 적대자가 모델에 대한 블랙 박스 접근 권한과 특정 샘플에 대한 지식을 갖고 있다. 적대자의 목표는 알고 있는 샘플이 모델의 훈련 데이터셋 내에 속하는지 여부를 알아내는 것이다. 적대자는 샘플이 훈련 데이터셋에 속하는지 여부를 ML 모델의 출력에 근거해 추론한다. 적대자는 훈련 데이터셋에 속하는 샘플과 그 외의 샘플에 대한 모델 예측의 차이를 구해 활용함으로써 이러한 공격을 행한다. 모델 전도 공격에 저항하고자 제안된 방어 기법들, 예를 들면 예측 결과를 반올림해 보고하는 결과 일반화 기법 등이 이러한 공격을 차단하는 데 효과적인 것으로 나타났다[Shokri et al., 2017]. 소속 여부 추론 공격에 저항하는 주요한 접근법으로는 차분 프라이버시[Dwork et al., 2006]가 있는데, 이에 관해서는 2.4.3절에서 소개하겠다.

**속성 추론 공격**<sup>attribute-inference attack</sup> 속성 추론 공격에서 적대자는 악의적인 목적으로 레코드 소유자를 탈익명화 또는 대상화하려고 한다. 데이터를 발행하기 전에 사용자 ID나 이름 같은 개인 식별 정보<sup>PII, Personally Identifiable Information</sup>(민감한 특성<sup>sensitive feature</sup>이라고도 함)를 제거해 익명화하는 접근 방식이 사용자 프라이버시를 보호하는 자연스러운 방법 같다. 그러나 익명화는 효과가 없는 것으로 드러났다. 일례로 세계 최대 온라인 영화 대여 서비스 제공 업체인 넷플릭스<sup>Netflix</sup>가 구독자 50만 명의 영화 평점을 매긴 정보를 익명화한 영화 평점 데이터셋을 공개했는데, 익명화를 했음에도 불구하고 아빈드 나라야난<sup>Arvind Narayanan</sup>과 비탈리 슈마티코프<sup>Vitaly Shmatikov</sup>는 인터넷 영화 데이터베이스<sup>IMDB, Internet Movie Database</sup>를 배경지식으로 삼아 평점 데이터 레코드가 어떤 넷플릭스의 사용자인지 재식별화하고, 더 나아가 사용자의 분명한 정치적 성향까지 추론할 수 있었다[Narayanan and Shmatikov, 2008]. 이 사건은 대신 사용할 만한 배경지식에 접근할 수 있는 강력한 적대자들을 마주하면 익명화가 소용이 없음을 보여준다. 속성 추론 공격을 해결하고자 그룹 익명화 프라이버시 방식이 제안됐다[Mendes and Vilela, 2017]. 그룹 익명화 프라이버시 방식에서는 일반화와 범주화<sup>suppression</sup> 메커니즘을 통해 프라이버시를 보전한다.

**모델 중독 공격**<sup>model poisoning attack</sup> 연합학습은 백도어 공격<sup>backdoor attack</sup>[Bagdasaryan et al., 2019]이라고도 하는 모델 중독 공격[Bhagoji et al., 2019]에 취약할 수 있다는 사실이 밝혀졌다. 예를 들면, 악의적인 연합학습 참여자가 훈련된 연합 모델에 숨겨진 백도어 기능을 주입할 수 있다. 가령, 훈련된 단어 예측 모델이 공격자가 선택한 단어로 특정 문장을 완성하게 만들 수 있다[Bagdasaryan et al., 2019]. 아준 바고지<sup>Arjun Bhagoji</sup>와 동료들은 악의적인 참여자의 모델 업데이트 부스팅, 합법적인 훈련 손실과 적대자의 백도어 목적 함수를 번갈아 최적화하는 교차 최소화<sup>alternating minimization</sup> 전략, 정상적인 업데이트에 관한 파라미터를 추정해 공격 성공 가능성을 높이는 방법 등 모델 중독 공격을 수행하는 여러 가지 전략을 제안했다[Bhagoji et al., 2019]. 유진 배그더사리언Eugene Bagdasaryan과 동료들은 모델 교체를 사용하는 새로운 모델 중독 방법론을 개발했다[Bagdasaryan et al., 2019]. 이 연구에서는 모델 훈련 중에 사용되는 공격자의 손실 함수에 방어 회피를 통합해 이상치 감지 기반의 방어 전략을 회피하는 제약 후 규모 조정constrain-and-scale 기법을 제안했다. 모델 중독 공격에 맞설 수 있는 해결책으로는 블록체인 기반 접근 방식[Preuveneers et al., 2018]과 신뢰 실행 환경TEE, Trusted Execution Environment 기반 접근 방식[Mo and Haddadi, 2019] 등이 있다.

## 2.3.2 적대자 모델과 보안 모델

다자간 보안 계산, 동형 암호를 비롯한 암호학적 PPML 기법을 다룬 연구 문헌들에서는 적대자를 다음의 두 유형으로 가정한다.

- **반정직한 적대자**semi-honest adversary **모델**: 반정직한(즉, 정직하기는 하나 유별나고 수동적인) 적대자 모델에서는 적대자가 프로토콜을 정직하게 준수하기는 하지만, 수신된 정보로부터 나온 출력 결과 이상으로 더 많은 정보를 학습하려고 시도한다.

- **악의적인 적대자**malicious adversary **모델**: 악의적인(즉, 적극적인) 적대자 모델에서는 적대자가 프로토콜에서 벗어나 임의로 행동할 수 있다.

대부분의 PPML 연구에서는 널리 가정하는 모델은 반정직한 적대자 모델이다. 주된 이유는 연합학습에서는 악의적인 행동이 적대자 자신의 이익을 해치므로 각 참여자가 ML 프로토콜을 정직하게 따르는 것이 유익하기 때문이다. 또 다른 이유는 반정직한 적대자에 대해 안전한 프로토콜을 먼저 구축한 다음 영지식 증명zero-knowledge proof을 통해 악의적인 적대자로부터도 안전하도록 수정하는 방법이 암호학 분야의 표준 방법이기 때문이다.

두 보안 모델 모두 적대자가 오류를 일으킨 참여자들끼리 서로 공모할 수 있다. 참여자의 오류는 정적$^{static}$일 수도 있고 적응적$^{adaptive}$일 수도 있다. 적대자의 복잡도는 정보 이론적 보안이냐 계산적 보안이냐에 따라 각각 대응하는 다항 시간 또는 계산상 무한하다. 암호학에서의 보안은 구별 불가능성 개념을 기반으로 한다. 이에 관심 있다면 적대자 및 보안 모델에 관해 자세히 분석하는 [Lindell, 2005], [Lindell and Pinkas, 2009]를 참고하기 바란다.

## 2.4 프라이버시 보전 기법

이 절에서는 프라이버시 보전 기법들을 설명한다. 세 가지 유형의 접근 방식, 즉 (1) 다자간 보안 계산, (2) 동형 암호, (3) 차분 프라이버시를 다룬다.

### 2.4.1 다자간 보안 계산

다자간 보안 계산$^{\text{MPC, secure Multi-Party Computation}}$, 또는 함수 보안 계산$^{\text{SFE, Secure Function Evaluation}}$은 원래 두 당사자 간의 보안 계산 문제(유명한 백만장자 문제$^{\text{Millionaire's Problem}}$[1])를 해결하기 위해 등장했으며, 1986년에 앤드류 야오$^{\text{Andrew Yao}}$에 의해 일반화됐다 [Yao, 1986]. MPC의 목표는 각 참여자의 개인 입력값을 다른 참여자에게 노출하지 않고 공동으로 함수를 계산하는 것이다. MPC를 사용하면 어떤 함수든지 결괏값 이외에는 아무것도 노출하지 않고 계산할 수 있다.

정의

MPC를 사용하면 각 참여자가 다른 참여자의 입력값은 모른 채 해당 함수의 결괏값만 알게 하면서 개인 입력값들에 대한 함수를 계산할 수 있다. 예를 들어 어

---

1    백만장자 문제는 두 백만장자가 자신의 부가 얼마인지 드러내지 않으면서 누가 더 부자인지 알아내는 문제다. – 옮긴이

떤 비밀값 $x$가 $n$개의 조각으로 나뉘어 있고 참여자 $P_i$가 $x_i$만 알고 있을 때, 참여자 $P_i$가 자신의 입력값 $x_i$에 해당하는 결괏값 $y_i$ 외에는 아무것도 알지 못하게 하면서 다음의 함숫값을 계산할 수 있다.

$$y_1, \ldots, y_n = f(x_1, \ldots, x_n)$$

MPC 프로토콜이 안전하다는 것을 증명하는 표준적인 접근 방식은 시뮬레이션 패러다임$^{simulation\ paradigm}$이다[Lindell, 2017]. 서로 공모한 $t$개 참여자의 입력과 결괏값이 주어졌을 때 시뮬레이터가 생성하는 $t$개의 기록이 실제 프로토콜에서 생성되는 기록과 구별 불가능하도록 시뮬레이터를 만들어, MPC 프로토콜이 $t$개의 참여자에 오류를 일으키는 적대자로부터 안전함을 증명하는 방식이다.

일반적으로 MPC는 다음의 세 가지 프레임워크를 통해 구현할 수 있다.

(1) 비인지 전송$^{OT,\ Oblivious\ Transfer}$[Keller et al., 2016, Goldreich et al., 1987]

(2) 비밀 공유$^{SS,\ Secret\ Sharing}$[Shamir, 1979, Rabin and Ben-Or, 1989]

(3) 임곗값 동형 암호$^{THE,\ Threshold\ Homomorphic\ Encryption}$[Cramer et al., 2001, Damgård and Nielsen, 2003]

어떤 관점에서 보면, 비인지 전송 프로토콜과 임곗값 동형 암호 기법은 모두 비밀 공유 개념을 사용한다고 볼 수도 있다. 비밀 공유가 MPC의 핵심으로 널리 여겨지는 이유가 이 때문이기도 하다. 이 절의 나머지 부분에서는 비인지 전송과 비밀 공유를 소개하겠다.

## 비인지 전송

비인지 전송은 1981년에 마이클 라빈$^{Michael\ Rabin}$이 제안한 두 당사자 간의 계산 프로토콜이다[Rabin, 2005]. 비인지 전송에서 송신자는 메시지-인덱스 쌍 $(M_1, 1)$, ..., $(M_N, N)$으로 이뤄진 데이터베이스를 갖고 있다. 매 전송마다 수신자는 $1 \leq i$

$\le N$인 인덱스 $i$를 선택해 메시지 $M_i$를 받는다. 수신자는 이 데이터베이스에 관한 다른 어떠한 정보도 알지 못하며, 송신자는 수신자가 어떤 $i$를 선택했는지 알지 못한다. 이쯤에서 $n$ 중 1 비인지 전송의 정의를 알아보자.

**정의 2.1**　$n$ 중 1 비인지 전송[1-out-of-*n* Oblivious Transfer]: 참여자 A가 리스트 $(x_1, …, x_n)$을 입력으로 갖고 있고, 참여자 B가 $i \in 1, …, n$인 $i$를 입력으로 갖고 있다고 가정하자. $n$ 중 1 비인지 전송이란 A는 $i$에 관해 아무것도 알지 못하고 B는 $x_i$ 외에는 아무것도 알지 못하는 MPC 프로토콜이다. ∎

$n = 2$인 경우, 2 중 1 비인지 전송은 보편성을 갖는 두 당사자 간 보안 계산이 된다[Ishai et al., 2008]. 즉, 2 중 1 비인지 전송 프로토콜이 있으면 모든 두 당사자 간 보안 계산을 수행할 수 있다.

벨라르-미칼리[Bellare-Micali] 방식[Bellare and Micali, 1990], 나오르-핀카[Naor–Pinka] 방식[Naor and Pinkas, 2001], 하자이-린델[Hazay–Lindell] 방식[Hazay and Lindell, 2010] 등 비인지 전송을 구성하는 다양한 방식이 제안됐다. 여기서는 디피-헬만[Diffie-Hellman] 키 교환을 활용하고 계산적 디피-헬만[CDH, Computational Diffie-Hellman] 가정[Diffie and Hellman, 1976]을 기반으로 비인지 전송을 구성하는 벨라르-미칼리 방식을 설명한다. 벨라르-미칼리 구성 방식은 다음과 같이 작동한다. 수신자는 2개의 공개 키를 송신자에게 보낸다. 수신자는 두 공개 키 중 하나에 해당하는 개인 키 하나만 보유하고 있으며, 송신자는 그것이 어떤 공개 키인지 알지 못한다. 그런 다음 송신자는 두 메시지를 각 메시지에 해당하는 공개 키로 암호화한 후 암호문을 수신자에게 보낸다. 마지막으로, 수신자는 보유한 개인 키로 대상 암호문을 복호화한다.

**벨라르-미칼리 구성 방식**　이산 로그 설정 $(\mathbb{G}, g, p)$에서 $\mathbb{G}$는 소수 위수[prime order] $p$의 군[group]이고, $g \in \mathbb{G}$는 생성원[generator]이며, $H : G \to \{0, 1\}^n$은 해시 함수다. 송신자

A가 $x_0, x_1 \in \{0, 1\}^n$을 갖고 있고, 수신자 B는 $b \in \{0, 1\}$을 갖고 있다고 가정하자.

1. A가 무작위 원소 $c \leftarrow G$를 선택해 B에게 보낸다.

2. B는 $k \leftarrow \mathbb{Z}_p$를 선택하고 $PK_b = g^k$, $PK_{1-b} = c/PK_b$로 설정한 다음, $PK_0$를 A에게 보낸다. A는 $PK_1 = c/PK_0$로 설정한다.

3. A는 $PK_0$를 사용해 $x_0$를 엘가말 기법[ElGamal scheme]으로 암호화(즉, $C_0 = [g^{r_0}, HASH(PK_0^{r_0}) \times x_0]$로 설정하고 $PK_1$을 사용해 $x_1$을 암호화)한다. 그런 다음 A는 $(C_0, C_1)$을 B에게 보낸다.

4. B가 개인 키 $k$를 사용해 $C_b$를 복호화해서 $x_b = PK_b^{r_b} \times x_b/g^{r_b k}$를 얻는다.

**앤드류 야오의 가블드 회로**   야오의 가블드 회로[GC, Garbled Circuit][Yao, 1986]는 유명한 비인지 전송 기반의 두 당사자 간 보안 계산 프로토콜로, 어떠한 함수든지 계산할 수 있는 프로토콜이다. 야오 가블드 회로의 핵심 아이디어는 계산 회로를 생성 단계와 평가 단계로 나누는 것이다. 회로는 AND, OR, NOT과 같은 게이트로 구성되며 이를 사용해 어떠한 산술 연산이든 계산할 수 있다. 각 당사자가 하나의 단계를 담당하며 회로는 각 단계에서 알아보기 어렵게 왜곡돼 누구도 다른 당사자의 정보를 얻을 수 없지만, 회로에 따른 결과를 얻을 수 있다. 가블드 회로는 비인지 전송 프로토콜과 블록 암호로 구성된다. 회로의 복잡도는 입력 크기에 따라 적어도 선형으로 증가한다. 가블드 회로가 제안된 후 곧이어 GMW, 즉 오데드 골드라이흐[Oded Goldreich], 실비오 미칼리[Silvio Micali], 아비 위그더슨[Avi Wigderson][Goldreich et al., 1987]은 이를 다자간 상황에서 악의적인 적대자에 저항하도록 확장했다. 가블드 회로에 관한 상세한 내용이 궁금하다면 소피아 야쿠보프[Sophia Yakoubov]의 조사 논문[Yakoubov, 2017]을 참고하기 바란다.

**비인지 전송 확장**   러셀 임파글리아조[Russell Impagliazzo]와 스티븐 루딕[Steven Rudich]은 비인지 전송에는 '공개 키' 유형의 가정(인수분해, 이산 로그 등)이 필요하다는 사실을 입증했다[Impagliazzo and Rudich, 1989]. 그러나 도널드 비버<sup>Donald Beaver</sup>는 공개 키 암호화를 기반으로 몇 개의 '시드'만 생성하면 충분하며, 대칭 키 암호 체계를 이용해 비인지 확장을 임의의 수로 '확장'할 수 있음을 지적했다[Beaver, 1996]. 비인지 전송 확장은 MPC 프로토콜의 효율성 향상에 널리 쓰이고 있다[Keller et al., 2016, Mohassel and Zhang, 2017, Demmler et al., 2015].

## 비밀 공유

비밀 공유는 비밀값을 무작위로 분할한 다음 그 조각(몫)들을 각 참여자가 단 하나의 몫, 즉 비밀의 단 한 조각만 갖도록 참여자에게 분배해 비밀을 숨기는 개념이다[Shamir, 1979, Beimel, 2011]. 원래의 비밀값을 재구성하는 데 얼마나 많은 조각이 필요한지는 구체적으로 어떤 비밀 공유 기법을 사용했는지에 따라 달라진다[Shamir, 1979, Tutdere and Uzunko, 2015]. 예를 들면 샤미르의 비밀 공유 기법<sup>Shamir's secret sharing</sup>은 다항식을 기반으로 구성돼 정보 이론적 보안을 제공하며, 또한 행렬 계산 속도를 향상해 효율적이다[Shamir, 1979]. 비밀 공유 기법의 유형에는 여러 가지가 있는데, 산술 비밀 공유<sup>arithmetic secret sharing</sup>[Damård et al., 2011], 샤미르의 비밀 공유[Shamir, 1979], 이진 비밀 공유<sup>binary secret sharing</sup>[Wang et al., 2007] 등이 대표적이다. 산술 비밀 공유는 대부분의 기존 MPC 기반 PPML 방식에 쓰이고 있으며, 이진 비밀 공유는 2.4.1절에서 설명한 비인지 전송과 밀접한 관련이 있다. 여기서는 산술 비밀 공유를 중점적으로 다루겠다.

참여자 $P_i$가 $n$개의 참여자 $\{P_i\}_{i=1}^n$ 간에 유한체<sup>finite field</sup> $F_q$의 비밀 $S$를 공유하고 싶다고 해보자. $S$를 공유하기 위해 참여자 $P_i$는 $\mathbb{Z}_q$에서 무작위로 $n-1$개의 값 $\{s_i\}_{i=1}^{n-1}$을 샘플링해 $s_n = S - \sum_{i=1}^{n-1} s_i \bmod q$로 설정한다. 그런 다음 $P_i$는 $k \neq i$인 $s_k$를 참여자 $P_k$에게 분배한다. 공유된 $S$는 $\langle S \rangle = \{s_i\}_{i=1}^n$로 표기하겠다.

산술 덧셈 연산은 각 참여자가 로컬로 수행한다. 보안 곱셈 연산은 비버 트리플<sup>Beaver triple</sup>을 사용해 수행된다[Beaver, 1991]. 비버 트리플은 오프라인 단계에서 생성할 수 있다. 오프라인 단계(즉, 전처리)는 비버 트리플 집합 $\{(\langle a \rangle, \langle b \rangle, \langle c \rangle) \mid ab = c\}$를 생성해 $n$개의 참여자에게 그 몫을 분배하는 신뢰자 딜러$^{trusted\ dealer}$의 역할을 한다.

$\langle z \rangle = \langle x \rangle \cdot \langle y \rangle = \langle x \times y \rangle$를 계산하려면, 우선 $n$개의 참여자 $\{P_i\}_{i=1}^n$는 $\langle e \rangle = \langle x \rangle - \langle a \rangle$, $\langle f \rangle = \langle y \rangle - \langle b \rangle$를 계산한다. 그러면 $e$와 $f$가 재구성된다. 마지막으로 $P_i$가 $\langle z \rangle = \langle c \rangle + e\langle x \rangle + f\langle y \rangle$를 로컬에서 계산한 다음, 무작위로 선택된 참여자 $P_j$가 그 몫을 $ef$에 더한다. 벡터들을 성분끼리 곱하는 곱셈은 $\langle \cdot \rangle \odot \langle \cdot \rangle$으로 표기한다.

보안 곱셈은 길보아 프로토콜$^{Gilboa's\ protocol}$[Gilboa, 1999]을 활용해 수행할 수도 있다. 길보아 프로토콜을 사용하면 $n$비트 산술 곱셈을 $n$번의 2 중 1 비인지 전송을 통해 수행할 수 있다. 참여자 A가 $x$를 갖고 있고 참여자 B가 $y$를 갖고 있다고 생각해보자. 이제 길보아 프로토콜을 사용해 A와 B가 각각 $z = x \cdot y$를 만족하는 $\langle z \rangle_A$와 $\langle z \rangle_B$를 갖게 되는지 알아보겠다. 프로토콜에서 다루는 숫자의 이진 표현의 최대 길이를 $l$이라고 하자. $l$비트 문자열에 대한 $m$번의 2 중 1 비인지 전송을 $OT_l^m$으로 표기하겠다. $x$의 $i$번째 비트는 $x[i]$로 나타낸다. 그러면 비인지 전송을 통한 양자 간 보안 곱셈은 다음과 같이 수행할 수 있다.

1. A는 $x$를 이진 형식으로 나타낸다.

2. B는 $OT_l^l$을 만든다. $i$번째 비인지 전송일 때, 무작위로 $a_{i,0}$를 골라 $a_{i,1} = 2^i y - a_{i,0}$를 계산한다. $i$번째 비인지 전송의 입력으로 $(-a_{i,0}, a_{i,1})$을 사용한다.

3. A가 $i$번째 비인지 전송에서 선택 비트로 X[$i$]를 입력하고 $x[i] \times 2^i y - a_{i,0}$를 구한다.

4. A는 $\langle z \rangle_A = \sum_{i=1}^l (x[i] \times 2^i y - a_{i,0})$를 계산하고 B는 $\langle z \rangle_B = \sum_{i=1}^l a_{i,0}$를 계산한다.

오프라인 단계는 비버 트리플을 생성해 모든 당사자에게 배포하는 준정직한 딜러semi-honest dealer의 도움을 받아 효율적으로 수행할 수 있다. 준정직한 딜러 없이 이러한 전처리 단계를 수행하는 프로토콜도 SPDZ[Damård et al., 2011], SPDZ-2[Damård et al., 2012], MASCOT[Keller et al., 2016], 하이기어HighGear [Keller et al., 2018] 등 여러 가지가 나와 있다.

- SPDZ는 BGVBrakerski-Gentry-Vaikuntanathan 형태의 제한 동형 암호SHE, Somewhat Homomorphic Encryption에 기반한 전처리 모델의 오프라인 프로토콜로, 이반 다마르Ivan Damård와 동료들이 처음 제시했다[Damård et al., 2011].

- SPDZ-2[Damård et al., 2012]는 (공유 복호화 키를 사용하는) 임곗값 SHE 암호화threshold SHE cryptography 기반의 프로토콜이다.

- MASCOT는 마르셀 켈러Marcel Keller와 동료들이 제안한 비인지 전송 기반 프로토콜이다[Keller et al., 2016]. SPDZ 및 SPDZ-2보다 훨씬 계산 효율적이다.

- 2018년 마르셀 켈러와 동료들은 MASCOT 프로토콜보다 성능이 우수한 하이기어HighGear 프로토콜이라는 BGV 기반 SHE 프로토콜을 개발했다 [Keller et al., 2018].

## 프라이버시 보전 머신러닝에의 적용

프라이버시 보전 머신러닝PPML을 위해 지금까지 다양한 MPC 기반 접근 방식이 설계, 구현됐다. 대부분의 MPC 기반 PPML 접근 방식은 오프라인 단계와 온라인 단계로 구성된 2단계 아키텍처를 활용하고 있다. 암호화 작업의 대부분은 곱셈 트리플을 생성하는 오프라인 단계에서 수행된다. 온라인 단계에서는 오프라인 단계에서 생성된 곱셈 트리플을 사용해 ML 모델을 학습하게 된다. 딥시큐어 DeepSecure[Rouhani et al., 2017]는 추론 함수를 부울 회로Boolean circuit로 표현해야 하는 가블드 회로$^{GC}$ 기반의 보안 신경망 추론 프레임워크다. GC의 계산 및 통신 비용은 오직 회로의 총 AND 게이트 수에 따라 결정된다.

시큐어ML$^{SecureML}$[Mohassel and Zhang, 2017] 또한 2단계 아키텍처를 사용하는 양자 간 PPML 프레임워크다. 연합학습의 참여자는 양자 간 보안 모델 훈련 프로토콜에 따라 충돌하지 않는 두 서버 간에 각자의 데이터에 해당하는 산술 연산을 나누어 수행한다. 오프라인 단계의 곱셈 트리플을 생성하는 데 선형 동형 암호$^{LHE, Linearly Homomorphic Encryption}$ 기반 프로토콜과 비인지 전송 기반 프로토콜을 모두 제안하고 있다. 온라인 단계는 산술 비밀 공유 및 나눗셈 GC를 기반으로 한다. 따라서 모델 훈련에서는 선형 연산만 허용되며, 비선형 함수에 대해서는 다양한 근사화를 적용하게 된다.

신경망 모델 추론을 위한 혼합형 MPC 프레임워크로 ABY라는 프레임워크에 기반해 구축된 카멜레온$^{Chameleon}$ 프레임워크도 있다[Demmler et al., 2015]. 산술 비밀 공유는 선형 연산을 수행하는 데 사용되며, 가블드 회로나 GMW[Goldreich et al., 1987]는 비선형 연산에 사용된다. 각기 다른 프로토콜 간에 데이터 표현을 변환하기 위해 변환 프로토콜도 구현된다.

린델$^{Lindell}$과 핀카스$^{Pinkas}$는 비인지 전송 기반 프라이버시 보전 ID3 학습을 연구했다[Lindell and Pinkas, 2002]. 샤미르의 임곗값 비밀 공유는 PPML에서 안전한 모델 집계 시 정직하지만 유별난 공격자와 악의적인 공격자 모두에 대한 보안을 지원하는 데 쓰인다[Bonawitz et al., 2017]. 여기서는 그룹을 이룬 클라이언트들이 MPC를 통해 각자의 비밀 입력 모델의 평균을 계산하며, 모델 업데이트를 위해 파라미터 서버$^{parameter server}$에게 평균을 공개한다. 최근에는 MPC 기반으로 과반수의 클라이언트가 악의적으로 손상된 경우에도 보안을 지원하는 접근 방식의 연구가 이뤄졌다. 예를 들면, SPDZ를 사용한 선형 회귀와 로지스틱 회귀의 훈련 및 평가 방법이 연구됐다[Chen et al., 2019]. 담고르$^{Damgård}$와 동료들은 SPDZ$_{2^k}$[Cramer et al., 2018]를 채택해 과반수가 정직하지 않은 경우에 안전한 PPML을 수행했다[Damgård et al., 2019]. 이 연구에서는 의사 결정 트리와 SVM 평가 알고리듬을 구현했다.

## 2.4.2 동형 암호

동형 암호[HE, Homomorphic Encryption]는 일반적으로 프라이버시 보전 머신러닝에서 MPC의 대안으로 여겨진다. 동형 암호는 2.4.1절에서 설명했듯이 MPC를 달성하는 데 사용되기도 한다. 동형 암호라는 개념은 1978년에 로널드 라이베스트[Ronald Rivest]와 동료들이 암호문을 해독하지 않고 암호문에 대한 계산을 수행하는 해결책으로 제안했다[Rivest et al., 1978]. 그 이후로 전 세계의 연구자들은 이러한 동형 기법을 설계하기 위해 수많은 시도를 해왔다.

샤피 골드바서[Shafi Goldwasser]와 실비오 미칼리가 제안한 암호 체계는 놀라운 수준의 보안성을 입증할 수 있는 안전한 암호 체계였다[Goldwasser and Micali, 1982]. 암호문에 대한 덧셈 작업이 가능했으나, 단일 비트만 암호화할 수 있었다. 파스칼 페일리어[Pascal Paillier] 또한 1999년에 암호문에 대해 덧셈 연산을 할 수 있는 입증 가능한 보안 암호 체계를 제안했다[Paillier, 1999]. 이 체계는 다양한 응용 분야에 널리 사용됐다. 몇 년 후, 2005년에 댄 보네[Dan Boneh]와 동료들은 무한한 수의 덧셈 연산과 하나의 곱셈 연산을 할 수 있는 입증 가능한 보안 암호 체계를 발명했다[Boneh et al., 2005]. 크레이그 젠트리[Craig Gentry]는 2009년에 획기적인 발전을 이뤘고 무한한 수의 덧셈과 곱셈 연산을 모두 지원하는 최초의 동형 암호 기법을 제안했다[Gentry, 2009].

### 정의

동형 암호 기법 $\mathcal{H}$는 (복호화 키를 모르는 채) 해당 암호문에 효율적인 연산을 적용해 암호화된 내용에 특정 대수 연산을 수행할 수 있는 암호화 기법이다. 동형 암호 기법 $\mathcal{H}$는 다음과 같이 네 가지 함수의 집합으로 이뤄진다.

$$\mathcal{H} = \{KeyGen, Enc, Dec, Eval\} \tag{2.1}$$

여기서

- *KeyGen*: 키 생성 함수. 암호 생성기 *g*를 입력으로 취한다. 비대칭 동형 암호의 경우, 한 쌍의 키 {*pk*, *sk*} = *KeyGen*(*g*)가 생성된다. 여기서 *pk*는 평문을 암호화하기 위한 공개 키<sup>public key</sup>이고, *sk*는 암호문의 복호화를 위한 비밀 키<sup>secret key</sup>(개인 키<sup>private key</sup>)다. 대칭 동형 암호의 경우에는 비밀 키 *sk* = *KeyGen*(*g*)만 생성된다.

- *Enc*: 암호화 함수. 비대칭 동형 암호의 경우 공개 키 *pk*와 평문 *m*을 입력으로 받아 암호문 $c = Enc_{pk}(m)$을 산출한다. 대칭 동형 암호의 경우에는 비밀 키 *sk*와 평문 *m*을 입력으로 받아 암호문 $c = Enc_{sk}(m)$을 생성한다.

- *Dec*: 복호화 함수. 대칭 동형 암호와 비대칭 동형 암호 모두 비밀 키 *sk*와 암호문 *c*를 입력으로 받아 그에 상응하는 평문 $m = Dec_{sk}(c)$를 생성한다.

- *Eval*: 평가 함수. *Eval* 함수는 암호문 *c*와 (비대칭 동형 암호의 경우) 공개 키 *pk*를 입력으로 받아 함수를 계산한 평문에 상응하는 암호문을 산출한다.

키 *enk*를 암호화 키로 사용하는 암호화 함수를 $Enc_{enk}(\cdot)$라 하자. 평문으로 이뤄진 공간을 $\mathcal{M}$이라 하고 암호문으로 이뤄진 공간을 $\mathcal{C}$라 하자. 어떤 보안 암호 체계가 어떤 $\mathcal{M}$에 속하는 $\odot_{\mathcal{M}}$과 $\mathcal{C}$에 속하는 $\odot_{\mathcal{C}}$ 연산자에 대해 다음 조건을 충족하는 경우 이를 동형<sup>homomorphic</sup>이라 한다.

$$\forall m_1, m_2 \in \mathcal{M}, \ \ Enc_{enk}(m_1 \odot_{\mathcal{M}} m_2) \leftarrow Enc_{enk}(m_1) \odot_{\mathcal{C}} Enc_{enk}(m_2) \tag{2.2}$$

여기서 ←는 좌변의 항이 우변의 항과 같거나 중간에 복호화를 거치지 않고 우변의 항에서 직접 계산할 수 있음을 나타낸다. 이 책에서는 동형 암호화 연산자를 [[·]]로 표기하고, 암호문에 대한 덧셈과 곱셈 연산자를 다음과 같이 오버로

딩하겠다.

- **덧셈**: $Dec_{sk}([[u]] \odot_C [[v]]) = Dec_{sk}([[u + v]])$, 여기서 $\odot_C$는 암호문의 덧셈을 의미한다(예: [Paillier, 1999] 참고).

- **스칼라 곱셈**: $Dec_{sk}([[u]] \odot_C n) = Dec_{sk}([[u \cdot n]])$, 여기서 $\odot_C$는 암호문의 $n$ 승을 의미한다(예: [Paillier, 1999] 참고).

## 동형 암호 기법의 분류

동형 암호 기법은 부분 동형 암호, 제한 동형 암호, 완전 동형 암호라는 세 가지 유형으로 분류할 수 있다. 일반적으로 동형 암호 기법은 기능이 증가할수록 계산 복잡도가 높아진다. 여기서는 여러 유형의 동형 암호 체계를 간략하게만 소개하겠다. 여러 가지 유형의 동형 암호 기법에 관심 있다면 [Armknecht et al., 2015]와 [Acar et al., 2018]을 참고하기 바란다.

**부분 동형 암호**[PHE, Partially Homomorphic Encryption] 부분 동형 암호에서는 $(\mathcal{M}, \odot_M)$과 $(\mathcal{C}, \odot_C)$가 모두 군[group]이다. 연산자 $\odot_C$는 암호문에 횟수 제한 없이 적용할 수 있다. 부분 동형 암호는 군 동형[group homomorphism] 기법이다. 더 구체적으로는, $\odot_M$이 덧셈 연산자인 경우를 합 연산 동형[additively homomorphic]이라 하고, $\odot_M$이 곱셈 연산자인 경우를 곱 연산 동형[multiplicative homomorphic]이라 한다. [Rivest et al., 1978]과 [ElGamal, 1985] 참고문헌에 대표적인 두 가지 곱 연산 동형 암호 기법이 설명돼 있다. 합 연산 동형 암호 기법의 예는 [Goldwasser and Micali, 1982]와 [Paillier, 1999]에서 볼 수 있다.

**제한 동형 암호**[SHE, Somewhat Homomorphic Encryption] 일부 연산(예를 들면, 덧셈과 곱셈)을 제한된 횟수만큼만 적용할 수 있는 동형 암호 기법을 제한 동형 암호라고 한다. 몇몇 회로(예: 분기 프로그램[Ishai and Paskin, 2007], 가블드 회로[Yao, 1982])에 제한적으로 임의의 연산을 지원하는 기법을 제한 동형 암호로 보는 문헌들도 있다. 제한 동형 암호의 예로는 BV[Brakerski and Vaikuntanathan, 2011], BGN[Boneh et al., 2005], IP[Ishai and Paskin, 2007] 등이 있다. 제한 동형 암호 기법에서는 보안을 위해 노이즈[noise]를 추가한다. 암호문에 각 연산을 적용해서 결과로 나오는 암호문에는 노이즈가 증가하게 되며, 곱셈 기법이 크게 노이즈를 증가시킨다. 노이즈가 상한을 초과하면 복호화를 올바로 수행하지 못한다. 이것이 대다수의 제한 동형 암호 기법에서 연산을 적용하는 횟수가 제한되는 이유다.

**완전 동형 암호**[FHE, Fully Homomorphic Encryption] 완전 동형 암호는 암호문에 대해 횟수 제한 없이 덧셈과 곱셈 연산이 가능한 기법이다. 주목할 만한 점은 임의의 함수를 계산하는 데 덧셈과 곱셈 연산 딱 두 가지만 있으면 된다는 점이다. $A, B \in \mathbb{F}_2$라 하면, NAND 게이트를 $1 + A \times B$로 만들 수 있다. NAND 게이트는 함수적 완전성을 지녀서 NAND 게이트를 써서 어떠한 게이트든지 구성할 수 있다. 따라서 모든 함수를 완전 동형 암호로 계산할 수 있다. 완전 동형 암호는 크게 네 가지로 분류할 수 있다[Acar et al., 2018].

(1) 아이디얼 격자[ideal lattice] 기반 완전 동형 암호(예: [Gentry, 2009] 참고)

(2) 근사 최대공약수 기반 완전 동형 암호(예: [Dijk et al., 2010] 참고)

(3) ($R^{Ring}$)LWE[Learning With Errors] 기반 완전 동형 암호(예: [Lyubashevsky et al., 2010], [Brakerski et al., 2011] 참고)

(4) NTRU형 완전 동형 암호(예: [López-Alt et al., 2012] 참고)

기존의 완전 동형 암호 기법들은 제한 동형 암호 기반으로 순환 보안성[circular security]을 가정하고 값비싼 **부트스트랩** 연산을 구현하는 식으로 구축됐다. 부트스트랩 연산에서는 추가적인 계산 시에 암호문에 첨가되는 노이즈를 줄이기 위해 암호문과 암호화된 비밀 키에 대해 복호화 함수와 암호화 함수를 적용해 암호문을 재암호화한다. 부트스트랩 연산의 비용이 많이 드는 탓에 이러한 완전 동형 암호 기법들은 매우 느리고 현실적으로 일반적인 MPC 접근 방식에 비해 경쟁력이 없다. 현재는 연구자들이 이러한 요구사항을 만족시킬 더 효율적인 제한 동형 암호 기법들을 찾아내는 데 초점을 맞추고 있다. 또한 완전 동형 암호 기법들은 비밀 키를 공개 키로 암호화해 보안을 유지하는 순환 보안(또는 키 의존 메시지 <sub>KDM, Key Dependent Message</sub> 보안)을 가정하고 있다. 그러나 임의의 함수에 관해 의미론적으로 안전함을 입증한 완전 동형 암호 기법은 아직 없으며, 특정 암호문에 대한 구별 불가능성을 지원하는 IND-CCA1<sup>indistinguishability under non-adaptive chosen ciphertext attack</sup> 보안성을 갖춘 완전 동형 암호 기법도 아직 존재하지 않는다[Acar et al., 2018].

## 프라이버시 보전 머신러닝에의 적용

과거에는 동형 암호 기반 연구의 대다수가 프라이버시 보전 머신러닝에 관해 이뤄졌다. 예를 들어, 스티븐 하디<sup>Stephen Hardy</sup>와 동료들은 수직 파티셔닝된 데이터를 대상으로 두 참여자 간에 프라이버시 보전 로지스틱 회귀를 수행하는 알고리듬을 제안했다[Hardy et al., 2017]. 페일리어의 기법은 로지스틱 회귀 모델을 훈련시키기 위한 보안 경사 하강법에 활용되며, 상수 곱셈과 덧셈 연산을 페일리어의 기법으로 암호화된 마스크와 각 참여자가 계산한 중간 데이터를 통해 수행하게 된다. 보안 경사 하강법 알고리듬의 두 참여자 간에는 암호화된 마스크로 마스킹된 중간 결과를 교환한다. 마지막으로, 복호화 및 모델 업데이트를 위해 암호화된 그레이디언트를 코디네이터에게 전송하게 된다.

크립토넷<sup>CryptoNets</sup>[Gilad-Bachrach et al., 2016]은 클라우드 서버에서 이미 훈련된 신경망을 통해 암호화된 질의를 안전하게 평가(추론)할 수 있도록 마이크로소프트 리서치<sup>Microsoft Research</sup>에서 발표한 동형 암호 기반 방법이다. 크립토넷은 클라이언트 질의를 질의나 결과에 관한 어떠한 정보도 추론하지 않으면서 클라우드 서버상의 훈련된 신경망 모델을 통해 분류할 수 있다. 크립토DL<sup>CryptoDL</sup>[Hesamifard et al., 2017] 프레임워크는 레벨 동형 암호<sup>leveled homomorphic</sup>

encryption 기반의 보안 신경망 추론 방식이다. 크립토DL에서는 여러 가지 활성화 함수activation function를 낮은 차수의 다항식을 사용해 근사하며, 최대 풀링max-pooling 대신 평균 풀링mean-pooling을 사용한다. 가젤GAZELLE[Juvekar et al., 2018] 프레임워크는 확장성scalability이 높은 저지연 보안 신경망 추론 시스템으로 제안됐다. 가젤 프레임워크에서는 동형 암호와 기존의 양자 간 계산 기술(예: 가블드 회로)을 복잡한 방식으로 결합해 신경망 추론에서 안전한 비선형 함수를 계산한다. 가젤 프레임워크에서는 패킹 덧셈 동형 암호PAHE, Packed Additive Homomorphic Encryption를 채택해 암호화된 데이터에 대해 SIMDSingle Instruction Multiple Data 산술 동형 연산을 수행할 수 있다.

페드MFFedMF[Chai et al., 2019]는 정직하지만 유별난 서버와 정직한 클라이언트 구성에서 안전하게 연합 행렬 분해를 수행하는 데 페일리어의 동형 암호를 사용한다. 양 리우와 동료들은 페일리어의 동형 암호 기법을 통해 복호화 과정에서 동형 암호와 덧셈 비밀 공유를 혼합 활용해 준정직한 제3자를 배제하는 방식의 보안 연합 전이학습을 연구했다[Liu et al., 2019].

### 2.4.3 차분 프라이버시

차분 프라이버시DP, Differential Privacy는 원래 민감한 데이터를 안전하게 분석하고자 개발됐다. ML의 발전과 더불어 차분 프라이버시는 ML 커뮤니티에서 다시 활발한 연구 분야가 됐다. 차분 프라이버시로부터 나온 흥미로운 다양한 결과가 PPML에 적용될 수 있기 때문이다[Dwork et al., 2016, 2006]. 차분 프라이버시의 핵심 아이디어는 적대자가 데이터베이스에서 개별 정보를 질의하려 할 때 질의 결과로부터 개별 정보 수준의 민감한 차이를 구별하지 못하도록 혼동시키는 것이다.

## 정의

차분 프라이버시[Dwork et al., 2006]는 신시아 드워크<sup>Cynthia Dwork</sup>가 동료와 함께 처음 제안한 프라이버시 개념으로, 통계 정보의 공개 수준을 조절하는 맥락에서 개발됐다. 차분 프라이버시는 함수의 결과가 데이터셋의 어느 특정 레코드에 민감하지 않도록 정보 이론적인 보안성을 보장한다. 따라서 차분 프라이버시를 사용해 소속 여부 추론 공격에 저항할 수 있다. $(\epsilon, \delta)$ 차분 프라이버시는 다음과 같이 정의된다.

**정의 2.2**　$(\epsilon, \delta)$ 차분 프라이버시. 서로 단 하나의 레코드만 차이가 있는 임의의 두 데이터셋 $D$와 $D'$이 임의로 주어졌을 때, 무작위 메커니즘 $\mathcal{M}$이 다음을 만족하면 $(\epsilon, \delta)$ 차분 프라이버시를 보전한다.

$$\Pr[\mathcal{M}(d) \in S] \leq \Pr[\mathcal{M}(D') \in S] \times e^\epsilon + \delta \tag{2.3}$$

여기서 $S$는 메커니즘 $\mathcal{M}$이 도출할 수 있는 모든 결과 집합을 나타내며$(S \subset Range(\mathcal{M}))$, $\epsilon$은 프라이버시 예산<sup>privacy budget</sup>, $\delta$는 실패 확률이다. ∎

$\frac{\Pr[\mathcal{M}(D) \in S]}{\Pr[\mathcal{M}(D') \in S]}$이라는 값을 프라이버시 손실<sup>privacy loss</sup>이라고 부르며, 여기서 $\ln$은 자연로그다. $\delta = 0$이면 $(\epsilon, \delta)$ 차분 프라이버시보다 더 강력한 개념인 $\epsilon$ 차분 프라이버시가 달성된다.

차분 프라이버시는 데이터에 노이즈를 첨가하기 때문에 활용성과 프라이버시 간의 트레이드오프를 발생시킨다. 바르가브 자야라만<sup>Bargav Jayaraman</sup>과 데이비드 에반스<sup>David Evans</sup>는 현재의 머신러닝을 위한 차분 프라이버시 메커니즘들이 받아들일 만한 수준의 활용성-프라이버시 트레이드오프를 제공하기 어렵다는 사실을 밝혀냈다[Jayaraman and Evans, 2019]. 즉, 정확도 손실을 제한하도록 설정하면 효과적인 프라이버시를 제공하기 어렵고, 강력한 프라이버시를 제공하도록 설정하면 정확도 손실이 커진다는 것이다.

## 차분 프라이버시 기법의 분류

일반적으로 데이터에 노이즈를 추가해 차분 프라이버시를 달성하는 데는 크게 두 가지 방법이 있다. 하나는 함수의 민감도에 따라 노이즈를 추가하는 방법이다[Dwork et al., 2006]. 다른 하나는 이산 값들 중에서 지수 분포에 따라 노이즈를 선택하는 방법이다[McSherry and Talwar, 2007].

실숫값 함수의 민감도는 단일 샘플을 추가하거나 제거했을 때 그 함숫값이 변화할 수 있는 최댓값을 나타낸다.

정의 2.3　민감도. 서로 단 하나의 레코드만 차이가 있는 두 데이터셋 $D$와 $D'$, 그리고 임의의 정의역에 대한 함수 $\mathcal{M} : \mathcal{D} \rightarrow \mathcal{R}^d$가 주어졌을 때, $\mathcal{M}$의 민감도는 가능한 모든 입력에 대한 $\mathcal{M}$의 결과 변화의 최댓값이다.

$$\Delta\mathcal{M} = \max_{D,D'} \|\mathcal{M}(D) - \mathcal{M}(D')\| \tag{2.4}$$

여기서 $\|\cdot\|$는 벡터의 노름$^{norm}$이다. 적용하는 노름이 $l_1$ 노름인지 $l_2$ 노름인지에 따라 민감도를 각각 $l_1$ 민감도 또는 $l_2$ 민감도라고 정의한다. ∎

파라미터 $b$를 갖는 라플라스$^{Laplace}$ 분포를 $Lap(b)$로 표기한다. $Lap(b)$는 확률 밀도 함수가 $P(z|b) = \frac{1}{2b}\exp(-|z|/b)$이다. 민감도가 $\Delta\mathcal{M}$인 함수 $\mathcal{M}$이 주어졌을 때, 조정된 라플라스 분포 $Lap(\Delta\mathcal{M}/\epsilon)$으로부터 얻은 노이즈를 추가하면 $\epsilon$ 차분 프라이버시가 유지된다[Dwork et al., 2006].

정의 2.4　임의의 정의역 $D$에 대한 함수 $\mathcal{M} : \mathcal{D} \rightarrow \mathcal{R}^d$가 주어졌을 때, 어떤 입력 $X$에 대해 다음의 함수

$$\mathcal{M}(X) + Lap\left(\frac{\Delta\mathcal{M}}{\epsilon}\right)^d \tag{2.5}$$

는 $\epsilon$ 차분 프라이버시를 제공한다. $Lap(\Delta\mathcal{M}/\epsilon)$ 분포로부터 생성된 라플라스 노

이즈를 $d$개의 결과 항 각각에 추가해 $\epsilon$ 차분 프라이버시를 달성할 수도 있다. ▪

함수의 $l_2$ 민감도에 맞게 조정해 가우시안 노이즈 또는 이항 노이즈를 추가하면 정확도가 향상되는 반면, 더 약한 $(\epsilon, \delta)$ 차분 프라이버시만 보장된다[Dwork et al., 2006, Dwork and Nissim, 2004].

차분 프라이버시를 달성하는 또 다른 방법으로 지수 메커니즘$^{\text{exponential mechanism}}$ [McSherry and Talwar, 2007]이 있다. 지수 메커니즘에는 계산 결과에 점수를 매기는 품질 함수 $q$가 주어지며, 이 점수는 높을수록 좋다. 어떤 데이터베이스와 파라미터 $\epsilon$이 주어졌을 때, 품질 함수는 지수함수가 추출할 결과의 영역에 대한 확률 분포를 유도한다. 이 확률 분포는 높은 점수를 받는 결과를 선호하는 동시에 $\epsilon$ 차분 프라이버시를 보장한다.

**정의 2.5**    주어진 데이터셋 $d \in \mathcal{D}^n$에 대해 각각의 결과 $r \in \mathcal{R}$에 점수를 매기는 품질 함수를 $q : (\mathcal{D}^n \times \mathcal{R}) \to \mathbb{R}$이라고 하자. 서로 단 하나의 레코드만 차이가 있는 두 데이터셋 $D$와 $D'$에 대해 $S(q) = \max_{r, D, D'} \|q(D, r) - q(D', r)\|_1$이라 하자. $\mathcal{M}$은 주어진 데이터셋 인스턴스 $d \in \mathcal{D}^n$에 대해 결과 $r \in \mathcal{R}$을 선택하는 메커니즘이라 하자. 그러면, 다음과 같이 정의된 메커니즘 $\mathcal{M}$은

$$\mathcal{M}(d, q) = \left\{ \text{return } r \text{ with probability } \propto \exp\left(\frac{\epsilon q(d, r)}{2S(q)}\right) \right\} \tag{2.6}$$

$\epsilon$ 차분 프라이버시를 제공한다. ▪

차분 프라이버시 알고리듬은 어디에서 어떻게 교란$^{\text{perturbation}}$을 시키느냐에 따라 다음과 같이 분류할 수 있다.

1. **입력 교란**: 훈련 데이터에 노이즈를 추가한다.
2. **목적 교란**: 학습 알고리듬의 목적 함수에 노이즈를 추가한다.

3. **알고리듬 교란**: 반복적인[iterative] 알고리듬의 그레이디언트와 같은 중간 값에 노이즈를 추가한다.

4. **출력 교란**: 훈련 이후의 출력 파라미터에 노이즈를 추가한다.

차분 프라이버시라 해도 금융이나 의료 데이터, 기타 상업 및 건강 애플리케이션 등 여러 경우에 참여자의 민감한 통계 정보를 노출한다. 차분 프라이버시에 관해 더 알고 싶다면 신시아 드워크와 아론 로스[Aaron Roth]의 튜토리얼[Dwork and Roth, 2014]을 참고하기 바란다.

## 프라이버시 보전 머신러닝에의 적용

연합학습에서는 여러 참여자가 보유한 분산 데이터셋에 대해 모델 학습을 가능하게 만드는 데 로컬 차분 프라이버시[LDP, Local Differential Privacy]를 사용할 수 있다. 로컬 차분 프라이버시를 사용해, 각 입력 참여자가 자신의 데이터를 교란한 다음 난독화된 데이터를 신뢰할 수 없는 서버에 릴리스한다. 로컬 차분 프라이버시의 기본 아이디어는 무작위 응답[RR, Randomized Response]이다.

니콜라스 페이퍼닛[Nicolas Papernot]과 동료들은 티처 앙상블 프레임워크[teacher ensemble framework]를 활용했다[Papernot et al., 2016]. 우선 모든 참여자 간에 분산된 데이터셋으로부터 티처 모델 앙상블을 학습한다. 그런 다음, 이 티처 모델 앙상블을 사용해 공개 데이터셋에 대해 노이즈가 있는 예측을 수행한다. 마지막으로, 레이블이 달려 있는 공개 데이터셋을 사용해 스튜던트 모델[student model]을 학습한다. 프라이버시 손실은 티처 앙상블이 추론한 공개 데이터 샘플의 수에 의해 정확하게 제어된다. 이후의 연구[Papernot et al., 2018]에서는 적대적 생성망[GAN, Generative Adversarial Network]을 적용해 스튜던트 모델 훈련을 위한 합성 훈련 데이터를 생성했다. 이 접근 방식은 단일 ML 알고리듬에 국한되지 않는 방식이기는 하나, 각각의 위치에 적절한 양의 데이터가 필요하다.

특정 노이즈 분포를 고려해 신경망 모델 훈련에서 전체적인 프라이버시 비용을 계산하는 차분 프라이버시 보전형 확률적 경사 하강법[SGD, Stochastic Gradient Descent]으로 모멘트 어카운턴트[moment accountant]라는 기법이 제안됐다[Abadi et al., 2016]. 이 기법은 적절히 선택한 노이즈 스케일과 클리핑 임곗값 설정하에서 프라이버시 손실이 더 적어짐을 증명했다.

차분 프라이버시 보전형 장단기 기억[LSTM, Long Short Term Memory] 언어 모델은 예측 정확도를 무시할 만한 정도를 희생해 사용자 수준의 차분 프라이버시를 보장하도록 구축됐다[McMahan et al., 2017]. 프라이버시 보전형 합성곱 심층 신뢰 신경망[pCDBN, private convolutional deep belief network]은 전통적인 합성곱 심층 신뢰 신경망의 에너지 기반 목적 함수를 교란하는 함수 메커니즘을 활용하도록 제안됐다[Phan et al., 2017]. GAN을 이용한 차분 프라이버시 보전 데이터셋 생성 방법[Triastcyn and Faltings, 2018]도 연구됐는데, 이 연구에서는 가우시안 노이즈 계층을 GAN의 판별자[discriminator]에 추가해 출력값과 그레이디언트를 훈련 데이터에 대해 차분 프라이버시를 보전하도록 만든다. 최종적으로 프라이버시를 보전하는 인공 데이터셋을 생성기[generator]를 통해 합성한다. 차분 프라이버시 보전 데이터셋 발행 외에, 심층학습 모델을 차분 프라이버시 보전형으로 발행하는 연구[Yu et al., 2019]도 이뤄졌는데, 모델 정확도를 개선하기 위해 집중형 차분 프라이버시[concentrated differential privacy]와 동적 프라이버시 예산 할당자[dynamic privacy budget allocator]가 쓰였다.

로빈 가이어[Robin Geyer]와 동료들은 차분 프라이버시 보전 연합학습을 연구하고 클라이언트 수준의 차분 프라이버시를 보전하는 연합 최적화 알고리듬을 제안했다[Geyer et al., 2018]. 클라이언트 수준의 차분 프라이버시가 실현 가능하고 충분히 많은 참여자가 연합학습에 참여할 때 높은 모델 정확도에 도달할 수 있음을 보였다.

# 3

# 분산 머신러닝

1장에서 알아본 대로 연합학습과 분산 머신러닝[DML, Distributed Machine Learning]은 몇 가지 공통된 특징이 있다. 예를 들면, 둘 다 데이터셋이 한곳에 모여 있지 않으며 분산학습을 활용한다. 연합학습을 특수한 유형의 분산 ML로 보는 연구자들도 있다[Phong and Phuong, 2019, Yu et al., 2018, Konecný et al., 2016b, Li et al., 2019]. 혹자는 연합학습을 분산 기계의 미래이자 다음 단계로 보기도 한다. 연합학습에 대한 더 깊은 통찰력을 얻기 위해 3장에서는 분산 ML을 개관하고 확장성 지향 패러다임 분산 ML과 프라이버시 지향 패러다임 분산 ML을 알아보겠다.

분산 ML에는 학습 데이터의 분산 저장, 계산 태스크의 분산 작업, 모델 결과의 분산 제공 등 다양한 측면이 포함돼 있다. 분산 ML에 대해서는 동향 조사 논문과 관련 도서가 많이 있다[Feunteun, 2019, Ben-Nun and Hoefler, 2018, Galakatos et al., 2018, Bekkerman et al., 2012, Liu et al., 2018, Chen et al.,

2017]. 그렇기 때문에 이 책에서 분산 ML에 대한 전반적인 동향을 반복해서 설명하지는 않을 것이다. 여기서는 연합학습과 가장 관련이 깊은 분산 ML의 측면에 초점을 맞출 것이며, 더 자세한 내용을 보려면 참고문헌을 살펴보기 바란다.

## 3.1 분산 머신러닝 소개

### 3.1.1 분산 머신러닝의 정의

분산 ML은 간단히 분산학습이라고도 불리며, 성능을 향상하고 프라이버시를 보전하며 더 많은 훈련 데이터와 더 거대한 모델로 확장할 수 있도록 설계된 다중 노드 ML 또는 DL 알고리듬과 시스템을 말한다[Trask, 2019, Liu et al., 2017, Galakatos et al., 2018]. 예를 들면, 그림 3.1처럼 워커 노드(컴퓨팅 노드)가 셋이고 파라미터 서버가 하나인 분산 ML 시스템[Li et al., 2014]에서 훈련 데이터를 서로 겹치지 않는 데이터 샤드로 분할해 워커에 전송하고, 워커들은 각자의 위치에서 확률적 경사 하강법$^{SGD,\ Stochastic\ Gradient\ Descent}$을 수행할 수 있다. 워커는 그레이디언트 $\Delta\mathbf{w}^i$ 또는 모델 가중치 $\mathbf{w}^i$를 파라미터 서버로 전송하며, 파라미터 서버는 이러한 그레이디언트나 모델 가중치를 (예를 들면, 가중 평균을 이용해) 집계해서 글로벌 그레이디언트 $\Delta\mathbf{w}$ 또는 글로벌 모델 가중치 $\mathbf{w}$를 구한다. 동기식 SGD 알고리듬과 비동기식 SGD 알고리듬 모두 분산 ML에 적용할 수 있다 [Ben-Nun and Hoefler, 2018, Chen et al., 2017].

분산 ML은 일반적으로 확장성 지향 분산 ML$^{scalability-motivated\ DML}$과 프라이버시 지향 분산 ML$^{privacy-motivated\ DML}$의 두 가지 유형으로 분류할 수 있다. 확장성 지향 분산 ML이란 계속해서 증가하는 확장성과 계산 요구사항을 해결하고자 설계된 DML 패러다임을 말한다. 예를 들면, 지난 수십 년 동안 ML과 DL로 해결

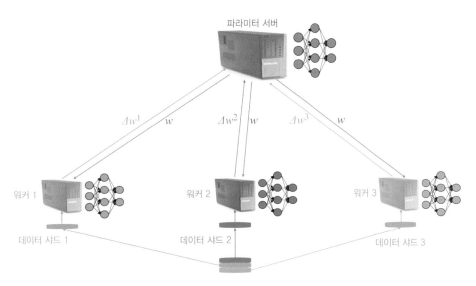

파라미터 서버

$\Delta w^1$　$w$　　$\Delta w^2$　$w$　　$\Delta w^3$　$w$

워커 1　　　　　워커 2　　　　　워커 3

데이터 샤드 1　　　데이터 샤드 2　　　　데이터 샤드 3

그림 3.1 분산 머신러닝 시스템

해야 하는 문제의 규모는 기하급수적으로 증가했다. 방대한 양의 데이터로 정교한 DL 모델을 훈련시키는 경우에는 단일 컴퓨팅 개체를 활용하는 기존 ML 패러다임의 능력을 쉽게 초과하게 된다. 대표적인 예로 유명한 BERT 모델[Devlin et al., 2019]을 들 수 있는데, BERT 모델을 사전 훈련시킬 때 여러 개의 텐서 처리 장치<sup>TPU, Tensor Processing Unit</sup>가 필요하며 TPU를 사용하더라도 며칠이 걸릴 수도 있다. 이러한 시나리오를 고려할 때, 빠르게 발전 중인 분산 ML 방법은 계속해서 증가하는 ML 모델의 크기와 복잡성에 대처하기 위한 해결책으로 간주되고 있다.

　확장성 지향 분산 ML 방식은 대규모 ML 시스템에서 메모리 제약과 알고리듬의 복잡도가 주된 걸림돌인 경우에 현실적으로 실행 가능한 해결책을 제공한다. 분산 ML 시스템은 훈련 데이터의 중앙 집중식 저장을 요구하는 문제를 극복할 뿐만 아니라, 필요에 따라 더 많은 컴퓨팅 개체를 추가하는 것처럼 컴퓨팅 자원을 좀 더 탄력적이고 확장 가능하게 사용할 수 있다. 이는 주문형 방식으로 더 많은 프로세서(CPU, GPU, TPU 등)와 메모리를 요청할 수 있는 클라우드 컴퓨팅 시대에 특히 유용하다. 이러한 기능에 힘입어 확장성 지향 분산 ML은 수평으로 파티셔닝된 데이터셋을 다루는 시나리오, 즉 훈련 데이터를 서로 겹치지 않게 부분집합으로 나누어 각기 다른 컴퓨팅 개체에 저장하고 있는 시나리오에 폭넓게 적용되고 있다.

확장성 지향 분산 ML과 달리, 프라이버시 지향 분산 ML 패러다임의 주요 목표는 사용자 프라이버시를 보전하는 것이다. 사용자 프라이버시와 데이터 보안이 세계적인 관심사가 되면서(1장과 부록 A 참고)[Mancuso et al., 2019], 프라이버시 보전 ML은 ML 커뮤니티에서 새로운 트렌드가 되고 있다(2장 참고)[Yang et al., 2019]. 프라이버시 지향 분산 ML 시스템에는 여러 참여자가 있고 각 참여자는 훈련 데이터의 부분집합을 보유한다. 프라이버시 문제 때문에 참여자들은 각자의 데이터를 서로 노출하는 것을 원하지 않는다. 따라서 각 참여자의 데이터를 활용해 ML 모델을 공동으로 학습하기 위해 분산학습 기법이 필요하다. 각기 다른 참여자가 보유한 데이터셋은 속성이 서로 다를 수 있으며, 이에 따라 훈련 데이터의 수직 파티션이라는 것이 생긴다. 즉, 프라이버시 지향 분산 ML은 흔히 참여자들이 각기 다른 속성을 가진 훈련 데이터의 부분집합을 보유하고 있는 수직 파티셔닝 데이터셋을 다루는 시나리오에 적용된다.

### 3.1.2 분산 머신러닝 플랫폼

분산 ML은 분산 컴퓨팅 및 병렬 컴퓨팅 아키텍처를 가지므로, 분산 ML의 이점을 누리려면 특화된 ML 플랫폼이 필요하다. 굉장히 많은 상용 및 오픈소스 분산 ML 플랫폼이 있는데, 여기서는 몇 가지 대표적인 프레임워크를 소개하겠다.

ML에 가장 널리 사용되는 분산 데이터 처리 시스템 중 하나로 아파치 스파크Apache Spark의 MLlib이 있다[Apache MLlib, 2019]. MLlib은 확장성scalability을 지원하는 아파치 스파크의 ML 라이브러리다. MLlib은 메모리 기반 분산 ML 프레임워크로, 실용적인 ML 시스템을 확장성 있고 배포하기 쉽게 만든다. MLlib은 분류, 회귀, 클러스터링 등과 같이 (DL에 비해) 전통적인 ML 알고리듬을 분산 구현해 제공한다. 아파치 딥스파크<sup>Apache DeepSpark</sup>는 분산 DL 프레임워크를 구현해 제공한다[DeepSpark, 2019].

그래프 기반 병렬 처리는 상대적으로 새로운 분산 ML 방식이다(3.2.2절 참고). 그래프랩<sup>GraphLab</sup>[Turi-Create, 2019, Low et al., 2010]이라는 플랫폼은 확장성을 지원하는 ML 툴킷을 제공하고, SGD나 경사 하강법 같은 기본 알고리듬을 우수한 성능으로 구현하고 있다. 또 다른 그래프 병렬 처리 기반 계산 플랫폼으로 스파크의 새로운 컴포넌트인 아파치 스파크 그래프X<sup>Apache Spark GraphX</sup>가 있다. 그래프X는 프레겔<sup>Pregel</sup>과 유사한 방식의 대량 동기 메시지 전달 API를 구현하고 있으며[Apache GraphX, 2019], 프레겔은 대량 동기 처리<sup>BSP, Bulk Synchronous Processing</sup> 모델을 기반으로 하는 구글의 병렬 그래프 처리 라이브러리다[Malewicz et al., 2010].

마이크로소프트<sup>Microsoft</sup>에서 릴리스한 분산 ML 툴킷인 DMTK에는 알고리듬과 시스템 부문 모두에 혁신적인 내용이 담겨 있다[DMTK, 2019]. DMTK는 데이터 병렬 처리를 위한 통합 인터페이스, 대형 모델 저장을 위한 혼합형 데이터 구조, 대형 모델 훈련을 위한 모델 스케줄링, 훈련 효율성을 높이기 위한 자동 파이프라이닝 등을 지원한다.

DL에서는 방대한 양의 데이터에 대해 굉장히 많은 수의 파라미터를 갖는 심층 신경망<sup>DNN, Deep Neural Network</sup>을 훈련해야 한다. 분산 컴퓨팅과 병렬 컴퓨팅은 최신 하드웨어를 최대한 활용할 수 있는 완벽한 도구다. 분산 DL의 경우, 아파치 딥스파크 외에 텐서플로<sup>TensorFlow</sup>, 파이토치<sup>PyTorch</sup>와 같이 널리 사용되는 DL 프레임워크에서 분산 훈련과 배포<sup>deployment</sup>를 모두 지원한다.

텐서플로에서는 DNN을 분산 훈련시킬 수 있도록 tf.distribute를 지원한다. 이를 이용하면 예를 들어 (i) 그래프의 일부가 다른 프로세스 또는 다른 서버에서 계산하거나, (ii) 입력 데이터 세트를 여러 조각으로 나누어 여러 프로세서 또는 여러 서버를 사용해 같은 모델을 훈련시킬 수 있다[Distributed TensorFlow, 2019]. 텐서플로는 모델이 너무 커서 단일 장치의 메모리에 들어가지 않더라도 큰 모델을 분할하여 여러 장치로 동시에 훈련시킬 수 있는 기능을 제공한다. 이러한 기능을 강력한 GPU가 있는 서버로 계산을 분산시키거나 메모리가 더 많은 서버에서 여러 계산을 수행하는 데 사용할 수도 있다. 분산 텐서플로를 사용하면 분산 모델 훈련을 수백 개의 GPU로 확장할 수 있다. 많은 수의 GPU와 서버를 이용해 하이퍼파라미터 튜닝과 같이 수많은 실행을 해야 하는 실험을 병렬로 실행함으로써 실험 시간을 대폭 줄일 수 있다.

파이토치에 들어 있는 분산 패키지(즉, torch.distributed)는 연구자나 실무자들이 여러 프로세스 및 서버에 걸쳐 계산을 쉽게 병렬 처리할 수 있도록 해준다[Arnold, 2019]. 텐서플로와 비슷하게, 분산 파이토치를 사용하면 모델을 여러 부분(즉, 각 부분마다 일부 계층을 포함)으로 논리적으로 분할해 다른 컴퓨팅 장치에 배치할 수 있다. 파이토치는 메시지 전달 기법을 활용해 각 프로세스가 다른 프로세스들과 데이터를 통신할 수 있도록 한다. 멀티프로세싱(예: torch.multiprocessing) 패키지와는 달리, 파이토치의 프로세스들은 각기 다른 통신 백엔드를 사용할 수 있으며 동일한 시스템에서만 실행하도록 제약을 받지 않는다.

## 3.2 확장성 지향 분산 머신러닝

이 절에서는 확장성 지향 분산 ML 방법에 대한 기존 연구를 간략히 살펴본다. 분산 ML의 연구 동향을 전반적으로 살펴보려면 [Feunteun, 2019, Ben-Nun and Hoefler, 2018, Galakatos et al., 2018, Bekkerman et al., 2012] 등의 참고문헌을 참고하기 바라며, 더 상세한 기술 내용이 궁금하다면 그 안의 참고문헌을 찾아보기 바란다.

## 3.2.1 대규모 머신러닝

스마트폰, 휴대 기기, IoT 센서, 무선 카메라와 같은 통신 및 감지 장치가 널리 보급되면서 방대한 양의 데이터를 어디서나 사용할 수 있게 됐다. 이러한 빅데이터 시대를 맞아, ML의 병목 지점은 작은 훈련 샘플로부터 추론하는 일에서 대규모 고차원 데이터셋을 다루는 것으로 바뀌었다. 이러한 트렌드의 변화로 인해 ML 커뮤니티는 데이터셋 크기에 맞게 계산 능력과 시간을 확장하기 어려워 대규모 훈련 샘플을 합리적인 계산 비용과 시간 안에 학습하는 것이 불가능하다는 문제에 직면하게 됐다. 대규모 데이터셋을 처리할 때 기존의 ML 방법들이 부딪히게 된 주요 문제를 요약하면 다음과 같다.

1. **메모리 부족**: 기존의 ML 방법들은 훈련 샘플이 한 서버의 메인 메모리에 전체가 있는 환경에서 작동한다. 따라서 훈련 샘플의 계산 복잡도가 메인 메모리를 초과하는 경우, (i) 훈련된 모델이 수렴하지 않거나 훈련된 모델의 정밀도나 재현도 등 성능이 나빠질 수 있고, (ii) 최악의 시나리오에서는 메모리 부족으로 ML 모델을 훈련시키지 못하는 문제가 발생할 수 있다.

2. **지나친 훈련 시간**: ML 알고리듬의 최적화 과정 중에 가우시안 혼합 모델<sup>GMM, Gaussian Mixture Model</sup>이나 다항 회귀<sup>polynomial regression</sup> 등 일부 과정은 훈련 샘플에 대해 확장이 잘되지 않는다. 이러한 탓에 대규모 훈련 샘플을 다룰 때 실제 사용이 불가능할 정도로 훈련에 소요되는 시간이 길어질 수 있다. 훈련 외에도 다양한 설정을 시도해야 하는 ML 모델의 하이퍼파라미터 튜닝 작업도 굉장히 많은 시간이 걸린다. 따라서 학습 과정에 너무 오랜 시간이 걸리면 하이퍼파라미터 튜닝을 효과적으로 수행할 수 없어 나쁜 ML 모델이 나올 수 있다.

분산 ML 알고리듬은 학습 알고리듬은 대규모 학습 알고리듬의 일부로서 지난 몇 년간 상당한 관심을 받았는데, 이는 학습 과정을 여러 장치에 분산시켜 학습 알고리듬의 확장성을 높일 수 있는 능력 때문이다. 최근에 이뤄진 분산 ML의 발전으로 인해 빅데이터에 대한 ML 작업이 현실적으로 가능해지고 있으며, 확장성과 탄력성이 높아지고, 더 효율적으로 수행되도록 바뀌고 있다.

## 3.2.2 확장성 지향 분산 머신러닝 기법

규모가 큰 데이터셋과 ML 모델을 처리하는 효과적인 프레임워크와 방법을 제시하기 위한 연구에 엄청난 노력이 기울여졌다. 특히 대규모 DL 모델을 훈련시키는 과정은 훈련 시간이 며칠에서 몇 주에 이를 만큼 시간이 매우 많이 걸린다. 최근에는 훈련 시간을 줄여 대규모 DL 모델에 대응하면서 분산 ML의 경계를 넓히기 위해 다양한 연구가 이뤄졌다. 여기서는 데이터 병렬 처리, 모델 병렬 처리, 그래프 병렬 처리, 태스크 병렬 처리, 혼합 병렬 처리 등 널리 쓰이는 몇 가지 확장성 지향 분산 ML 기법을 살펴보겠다.

### 데이터 병렬 처리

분산 ML이라 하면 처음 떠오르는 생각은 훈련 데이터를 부분집합으로 파티셔닝해 여러 컴퓨팅 개체에서 병렬로 동일한 모델을 훈련시키는 것이다. 이를 데이터 병렬 처리^data parallelism 방식, 또는 데이터 중심^data-centric 방식이라 한다[Jia et al., 2019, Das, 2019, Wang, 2016]. 즉, 데이터 병렬 처리는 여러 조각(기술 용어로는 샤드^shard)으로 나뉜 훈련 데이터를 다른 여러 컴퓨팅 장치를 써서 동일한 모델의 여러 복제본을 통해 모델 정보를 주기적으로 주고받으며 처리하는 것을 말한다. 이러한 접근 방식은 훈련 데이터의 양이 증가해도 자연스럽게 확장이 가능하다. 그러나 모델의 복제본(예를 들면, 전체 DNN)을 단일 장치에 두어야 하므로 메모리 공간을 많이 차지하는 ML 모델은 처리하지 못한다.

일반적인 데이터 병렬 처리 기반의 분산 훈련 방식으로는 크게 동기식 훈련과 비동기식 훈련의 두 가지 접근 방식이 있다. 동기식 훈련 방식에서는 모든 컴퓨팅 개체가 동일한 모델의 복제본을 훈련 데이터의 각기 다른 조각에 대해 동기화하면서 훈련시키고, 각 훈련 단계가 끝날 때 컴퓨팅 개체들이 산출한 그레이디언트(또는 모델 가중치)를 집계한다. 비동기식 훈련 방식에서는 모든 개체가 동일한 모델의 복제본을 독립적으로 훈련 데이터의 부분집합에 대해 훈련시키고 그레이디언트(또는 모델 가중치)를 비동기식으로 업데이트한다. 일반적으로 동기식 훈련은 올리듀스$^{AllReduce}$ 아키텍처 [Apache MapReduce, 2019, Fukuda, 2019]에서 지원하고 비동기식 훈련은 파라미터 서버 아키텍처[Li et al., 2014]에서 지원한다.

데이터 병렬 처리는 훈련 데이터가 너무 커서 단일 장치에 저장하지 못하는 경우나 병렬 컴퓨팅으로 훈련을 더 빠르게 수행해야 하는 경우에 사용할 수 있다. DL 모델을 분산 데이터로 훈련시키려는 연구가 많이 진행됐다. 예를 들어, 구글의 디스트빌리프$^{DistBelief}$(나중에 텐서플로에 통합됨)[Dean et al., 2012], 마이크로소프트의 프로젝트 아담스$^{Project Adams}$[Chilimbi et al., 2014]를 비롯한 분산 프레임워크는 데이터와 모델 병렬 처리를 모두 활용해 수천 개의 프로세서로 대규모 모델을 훈련시키기도 한다.

## 모델 병렬 처리

DL 모델이 점점 더 커질수록 DNN 모델을 단일 컴퓨팅 개체의 메모리에 로딩하지 못하는 문제가 생길 수 있다. 그 예로 BERT 모델[Devlin et al., 2019]을 들 수 있다. 이러한 시나리오에서는 모델을 분할해 모델의 일부를 다른 개체에 넣어야 한다. 이를 모델 병렬 처리 방식 또는 모델 중심 방식이라고 한다[Jia et al., 2019, Das, 2019, Wang, 2016]. 즉, 모델 병렬 처리는 모델(예: DNN 모델)을 논리적으로 여러 부분으로 분할(DNN 모델의 예에서는 일부 계층을 한 부분으로 분할)해 여러 컴퓨팅 장치에 배치하는 경우를 말한다. 이를 이용해 실행 시간(데이터의 비동기 처리)을 줄일 수도 있지만, 대개 메모리 제약을 해결하기 위해 쓰인다. 모델의 파라미터가 매우 많아 메모리 공간을 많이 차지해 단일 시스템의 메모리에 로딩하기 어려운 경우, 이러한 유형의 전략이 이점이 있다. 예를 들면 대형 DNN 모델의 한 계층을 단일 장치의 메모리에 로딩하고, 순방향 및 역방향 전파 시에는 순차적인 방식으로 한 장치에서 다른 장치로 결과를 통신할 수 있다. 일반적으로 모델이 단일 머신에 맞지 않는 경우에만 모델 병렬 처리를 활용한다.

모델 병렬 처리 기반 분산 훈련에 관해서는 많은 연구가 이뤄졌다. 주목할 만한 예로는 AMPNet이 있다[Gaunt et al., 2018]. AMPNet은 멀티코어 CPU 상에서 구현됐으며, 기존의 동기식 훈련 알고리듬과 비슷한 수의 에포크$^{epoch}$에서 동일한 정확도로 수렴되면서도 전체 훈련 시간이 상당히 짧다. 더 최근의 예로는 OptCNN[Jia et al., 2018]을 들 수 있는데, 여기서는 계층별 병렬 처리$^{layer-wise\ parallelism}$ 방식으로 선형 계산 그래프를 사용해 합성곱 신경망$^{CNN,\ Convolutional\ Neural\ Network}$을 병렬로 처리한다. OptCNN에서는 CNN의 각 계층에 각각의 병렬화 전략을 사용할 수 있다. [Jia et al., 2018] 문헌은 계층별 병렬 처리를 통해 훈련 처리량이 늘어나고, 통신 비용이 줄어들며, 원래의 모델 정확도를 유지하면서 여러 GPU에 대한 확장성이 더 좋아져 최신의 방법보다 더 성능이 우수함을 보이고 있다.

그 밖에 앞서 진행된 주요 모델 병렬 처리 연구로는 [Dean et al., 2012], [Kim et al., 2016], [Jia et al., 2019] 등이 있다. 특히 구글[Dean et al., 2012]에서는 다운푸어 SGD$^{downpour\ SGD}$라는 SGD의 비동기 분산 구현을 발표했다. 다운푸어 SGD는 데이터 병렬 처리와 모델 병렬 처리를 결합해 훈련용 샘플을 서로 다른 머신으로 나누고, 각 머신은 전체/부분 네트워크의 고유한 사본을 갖는 방식이다. [Kim et al., 2016]에서 처음 제안된 딥스파크$^{DeepSpark}$는 아파치 스파크의 머신 클러스터에서 카페$^{Caffe}$와 구글의 텐서플로 DL 작업을 모두 분산 실행할 수 있다[DeepSpark, 2019]. 딥스파크는 실무자들이 대규모 병렬 및 분산 DL 작업을 쉽고 직관적으로 배포할 수 있다.

## 그래프 병렬 처리

그래프 기반 ML 알고리듬이 빠르게 발전함에 따라[Zhang et al., 2018], 그래프 병렬 처리 기반 분산 ML 방식도 더 많은 관심을 받고 있다. 그래프 중심 방식graph-centric approach이라고도 하는 그래프 병렬 처리graph parallelism는 훈련 데이터를 파티셔닝해 분배함으로써 데이터 병렬 처리 기반 방식보다 훨씬 빠르게 ML 알고리듬을 실행하는 상대적으로 새로운 기술이다[Tian et al., 2018, Wang, 2016, Low et al., 2010].

그래프랩GraphLab[Low et al., 2010]은 맵리듀스MapReduce와 같은 추상화를 개선한 것으로, 데이터의 정합성consistency을 보장하면서 희소한 계산 종속성을 갖는 비동기 반복 알고리듬asynchronous iterative algorithm을 구현했다. 그래프랩은 높은 수준의 병렬 처리 성능을 내며, 현실적인 대규모 ML 작업에서 탁월한 병렬 처리 성능을 달성할 수 있다.

좀 더 최근에는 TUX²라는 새로운 분산 그래프 엔진이 제안됐다[Xiao et al., 2017]. TUX²는 스테일 동기 병렬SSP, Stale Synchronous Parallel 모델과 새로운 MEGAMini-batch, Exchange, GlobalSync, and Apply 모델을 이용해 이질성을 지원하는 분산 ML용으로 최적화됐다. TUX²는 유연한 그래프 모델로 ML 알고리듬을 효율적으로 표현해 그래프 계산과 분산 ML을 융합하는 방안을 제시한다. 그래프 계산과 분산 ML이 발전할수록 더 많은 ML 알고리듬과 최적화 기법을 쉽고 효율적으로 확장성 있게 표현하고 구현할 수 있을 것이다.

## 태스크 병렬 처리

태스크 병렬 처리task parallelism는 태스크 중심 방식task-centric approach이라고도 하며, 하나 이상의 머신에 있는 여러 프로세스에서 컴퓨터 프로그램을 실행하는 일을 다룬다. 태스크 병렬 처리에서는 프로세서와 메모리 형태의 사용 가능한 컴퓨팅 자원을 완전히 활용하기 위해 여러 작업을 병렬로 실행하는 데 중점을 둔다. 여러 스레드를 생성해 각 스레드가 서로 다른 작업을 수행하도록 병렬 처리를 하는 애플리케이션이 태스크 병렬 처리의 예다. 태스크 병렬 처리를 활용하는 빅데이터 프레임워크의 예로는 아파치 스톰[Apache Storm][Apache Storm, 2019]과 아파치 얀[Apache YARN][Apache YARN, 2019] 등이 있다.

분산 ML에서는 흔히 태스크 병렬 처리와 데이터 병렬 처리를 함께 사용한다. 주목할 만한 예로는 뵘과 동료들의 연구[Boehm et al., 2016]가 있는데, 이 연구에서는 맵리듀스[Apache MapReduce, 2019]를 기반으로 그 상위에서 태스크 병렬 처리와 데이터 병렬 처리를 결합해 대규모 ML을 수행하는 시스템을 제시했다. 제안된 프레임워크를 사용하면 고수준의 프리미티브[primitive]를 통해 쉽고 유연한 방식으로 태스크 및 데이터 병렬 ML 알고리듬을 나타낼 수 있다. 맵리듀스 스케줄러가 전역 스케줄링을 지원하므로 맵리듀스상에서 태스크 병렬 처리와 데이터 병렬 처리를 결합해 다른 여러 맵리듀스 기반 시스템 간에 클러스터 자원을 공유할 수 있게 된다.

## 혼합형 병렬 처리

실제 분산 ML 시스템에서는 각기 다른 유형의 병렬 처리 방법을 결합해야 하는 경우가 많아서 아파치 얀[Apache YARN][Apache YARN, 2019], 시스템ML[SystemML] [Pansare et al., 2018, Boehm et al., 2016]과 같이 데이터 병렬 처리와 태스크 병렬 처리를 모두 하는 혼합형 병렬 처리[hybrid parallelism]를 활용하게 된다. 구글 다운 푸어 SGD[Dean et al., 2012]나 [Shrivastava et al., 2017]에서 제안한 분산 DL 프레임워크처럼 실무에서 데이터 병렬 처리와 모델 병렬 처리를 동시에 사용하는 경우도 매우 흔하다. 소이빈[SOYBEAN] 시스템[Wang et al., 2018]에서는 텐서 타일링[tensor tiling]을 통해 데이터 병렬 처리와 모델 병렬 처리를 통합한 혼합형 병렬 처리를 활용하며, 자동 병렬 처리를 수행한다.

혼합형 병렬 처리를 더 넓게 보면, [Krizhevsky, 2014]나 [Song et al., 2019]

와 같은 연구까지 포함시킬 수 있다. 이러한 종류의 병렬 처리는 대규모 DNN 을 훈련시킬 때 일부 계층은 데이터 병렬 처리를, 다른 계층들은 모델 병렬 처리 를 사용해 분산시키는 형태로 활용되기도 한다. 혼합형 병렬 처리에 관해 더 많 은 정보와 관련 연구를 알고 싶다면 [Wang et al., 2018]과 [Song et al., 2019]를 참고하기 바란다.

## 3.3 프라이버시 지향 분산 머신러닝

분산 ML 시스템은 대규모 데이터에 대한 계산 속도를 높이는 한편, 여러 사이 트의 데이터를 통합할 수도 있다. 현실에서는 실제로 데이터가 여러 다른 클라 이언트나 개체, 기관에 분산돼 있는 분야가 많다. 더 많은 데이터를 수집해 성능 을 향상하기 위해 기업은 개인 데이터를 수집해 분석하는데, 이에 따라 사용자 프라이버시 및 데이터 보안 문제가 발생한다. 예를 들어, 의료 애플리케이션에서 병원이나 의료 기관은 규정(예: HIPAA[1])에 따라 의료 데이터를 공유하는 것이 금 지돼 있다. 또 다른 예로는 민감한 개인 데이터를 상시 수집하는 스마트 웨어러 블 장치를 들 수 있는데, 웨어러블 애플리케이션에 중요한 데이터이기는 하나, 모델 훈련을 위해 이러한 데이터를 공유하면 프라이버시가 유출될 우려가 있다.

요약하면, 데이터 공유와 분산 계산은 빅데이터 시대의 트렌드로서 (1) 계산 효율성을 향상하고 (2) 모델 성능을 향상할 수 있다. 한편, 프라이버시 및 데이 터 보안에 대한 인식이 증가하면서 프라이버시 보전을 고려하는 분산 ML 시스 템이 필요해졌다. 이에 따라 프라이버시 지향 분산 ML 시스템을 구축하는 것이 중요한 연구 방향이 됐다. 이 절에서는 프라이버시 보전 의사 결정 트리의 예를

---

1   Health Insurance Portability and Accountability Act(건강보험이동성과 결과보고책무활동). 1996년에 제정된 미국의 연방 보건의료 관련 법률 – 옮긴이

시작으로 몇 가지 프라이버시 보전 기법과 분산 ML 시스템에의 적용을 소개하겠다.

프라이버시 보전 분산 ML 시스템의 경우, 일반적으로 다음 정보 전체 또는 일부를 보호한다[Vepakomma et al., 2018].

1. 입력되는 훈련 데이터

2. 결과로 출력되는 예측 레이블

3. 모델 정보. 예: 파라미터, 아키텍처, 손실 함수 등

4. 식별 가능한 정보. 예: 레코드의 출처 사이트

## 3.3.1 프라이버시 보전 의사 결정 트리

의사 결정 트리는 중요한 지도학습 알고리듬 중 하나로, 분류 및 회귀에 널리 사용된다. 학습된 의사 결정 트리 모델은 설명 가능한 모델로 사람들이 이해할 수 있다. 의사 결정 트리의 변종도 여러 가지가 있는데, ID3[Quinlan, 1986]는 그중에서도 가장 유명한 트리 중 하나다. 분산 의사 결정 트리 알고리듬은 일반적으로 데이터 분포에 따라 두 가지 범주로 나뉘며, 형식을 갖춰 정의하면 다음과 같다.

1. **수평으로** 파티셔닝된 데이터셋

$$\mathcal{X}_i = \mathcal{X}_j, \ \mathcal{I}_i \neq \mathcal{I}_j \ \ \forall \mathcal{D}_i \neq \mathcal{D}_j$$

2. **수직으로** 파티셔닝된 데이터셋

$$\mathcal{X}_i \neq \mathcal{X}_j, \ \mathcal{I}_i = \mathcal{I}_j \ \ \forall \mathcal{D}_i \neq \mathcal{D}_j$$

여기서 $\mathcal{X}$는 데이터의 특성 공간^feature space이고, $\mathcal{I}$는 데이터의 샘플 공간(즉, 각 샘플의 ID)이다. 이 정의에 대해 좀 더 설명하겠다.

데이터셋이 수평으로 파티셔닝돼 있는 시나리오에서 분산 ML 시스템의 각 참여자(개체$^{entity}$)는 각기 다른 샘플을 소유하며 모든 개체의 샘플들의 속성 집합은 서로 같다. 예를 들어, 여러 웨어러블 기기에서 수집된 데이터는 기기의 센서가 동일하기 때문에 속성 집합이 같다. 그러나 수집된 환경이 서로 다르므로 여러 개체에서 수집된 데이터 샘플은 각기 다를 것이다.

데이터셋이 수직으로 파티셔닝돼 있는 시나리오에서는 참여자들이 소유하고 있는 데이터의 속성 집합이 서로 다르나, 샘플들이 같은 사용자 그룹에 해당될 것이다. 예를 들어, 각기 다른 의료 기관에 있는 동일한 환자의 의료 기록에는 서로 다른 생리학적 지표나 질병 검사 결과가 기록돼 있다.

수평 파티셔닝 분산 ML에서는 샘플들을 집계하는 일이 데이터셋 확대와 동일한 반면, 수직 파티셔닝 분산 ML에서는 샘플의 특성을 이어 붙이는 것과 비슷하다. 어느 방식이든 분산 훈련은 데이터셋을 확장하는 방법을 제공한다.

여타 ML 알고리듬과는 달리 의사 결정 트리 알고리듬에는 데이터 파티션이 중요하다. 의사 결정 트리를 학습하려면 속성의 범주, 그리고 어떤 속성이 특정 클래스 레이블을 갖고 있는 샘플의 개수에 따라 속성 집합을 어떻게 나눌지 판단해야 하기 때문이다.

예후다 린델$^{Yehuda Lindell}$과 베니 핀카스$^{Benny Pinkas}$는 처음으로 수평으로 파티셔닝된 데이터셋을 기반으로 하는 프라이버시 보전 분산 의사 결정 트리 알고리듬을 제안했다[Lindell and Pinkas, 2002]. 이들은 비인지 보안 프로토콜을 도입해 $(v_1 + v_2)\log(v_1 + v_2)$를 다른 참여자에게 각 값을 공개하지 않은 채 계산할 수 있게 했다. 이러한 보안 계산을 통해 각기 다른 참여자들이 갖고 있는 샘플들로부터 프라이버시를 보전하면서 분산 의사 결정 트리를 계산할 수 있다. 커 왕$^{Ke Wang}$과 동료들[Wang et al., 2006], 그리고 웬량 두$^{Wenliang Du}$와 지준 잔$^{Zhijun Zhan}$[Du and Zhan, 2002]은 프라이버시를 보호하는 수직 파티셔닝 분산 의사 결정 트리를 설계하는 문제를 처음으로 해결했다. 그러나 이들의 해결책에서는 클래스 속성은 모든 참여자가 보유하고 있다고 가정했다.

웨이웨이 팡$^{\text{Weiwei Fang}}$과 빙루 양$^{\text{Bignru Yang}}$은 수직 파티셔닝 분산 시스템에서 하나의 개체만 클래스 속성을 갖고 있어도 분산학습을 가능하게 하는 연구를 마쳤다[Fang and Yang, 2008]. ID3 트리를 기반으로 한 이 연구에서는 ID3 트리의 학습 과정을 속성 검사, 분포 세기, 클래스 검사, 속성 정보 이득 검사, 정보 이득 산정 등 여러 요소로 나눈다. 분산 계산의 각 부분은 보안 프로토콜로 보호된다. 또한 이 연구에서는 보안을 완화한 버전과 보안이 엄격한 버전을 제시해 효율성과 보안 사이의 트레이드오프를 제공하고 있다.

케웨이 청$^{\text{Kewei Cheng}}$과 동료들은 보안 교집합 프로토콜과 부분 동형 암호를 기반으로 하는 수직 분산 부스팅 트리를 제안했다[Cheng et al., 2019]. 저자들은 제안한 방법이 안전하고 프라이버시를 보전할 뿐만 아니라 손실이 없음을 증명하고 있다. 차분 프라이버시를 사용해 통계에 노이즈를 추가함으로써 개인 프라이버시를 보호하는 프라이버시 보전 분산 의사 결정 트리도 있다[Jagannathan et al., 2009].

프라이버시 지향 의사 결정 트리 알고리듬은 데이터 파티션과 프라이버시 보전 도구로서의 활용성을 고려해 개발됐다. 프라이버시 보전 분산 ML 시스템의 사전지식으로서 프라이버시 보전 및 보안을 위해 흔히 사용되는 몇 가지 도구를 이어서 3.3.2절에서 간략히 소개하겠다.

### 3.3.2 프라이버시 보전 기법

프라이버시 지향 분산 ML 시스템에서 데이터 프라이버시를 보호하기 위해 널리 사용되는 도구는 크게 다음 두 가지 범주로 분류할 수 있다.

1. **난독화**: 특정 수준의 프라이버시(예: 차분 프라이버시)를 보호하기 위해 데이터를 무작위화하거나 수정한다.

2. **암호화 방법**: 다른 참여자에게 입력값을 밝히지 않고 분산 계산 과정에서 보안을 유지하는 방법으로, 예를 들면 비인지 전송, 비밀 공유, 가블드 회로, 동형 암호, 다자간 보안 계산 등이 있다.

앞서 언급한 프라이버시 보전 기법들을 다시 살펴보려면 2.4절을 참고하기 바란다.

### 3.3.3 프라이버시 보전 분산 머신러닝 기법

이 절에서는 방금 이야기한 프라이버시 보호 도구들을 활용해 데이터 보안 및 모델 보안을 분산 환경에서 지키는 방법을 눈여겨보면서 대표적인 프라이버시 보전 분산 ML 연구를 간략히 살펴보겠다. 앞서 도구들을 언급한 순서에 따라 먼저 난독화를 사용한 분산 ML 알고리듬을 요약한 다음, 암호화 방법을 사용하는 알고리듬을 소개할 것이다.

카말리카 차우드후리<sup>Kamalika Chaudhuri</sup>와 클레어 몬텔레오니<sup>Claire Monteleoni</sup>는 차분 프라이버시에 기반한 프라이버시 보전 로지스틱 회귀 알고리듬을 제안했다 [Chaudhuri and Monteleoni, 2009]. 이들은 무작위화된 데이터에 대해 모델 성능과 프라이버시 보호 사이의 균형을 유지하고 프라이버시 보호 범위를 더 엄격하게 만들 수 있도록 하는 최적화 문제를 연구했다. 신시아 드워크의 정의 [Dwork, 2008]에 따라 자신들의 연구가 $\varepsilon$ 차분 프라이버시를 보장함을 증명하고, 성능이 더 좋은 새로운 알고리듬을 제시했다. 이들이 제안한 연구에서는 로지스틱 회귀 파라미터 $\theta$의 최적화에 관여하는 감마<sup>Gamma</sup> 함수를 사용해 무작위 벡터를 생성한다. 덧붙여 자신들의 연구가 교란<sup>perturbation</sup> 기반 프라이버시 보호와 정칙화<sup>regularization</sup> 사이의 관계를 밝혀냈다고 결론지었다.

올비 맹거사리언<sup>Olvi Mangasarian</sup>은 에드워드 와일드<sup>Edward Wild</sup> 및 동료들과 수평 및 수직 파티셔닝된 데이터셋에 대한 프라이버시 보전 서포트 벡터 머신<sup>PPSVM, Privacy-</sup>

Preserving Support Vector Machine을 연구했다[Wild and Mangasarian, 2007, Mangasarian et al., 2008]. 이들은 무작위로 생성된 커널로 원래 학습된 커널을 감춘 채 프라이버시를 보전하지 않는 SVM과 비슷한 성능을 달성했다. 또한 교란된 커널로부터 복구할 수 있는 입력 데이터가 무한하다는 사실을 기반으로 프라이버시를 증명했다. 따라서 교란된 커널을 공유해도 프라이버시가 유출되지 않는다. 그러나 이러한 방법을 사용하려면 참여자들이 무작위로 생성된 커널을 공유해야 하므로 제한적으로만 적용이 가능하다.

로지스틱 회귀와 SVM, 의사 결정 트리 이외에 교란 기반 프라이버시 보호 방법도 DL 시스템에 널리 사용된다. 동향 조사 논문[Zhang et al., 2018]을 참고해 대표적인 연구를 선별해 소개한다. 슈앙 송Shuang Song과 동료들은 차분 프라이버시 지원 경사 하강DP-SGD, Differentially Private Stochastic Gradient Descent 알고리듬을 제안했는데, 이 기법에서는 훈련 시에 그레이디언트 클리핑gradient clipping을 사용하고 그레이디언트에 노이즈를 주입해, 학습된 DL 모델이 $(\varepsilon, \delta)$ 차분 프라이버시를 보전할 수 있도록 했다[Song et al., 2013]. 기존의 연구들과 달리, 슈앙 송과 동료들의 연구[Song et al., 2013], 그리고 레자 쇼크리Reza Shokri와 비탈리 슈마티코프Vitaly Shmatikov의 연구[Shokri and Shmatikov, 2015]에서는 난독화 방법, 즉 선택적인 분산 확률적 경사 하강 알고리듬을 활용했다. 이들은 로컬 모델이 파라미터들 중 일부를 선택적으로 공유해 정보 유출을 방지하면서도 공동 학습 모델의 성능을 유지하게 했다. 예측 모델을 공동으로 학습하지는 않지만, 신시아 드워크는 로컬 데이터의 표현을 학습하는 차분 프라이버시 지원 오토인코더를 제안하기도 했다[Dwork, 2011].

차분 프라이버시는 비지도학습unsupervised learning에도 사용된다. 박미정과 동료들은 모멘트 교란을 기반으로 하는 차분 프라이버시 지원 EMDP-EM, Differentially Private EM 알고리듬을 제안했다[Park et al., 2016]. 이들은 모멘트 어카운턴트moment accountant[Abadi et al., 2016]와 zCDPzero-Concentrated Differential Privacy를 활용해 EM 과정

에 추가되는 노이즈의 크기를 줄이면서 프라이버시 보호 수준을 원래의 분석 기법과 동일하게 유지한다. 이 연구에서는 다양한 무작위화 메커니즘과 구성 설정을 비교하고 DP-EM에서 EM의 모든 단계에 가우시안 메커니즘을 사용하면 가장 빠듯한 프라이버시 예산을 달성할 수 있음을 알아냈다.

결론적으로 프라이버시 지향 분산 ML 시스템에서 계산 효율성과 구현 편의성으로 인해 난독화 기반의 프라이버시 보전 기법들이 널리 사용된다. 한편, 교란 기법은 데이터와 모델의 활용성에 영향을 미친다. 실무에서 연구자들은 프라이버시 보호와 성능 간에 균형을 맞춰야 한다. 난독화 기반 방법에 비해 암호화 기반 방법은 데이터의 정확성과 모델 성능을 희생할 필요가 없다.

요시노리 아오노$^{Yoshinori Aono}$와 동료들의 연구[Aono et al., 2016]에서는 동형 암호를 활용해 로지스틱 회귀 훈련 중에 데이터를 보호한다. 이들의 방법은 로그 선형 목적 함수에 대해 2차 근사를 사용해 훈련 과정을 덧셈 동형 암호 방법과 호환되도록 하여 비슷한 성능을 유지하면서 계산 효율성을 향상한다. 또한 저자들은 자신들의 결과가 차분 프라이버시와 호환된다고 주장하고 있다. 시스템의 저장 복잡도와 계산 복잡도도 분석해 자신들의 시스템이 대규모 분산 계산을 지원함을 보였다. 스티븐 핀버그$^{Stephen Fienberg}$와 동료들의 연구[Fienberg et al., 2006]에서는 수평으로 파티셔닝된 데이터셋에 대해 선형 회귀를 다루면서 계산을 집계하는 데 다자간 보안 계산 방법을 활용했다. 그러나 이들의 설정에서는 특성을 범주형으로 고려해 계산 공간이 작았다. 알렉산드라 슬라브코비치 $^{Aleksandra Slavkovic}$와 동료들은 보안 합산 프로토콜과 보안 행렬 곱셈을 사용해 선형 회귀의 분산학습을 집계하며 수직 및 수평 데이터 파티셔닝을 모두 지원해 상당한 진전을 이뤘다[Slavkovic et al., 2007].

자이딥 바이드야$^{Jaideep Vaidya}$와 크리스 클리프턴$^{Chris Clifton}$은 수직 파티셔닝된 데이터에 대해 프라이버시 보전 나이브 베이즈 분류기를 위한 안전한 파라미터 공유 메커니즘을 설계했다[Vaidya and Clifton, 2004]. 여기서 각 참여자는 조건부 독립 확률을 이룬다. 개별 파라미터 각각은 무작위 노이즈 때문에 구별이 불가능하며, 집계 결과만 의미가 있다. 그러나 안전한 계산을 위해 추가로 드는 계산 복잡도가 상당히 크다. 유환조와 동료들의 연구[Yu et al., 2006], 그리고 저스틴 잔Justin Zhan과 스탠 매트윈Stan Matwin의 연구[Zhan and Matwin, 2007]에서는 SVM에서 커널을 계산하는 동안 데이터를 보호하기 위해 안전한 내적 및 합산 프로토콜을 도입했다. 카이헤 수Kaihe Xu와 동료들은 하둡Hadoop 시스템의 리듀서Reducer에 보안 합산 프로토콜을 내장해 대규모 데이터를 지원하는 효율적인 분산 SVM 시스템을 구현했다[Xu et al., 2015]. 마찬가지로 샤오동 린Xiaodong Lin과 동료들은 보안 합산 프로토콜을 사용해 분산 EM 알고리듬에서 데이터 유출을 방지하면서 로컬 계산 결과를 집계하는 연구를 수행했다[Lin et al., 2005].

DL에 관해서는 가장 대표적인 연구 중 하나가 키스 보나위츠Keith Bonawitz와 동료들이 제안한 보안 집계 연구다[Bonawitz et al., 2016]. 이 연구는 구글에서 연합학습에 처음 채택한 FedAvg 연합학습 알고리듬[McMahan et al., 2016b]을 기반으로 하며, 통신 비용이 비싸고 클라이언트의 이탈과 합류가 잦은 복잡한 모바일 환경에서 FedAvg에 추가로 비밀 공유와 비인지 전송을 도입했다. 데이터 보안을 보장하기 위해 각기 전송되는 데이터는 무작위화되며, 이러한 부분 데이터의 집계 결과만 의미가 있다. 통신 비용을 줄이기 위해 무작위 노이즈를 사용하는 대신 안전한 키 교환 프로토콜을 사용해 무작위 시드만 교환한다. 클라이언트가 예기치 않게 이탈할 수 있는 문제를 처리하기 위해, 일부 클라이언트를 잃더라도 시스템에서 나머지 부분 데이터를 사용해 데이터를 복구할 수 있도록 비밀 공유 기법을 사용한다. 보안 집계 외에도 다자간 보안 계산을 사용하는 여러 DL 알고리듬이 있다[Liu et al., 2016, Shokri and Shmatikov, 2015].

이 밖에도 페이맨 모하셀Payman Mohassel과 유펑 장Yupeng Zhang은 다자간 보안 계산을 기반으로 선형 회귀, 로지스틱 회귀, 확률적 경사 하강법을 지원하는 일련의 프라이버시 보전 ML 알고리듬을 제안하고 C++ 구현을 제공했다[Mohassel and

Zhang, 2017]. 난독화 기반 프라이버시 보전 분산 ML 알고리듬과 달리 암호화 기반 방법들은 계산 복잡도와 통신 복잡도, 보안 사이의 균형을 강조하고 있다.

지금까지 대표적인 프라이버시 지향 분산 ML 알고리듬들과 널리 사용되는 프라이버시 보호 도구 몇 가지를 간략히 소개했다. 이 주제에 대해 더 자세히 알고 싶다면, 동향 조사 논문인 [Vepakomma et al., 2018], [Zhang et al., 2018], [Mendes and Vilela, 2017]을 살펴보기를 권한다.

## 3.4 프라이버시 보전 경사 하강법

경사 하강법은 주요 ML 알고리듬 중 하나다. 프라이버시를 보전하는 경사 하강법에 관해서는 연구가 널리 이뤄져 왔다. 이 절에서는 경사 하강법에 대해 제안된 여러 프라이버시 보전 기술을 되짚어보겠다. 효율성과 정확성, 그리고 프라이버시 보호 사이에는 서로 트레이드오프 관계가 있다. 좋은 프라이버시 보전 경사 하강법을 개발하려면 효율성-정확성-프라이버시 간에 절묘하게 균형을 맞춰야 한다.

더 높은 효율성을 선호하고 프라이버시 문제는 덜 중요시하는 방법들에서는 계산 효율성을 높이고자 데이터 프라이버시를 희생하기도 한다. 예를 들면, 그레이디언트 평균화 기법에서 모델 업데이트를 위해 그레이디언트를 코디네이터에게 평문으로 전송해 글로벌 학습 정확도를 저하시키지 않고 프라이버시 대신 효율성을 높인다[McMahan et al., 2016b]. 데이터 프라이버시와 보안을 가장 중요한 목표로 삼는 방법들은 대개 동형 암호와 다자간 보안 계산을 사용하기 때문에 계산 복잡도가 높고 추가적인 통신 비용이 많이 발생한다.

2장에서 설명한 접근 방식 외에도 다른 프라이버시를 보장하는 여러 가지 프라이버시 보전 방식이 있다. 경우에 따라 프라이버시 모델이 각 참여자가 보유한 입력 데이터의 원시 형태만 적대자에게 노출하지 않도록 보장하는 것만을 목표로 하는 경우도 있다. 이렇게 약한 형태의 프라이버시를 보장하는 경우, 연구자들은 프라이버시를 대가로 효율성을 얻으려 한다. 따라서 제안하는 접근 방식이 상당히 달라진다.

프라이버시 보전 경사 하강법에 대한 일반적인 접근 방식에는 순수 연합학습, 대수적 접근 방식, 희소 그레이디언트 업데이트<sup>sparse gradient update</sup> 접근 방식, 난독화 접근 방식, 암호화 접근 방식(예를 들면, 동형 암호나 다자간 보안 계산) 등이 있다. 난독화 접근 방식은 무작위화나 일반화, 또는 은폐<sup>suppression</sup> 메커니즘(예를 들면 그레이디언트 양자화, 차분 프라이버시, k 익명성)을 기반으로 한다. 일반적으로 순수 연합학습과 대수적 접근 방식, 희소 그레이디언트 업데이트 접근 방식에서는 각 당사자가 모델 업데이트를 위해 평문으로 그레이디언트를 코디네이터에게 전송해 원시 데이터만 보호하며 약한 수준의 프라이버시를 보장하면서 효율성을 매우 높인다. 희소 그레이디언트 업데이트 접근 방식에서는 그레이디언트 성분의 부분집합을 업데이트하는 방식으로 정확성을 희생해 효율성과 프라이버시를 얻는다. 차분 프라이버시나 가우시안 무작위 프로젝션<sup>Gaussian Random Projection</sup> 같은 무작위화 메커니즘 기반 방식에서는 데이터 또는 그레이디언트에 무작위 노이즈를 추가해 정확도를 대가로 프라이버시를 얻는다. 일반화 및 은폐에 기반한 접근 방식에서는 속성을 일반화하거나 일부 인스턴스를 제거하는 방법으로 정확성을 희생해 프라이버시를 얻는다. 여기서는 프라이버시 보장을 향상하는 프라이버시 보전 경사 하강법에 대한 몇 가지 접근 방식을 살펴보겠다.

### 3.4.1 순수 연합학습

연합 평균화<sup>FedAvg, Federated Averaging</sup>는 먼저 수평으로 파티셔닝된 데이터셋에 대한 연합학습에 사용됐다. FedAvg에서는 각 참여자가 평문으로 그레이디언트를 코디네이터(또는 신뢰할 만한 딜러나 파라미터 서버)에게 독립적으로 업로드하고 나면, 코디네이터가 업로드된 그레이디언트들의 평균을 계산한 다음 모델을 업데이트한다. 마지막으로, 코디네이터는 평문으로 업데이트된 모델을 각 참여자에게 다시 보낸다[McMahan et al., 2016b]. 데이터셋이 수직으로 파티셔닝된 경우에는 모델이 참여자들 간에 분산된다. 경사 하강법에서 목적 함수는 미분 가능 함수와 선형 구분 가능 함수<sup>linearly separable function</sup>로 분해될 수 있다[Wan, 2007]. 경사 하강법을 수행하기 위해 각 참여자는 부분 모델에 자신의 데이터를 적용해 중간 계산 결과를 얻고 이를 문으로 코디네이터에게 보낸다. 코디네이터는 중간 결과를 모으고 미분 함수를 평가해 손실과 그레이디언트를 계산한다. 마지막으로, 코디네이터는 전체를 업데이트하고 업데이트된 부분 모델을 각 해당 참여자에게 보낸다. 코디네이터는 정직하고 호기심이 없으며<sup>incurious</sup> 어떤 참여자와도 공모하지 않는다고 가정한다. 코디네이터가 손상되면 각 참여자의 그레이디언트 정보가 공개될 수 있다. 원시 형태의 훈련 데이터를 각 당사자의 그레이디언트로부터 추론해내기는 어렵겠지만, 각 참여자가 업로드한 그레이디언트로부터 상당한 정보를 추론할 수 있음이 입증됐다[Aono et al., 2018].

## 3.4.2 프라이버시 보전 방식

### 대수적 접근 방식

대수적 접근 방식의 목표는 전송된 데이터의 대수적 속성을 활용해 원시 훈련 데이터를 보호하는 것이다. 적대자의 입력과 출력에 대해 정직한 각 참여자의 유효한 입력–출력 쌍이 무한히 존재하도록 보장함으로써 프라이버시를 보전한다. 즉, 원시 형태의 입력 데이터가 보호된다. 리 완<sup>Li Wan</sup>은 목적 함수를 미분 가능 함수와 선형 구분 가능 함수로 분해하여 참여자가 둘인 수직 연합학습을 위한 보안 경사 하강법을 제안했다[Wan, 2007]. 이 방식에서 두 참여자의 모델 파라미터는 서로 마스킹되며 그레이디언트만 평문으로 공개돼 모델 업데이트에 사용된다. 이러한 접근 방식에서는 기본적으로 각 참여자가 상대방의 레코드를 알지 못한다고 암묵적으로 가정한다. 레코드의 작은 부분집합이 상대 참여자에게 공개되면(예를 들면, 데이터 중독을 통해) 모델이 방정식 풀이 공격을 통해 쉽게 노출될 수 있다.

이러한 방정식 풀이 공격을 방어하고자 $k$ 보안[k-secure]이라는 개념을 도입해 두 참여자 간에 수직 연합 선형 회귀 및 분류를 할 수 있는 보안 계산 방법이 제안됐다[Du et al., 2004]. 이 접근 방식에서는 인스턴스가 배치 정렬[alignment]되며 종속 속성은 공개된다. 여기서는 산술 비밀 공유를 사용한다. 산술 비밀 공유의 덧셈 연산은 로컬에서 수행되므로 정보 이론적으로 안전하다. 두 참여자 간 곱셈은 다음과 같이 수행된다. 먼저 두 참여자가 무작위 가역 행렬 $\mathbf{M}$을 생성한다. 그런 다음 한 참여자 A가 $\mathbf{M}$의 부분행렬의 좌측과 우측에 자신의 입력 행렬 $\mathbf{A}$를 두고 차례로 행렬 곱셈을 수행해 첫 번째 결과 $\mathbf{A}_1$을 다른 참여자인 B에게 보낸다. 상대 참여자 B는 $\mathbf{M}$의 부분행렬의 상단과 하단에 입력 행렬을 두고 차례로 행렬 곱셈을 수행한 다음 두 번째 결과 $\mathbf{B}_2$를 참여자 A에게 보낸다. 마지막으로 두 참여자 모두 $\mathbf{V}_a = \mathbf{A}_1 \cdot \mathbf{B}_1$과 $\mathbf{V}_b = \mathbf{A}_2 \cdot \mathbf{B}_2$를 계산한다. 이때 $\mathbf{V}_a + \mathbf{V}_b = \mathbf{A} \cdot \mathbf{B}$다.

이 프로토콜의 보안은 $N \gg n$일 때 $2n^2$ 방정식으로 $n \times N$개의 변수를 결정할 수 없다는 대수적 속성에 근거한다. 이 연구에서는 경사 하강법을 설명하지는 않았으나, 2장에서 논의한 내용에 따라 간단히 경사 하강법을 구현할 수 있다.

## 희소 그레이디언트 업데이트 접근 방식

희소 그레이디언트 업데이트 접근 방식은 전체 그레이디언트 중 부분집합만 업데이트함으로써 프라이버시를 보전한다. 이러한 방법은 정확도를 희생해 효율성과 약한 프라이버시를 얻는 접근 방식이다. 그레이디언트를 평문으로 하면 프라이버시까지 희생해 효율성을 얻을 수도 있다. 예를 들어, 레자 쇼크리와 비탈리 슈마티코프[Shokri and Shmatikov, 2015]는 모델 업데이트를 위해 코디네이터에게 일부 그레이디언트 파라미터만 평문으로 공개한다. 통신 효율성 개선 전략으로는 구조적 업데이트structured update, 스케치 업데이트sketched update 등이 있다 [Konecný et al., 2016a]. 구조적 업데이트 전략은 희소 그레이디언트 행렬 또는 계수rank가 낮은 그레이디언트 행렬만 업데이트하며, 스케치 업데이트 전략은 서브샘플링subsampling과 양자화quantization를 활용해 그레이디언트 양을 줄인다.

연합학습에서 희소 모델 파라미터를 학습하고자 다목적 진화 계산multi-objective evolutionary computation이 연구되기도 했다[Zhu and Jin, 2018]. 더 강력한 프라이버시 보전을 위해 희소 그레이디언트 업데이트 및 그레이디언트 압축이 널리 연구되고 있다. 그러나 그레이디언트 압축으로 보전되는 프라이버시에 대해서는 형식을 갖춰 분석된 바가 거의 없다.

## 난독화 접근 방식

난독화 접근 방식은 무작위화, 일반화, 은폐 등을 통해 데이터를 난독화해 정확도를 저하시키는 대신 프라이버시를 향상하는 방법이다. 연합학습에서는 각 참여자의 그레이디언트에 추가적인 노이즈 마스크를 적용해 로컬 차분 프라이버시를 사용할 수 있다. 린샨 지앙Linshan Jiang과 동료들은 원시 형태의 훈련 데이터를 보호하기 위해 독립적인 가우시안 무작위 사영GRP, Gaussian Random Projection을 적용하는 접근 방식을 제안했다[Jiang et al., 2019]. 각 참여자는 먼저 가우시안 무작위 행렬을 생성한 다음 난독화를 위해 각자의 원시 훈련 데이터를 사영시킨다. 그런 다음 모델 훈련을 위해 난독화된 데이터를 코디네이터에게 전송한다. 프라이버시는 각 참여자의 원시 훈련 데이터만 보호된다. 여기에 쓰인 가우시안 무작위 사영 역시 참여자 수 및 속성 차원에 관한 확장성 문제를 갖고 있다. 그레이디언트 양자화gradient quantization는 각 그레이디언트값을 인접한 값으로 양자화해 모델 정확도를 효율성 및 프라이버시와 맞바꾸는 전략이다[Konecný et al., 2016a].

## 암호화 접근 방식

앞서 설명한 접근 방식들은 각 참여자가 코디네이터 또는 다른 참여자들에게 평문으로 그레이디언트를 노출하게 된다. 이와 달리, 암호화 접근 방식에서는 동형 암호와 다자간 보안 계산을 활용해 경사 하강법 진행 도중에 각 참여자의 그레이디언트에 대한 프라이버시를 보전한다. 보안 모델은 정직하지만 호기심이 많은honest-but-curious 공격자에 대한 보안 모델부터 악의적인 공격자에 대한 보안 모델에 이르기까지 다양하며, 침해에 관한 가정도 천차만별이다. 보안 모델 외에 각 접근 방식에 따라 노출되는 정보도 다르다. 암호화 접근 방식은 효율성을 희생해 프라이버시를 얻는 방식이다. 계산이나 통신 측면에서 매우 비효율적일 수 있으므로, 일반적으로 비선형 함수를 근사하는 방법을 도입해 추가적으로 정확도와 효율성을 맞바꾼다.

보안 집계 방식에서는 그레이디언트 집합의 평균만 평문으로 학습할 수 있는 코디네이터를 사용한다. 보안 집계는 샤미르의 임곗값 비밀 공유 기법을 통해 각 참여자의 그레이디언트에 대한 프라이버시를 보전하므로 코디네이터는 그레이디언트 집합의 평균만 공개할 수 있다[Bonawitz et al., 2016]. 그러나 코디네이터와 $n - 1$개의 참여자가 함께 참여자가 $n$개인 그룹으로 공모하면 입력 그레이디언트가 쉽게 노출될 수 있다. 이러한 보안 집계는 익명으로 이뤄져 극심한 중독 공격이 발생할 수 있다. 키스 보나위츠Keith Bonawitz와 동료들은 극심한 중독 공격을 방지하기 위해 그레이디언트를 좌표별로 절사하는 '절사 평균trimmed mean'을 제안했다[Bonawitz et al., 2016].

공모하지 않는 하나 이상의 코디네이터를 도입해 코디네이터가 그레이디언트와 모델에 관해 아무것도 학습하지 못하게 하는 암호화 접근 방식도 있다. 동형 암호 기반 방식의 경우 복호화할 값에 무작위로 마스크를 추가하는 방식으로 수행하기도 한다[Liu et al., 2019]. 다자간 보안 계산 기반 방식의 경우 신뢰할 수 있는 딜러에게 계산 독립적인 요소(예: 비버 트리플)를 생성시킬 수 있다[Beaver, 1991]. 공모하지 않는 다수의 코디네이터를 도입할 때는 참여자가 각자 데이터의 비밀 공유를 생성한 다음 이를 대응되는 각각의 코디네이터와 공유한다[Mohassel and Zhang, 2017, Wagh et al., 2018]. 그런 다음 코디네이터들 간에 경사 하강법이 수행된다.

코디네이터를 도입하는 것이 현실적으로 불가능한 경우, 코디네이터가 없는 암호화 접근 방식을 채택할 수 있다. 이러한 방식에서는 다자간 보안 경사 하강법이 수행돼 각 참여자가 자신의 입력과 출력 외에는 아무것도 알 수 없다. 공모하는 과반수의 악의적인 적대자로부터 안전한 기존 다자간 보안 계산 프로토콜로는 SPDZ[Damård et al., 2011], $SPDZ_{2k}$, 오버드라이브$^{Overdrive}$[Keller et al., 2018], MASCOT[Keller et al., 2016] 등이 있다. 이러한 접근 방식에서는 먼저 다자간 보안 계산으로 비버 트리플을 생성하는 오프라인 단계를 거친 다음에 다자간 보안 경사 하강법이 수행된다. 키스 보나위츠와 동료들은 의사 결정 트리와 SVM을 위한 $SPDZ_{2k}$ 기반의 능동형 다자간 보안 계산 프로토콜을 실증해 보였다[Bonawitz et al., 2016]. 경사 하강법 함수도 마찬가지로 $SPDZ_{2k}$ 프로토콜에 기반해 평가할 수 있다.

## 3.5 요약

3장에서는 확장성 지향 분산 ML과 프라이버시 지향 분산 ML을 간략히 소개했다. 확장성 지향 분산 ML은 대규모 ML 문제에서 계산 자원과 메모리의 제약을 해결하기 위해 널리 사용된다. 병렬 처리 기법들(데이터 병렬 처리, 모델 병렬 처리, 혼합형 병렬 처리 등)이 확장성 지향 분산 ML 시스템을 구현하고 확장하는 데

주로 쓰인다. 프라이버시 지향 분산 ML은 데이터 소스들이 중앙화돼 있지 않을 때 사용자 프라이버시를 보전하고 데이터 보안을 보장하기 위해 주로 사용된다. 다자간 보안 계산, 동형 암호, 차분 프라이버시 등의 프라이버시 보전 기법이 프라이버시 지향 분산 ML을 실현하기 위해 많이 쓰인다. 프라이버시 보전 경사 하강법도 프라이버시 지향 분산 ML을 강화하기 위해 널리 사용된다.

분산 ML은 지난 몇 년간 많은 관심을 받으며 빠르게 발전해 여러 오픈소스 및 상용 제품이 등장했다. 그러나 기존의 분산 ML 시스템으로는 해결하지 못하는 실질적인 문제가 여전히 남아 있다. 연합학습은 특수한 유형의 분산 ML이며, 연합학습을 통해 기존 분산 ML 시스템이 마주하고 있는 문제들을 더욱 해결하고 프라이버시 보전 AI를 구축할 수 있다. 이어서 후속 장들을 통해 연합학습에 대해 자세히 설명하겠다.

CHAPTER

# 4

# 수평 연합학습

4장에서는 수평 연합학습<sup>HFL, Horizontal Federated Learning</sup>을 소개한다. HFL의 개념과 아키텍처, 응용 사례, 관련 연구, 아직 해결되지 않은 연구 주제 등을 다룬다.

## 4.1 수평 연합학습의 정의

수평 연합학습<sup>HFL</sup>은 샘플 파티셔닝 연합학습 또는 사례 파티셔닝 연합학습이라고도 하며[Kairouz et al., 2019], 그림 4.1과 같이 여러 다른 사이트의 데이터셋이 서로 공통된 특성 공간을 공유하는데 샘플 공간이 다른 시나리오에 적용할 수 있다. 테이블 형태로 볼 때 데이터가 수평으로 파티셔닝되는 상황과 유사하다. 실제로 '수평'이라는 단어는 데이터베이스에서 전통적인 테이블 뷰의 맥락에서 널리 사용되는 '수평 파티션'이라는 용어에서 온 것이다(테이블의 행들을 여러 그룹으로 수평 파티셔닝하면 각 행은 전체 데이터 특성을 포함하게 된다). 예를 들어, 두

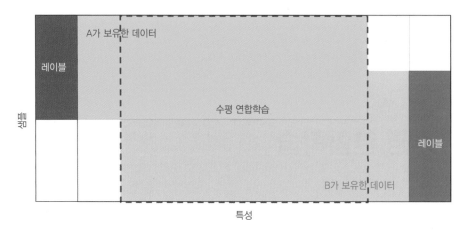

그림 4.1 수평 연합학습. 샘플 파티셔닝 연합학습이라고도 한다[Yang et al., 2019].

지역의 은행을 이용하는 해당 지역의 고객 그룹은 매우 다를 것이므로 서로 공통된 고객의 집합은 매우 작을 것이다. 하지만 두 은행의 비즈니스 모델은 매우 비슷하다. 따라서 두 은행의 데이터셋 특성 공간은 서로 같다. 형식을 갖춰 요약하면, 수평 연합학습의 조건은 다음과 같다.

$$\mathcal{X}_i = \mathcal{X}_j, \ \mathcal{Y}_i = \mathcal{Y}_j, \ I_i \neq I_j, \ \forall \mathcal{D}_i, \mathcal{D}_j, i \neq j \qquad (4.1)$$

이때 두 참여자의 데이터 특성 공간과 레이블 공간의 쌍 $(\mathcal{X}_i, \mathcal{Y}_i)$와 $(\mathcal{X}_j, \mathcal{Y}_j)$는 서로 같다고 가정하는 반면, 사용자 식별자인 $I_i$와 $I_j$는 서로 다르다고 가정한다. $\mathcal{D}_i$와 $\mathcal{D}_j$는 각각 $i$번째 참여자와 $j$번째 참여자의 데이터셋을 나타낸다.

**HFL 시스템의 보안** HFL 시스템은 일반적으로 참여자가 정직하다고 간주하고, 정직하지만 호기심이 많은 서버에 대한 보안 모델을 가정한다[Phong et al., 2018, Bonawitz et al., 2017]. 즉, 참여자의 사용자 프라이버시와 데이터 보안을 손상시킬 수 있는 것은 이 서버뿐이다.

레자 쇼크리와 비탈리 슈마티코프는 참여자들이 독립적으로 모델을 훈련시키고 HFL의 특수한 형태인 일부 모델 파라미터 업데이트만 공유하는 협업 DL

기법을 제안했다[Shokri and Shmatikov, 2015]. 2016년에 구글의 연구자들은 안드로이드 스마트폰의 모델 업데이트를 위한 HFL 기반 솔루션을 제안했다 [McMahan et al., 2016a]. 이 프레임워크에서는 개별 안드로이드 스마트폰이 모델 파라미터를 로컬에서 업데이트한 다음 모델 파라미터를 안드로이드 클라우드에 업로드함으로써 다른 안드로이드 스마트폰들과 공동으로 연합 모델을 훈련시킬 수 있다.

이러한 연합학습 프레임워크에서 사용자 모델 업데이트의 프라이버시를 보호하는 보안 집계 기법도 제안됐다[Bonawitz et al., 2017]. 좀 더 최근에는 신뢰할 수 없는 중앙 서버에 대한 보안을 제공하기 위해 모델 파라미터 집계에 덧셈 동형 암호를 적용한 연구도 이뤄졌다[Phong et al., 2018].

버지니아 스미스Virginia Smith와 동료들의 연구[Smith et al., 2017]에서는 보안을 지키면서 지식을 공유해 여러 사이트에서 각기 다른 태스크를 마칠 수 있는 멀티 태스크 연합학습 시스템을 제안했다. 이들이 제안한 멀티 태스크 학습 모델에서는 높은 통신 비용, 뒤처지는 사이트straggler, 결함 허용성 등의 문제도 다뤘다.

브렌던 맥마한H. Brendan McMahan과 동료들은 연합학습 시스템에서 사용자별로 데이터를 파티셔닝하고 클라이언트 장치에 구축된 모델을 통해 서버 사이트에서 공동으로 글로벌 연합 모델을 구축할 수 있는 안전한 클라이언트-서버 구조를 제안했다[McMahan et al., 2016a]. 이러한 모델 구축 과정에서 데이터 유출이 없도록 보장된다. 마찬가지로 야쿱 코네츠니Jakub Konecný와 동료들은 모바일 클라이언트에 분산된 데이터를 기반으로 연합 모델을 훈련시키기 위해 통신 비용을 줄이는 방법을 제안했다[Konecný et al., 2016b]. 좀 더 최근에는 대규모 분산 모델 학습에서 통신 대역폭을 크게 줄이고자 심층 그레이디언트 압축Deep Gradient Compression[Lin et al., 2018]이라는 압축을 이용한 접근 방법이 제안되기도 했다.

이들의 연구에서 보안 증명이 이뤄졌다. 최근에는 추가적인 프라이버시 문제를 제기하며 악의적인 사용자를 고려한 보안 모델[Hitaj et al., 2017]이 제안되기도 했다. 연합 훈련이 끝나면 집계된 모델과 전체 모델 파라미터가 모든 참여자에게 노출된다.

## 4.2 수평 연합학습 아키텍처

이 절에서는 HFL 시스템에 널리 사용되는 두 아키텍처인 클라이언트–서버 아키텍처와 피어 투 피어[P2P, Peer-to-Peer] 아키텍처에 대해 설명한다.

### 4.2.1 클라이언트-서버 아키텍처

수평 연합학습[HFL] 시스템의 일반적인 클라이언트–서버 아키텍처 혹은 마스터–워커[master-worker] 아키텍처가 그림 4.2에 나와 있다. 이 시스템에서 동일한 데이터 구조를 가진 $K$개의 참여자(클라이언트 또는 사용자, 당사자라고도 함)는 서버(파라미터 서버 또는 집계 서버, 코디네이터라고도 함)의 도움을 받아 ML 모델을 공동으로 훈련시킨다. 대개 참여자는 정직한 데 반해 서버는 정직하지만 호기심이 많다고 가정한다. 이에 따라 목표는 모든 참여자의 정보가 서버로 유출되는 것을 방지하

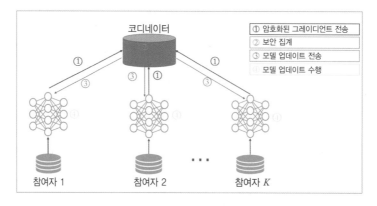

그림 4.2 클라이언트–서버 아키텍처 HFL 시스템의 예[Yang et al., 2019]

는 것이다[Phong et al., 2018]. 이러한 HFL 시스템의 훈련 프로세스는 일반적으로 다음의 네 단계로 구성된다.

- **1단계**: 참여자들이 로컬에서 훈련 그레이디언트를 계산하고, 선택한 그레이디언트를 암호화[Phong et al., 2018]나 차분 프라이버시[Abadi et al., 2016], 비밀 공유[Bonawitz et al., 2017] 등의 기법으로 마스킹한 다음, 마스킹된 결과를 서버로 보낸다.
- **2단계**: 서버는 가중 평균 등의 방법을 사용해 보안 집계를 수행한다.
- **3단계**: 서버가 집계된 결과를 다시 참여자들에게 보낸다.
- **4단계**: 참여자들이 복호화된 그레이디언트로 각자의 모델을 업데이트한다.

이와 같은 단계를 손실 함수가 수렴하거나 허용한 최대 반복 횟수 또는 최대 학습 시간에 도달할 때까지 계속 반복한다. 이 아키텍처는 특정 ML 알고리듬(예: 로지스틱 회귀, DNN 등)에 독립적이며 모든 참여자가 동일한 최종 모델 파라미터를 공유하게 된다.

앞의 단계들을 보면, 참여자들이 그레이디언트를 서버로 보낸 다음, 서버가 전송받은 그레이디언트를 집계하는 것으로 설명돼 있다. 이러한 접근 방식을 그레이디언트 평균화gradient averaging 방식이라 한다[Tang et al., 2019, Su and Chen, 2018]. 그레이디언트 평균화는 동기식 확률적 경사 하강법synchronous SGD(Stochastic Gradient Descent) 또는 연합 확률적 경사 하강법FedSGD, Federated Stochastic Gradient Descent이라고도 한다[McMahan et al., 2016a, Chen et al., 2017]. 혹은 참여자들이 그레이디언트 대신 모델 가중치를 공유하는 방법도 있다. 즉, 참여자가 로컬에서 모델 가중치를 계산해 서버로 보내는 것이다[Phong and Phuong, 2019]. 서버는 전송받은 로컬 모델 가중치를 집계해 집계된 결과를 참여자들에게 다시 보낸다. 이러한 접근 방식을 모델 평균화model averaging 방식이라 한다[McMahan et al., 2016a, Yu et al., 2018, Xu et al., 2018]. 극단적인 경우, 즉 참여자들이 로컬에서 각기 가중치 업데이트를 수행하고 참여자들이 모두 동일한 모델 가중치 초깃값으로 시작한 다음 모델 파라미터를 평균화하는 경우, 모델 평균화는 그레이디언트 평균화와 동일하다[Su and Chen, 2018, McMahan et al., 2016a]. 표 4.1에 그레이디언트 평균화와 모델 평균화를 비교한 내용이 정리돼 있다. 그레이디언트 평균화와 모델 평균화 모두 맥마한의 연구[McMahan et al., 2016a]에서는 연합 평균[FedAvg]으로 칭하고 있다.

표 4.1 그레이디언트 평균화와 모델 평균화의 비교[Tang et al., 2019, Su and Chen, 2018]

| 방법 | 장점 | 단점 |
|------|------|------|
| 그레이디언트 평균화 | 정확한 그레이디언트 정보<br>수렴 보장 | 통신량이 많음<br>신뢰할 만한 연결 필요 |
| 모델 평균화 | SGD에 국한되지 않음<br>업데이트 손실 허용 가능<br>동기화 빈도가 적음 | 수렴이 보장되지 않음<br>성능 저하 |

앞의 아키텍처는 다자간 보안 계산[Bonawitz et al., 2017] 또는 덧셈 동형 암호[Phong et al., 2018]로 그레이디언트 집계를 수행하는 경우에 준정직한 서버에 대한 데이터 유출을 방지할 수 있다. 그러나 협업 학습 과정에서 적대적 생성망[GAN, Generative Adversarial Network]을 훈련시키는 악의적인 참여자의 공격에 취약할 수 있다[Hitaj et al., 2017].

클라이언트-서버 아키텍처는 분산 ML 시스템의 아키텍처, 특히 데이터 병렬 패러다임(3.2절 참고)과 비슷해 보인다. 수평 연합학습은 지리 분산 ML[GDML, Geo-Distributed Machine Learning]과도 유사하다[Xu et al., 2018, Cano et al., 2016, Hsieh et al., 2017]. 파라미터 서버[Li et al., 2014, Ho et al., 2013]는 분산 ML의 대표적인 요소다. 훈련 속도를 높이기 위한 도구인 파라미터 서버는 분산돼 있는 워커 노드에 데이터를 저장하고, 중앙형 스케줄링 노드를 통해 데이터 및 컴퓨팅 자원을 할당해 모델을 더 효율적으로 훈련시킨다. 수평 연합학습의 경우, 워커 노드인 참여자가 데이터 소유자가 된다. 완전히 자율성을 갖고 로컬 데이터에 작업을 수행하며, 언제 어떻게 수평 연합학습 시스템에 합류하고 기여할지 결정할 수 있다. 파라미터 서버 패러다임[Li et al., 2014, Ho et al., 2013]에서는 중앙 노드가 항상 제어권을 갖지만, 수평 연합학습 시스템은 학습 환경이 더 복잡하다. 또한 수평 연합학습은 모델 훈련 도중에 데이터 프라이버시 보호까지 고려한다. 데이터 프라이버시를 보호하기 위해 효과적인 조치를 하면 향후에 점점 더 엄격해질 사용자 프라이버시 및 데이터 보안 요구사항에 더 잘 대처할 수 있다. 마지막으로, 분산 ML 시스템에서는 각기 다른 컴퓨팅 노드가 보유한 데이터가 일반적으로 동일한 분포를 따르는 반면, 수평 연합학습 시스템에서는 대부분의 실제 응용에서 각기 다른 참여자가 보유한 데이터가 동일하게 분산되지 않는다.

## 4.2.2 피어 투 피어 아키텍처

앞서 설명한 클라이언트–서버 아키텍처 외에, 수평 연합학습 시스템은 그림 4.3과 같이 피어 투 피어[P2P] 아키텍처를 사용할 수도 있다[Zantedeschi et al., 2019, Chang et al., 2017, 2018, Phong and Phuong, 2019]. P2P 아키텍처에는 중앙 서버나 코디네이터가 없다. 이러한 시나리오에서 수평 연합학습 시스템에 참여하는 $K$개의 참여자를 훈련자[trainer], 분산 훈련자[distributed trainer], 또는 워커[worker]라고 부른다. 각 훈련자는 자신의 로컬 데이터만을 사용해 동일한 ML 모델 또는 DL 모델(예: DNN 모델)을 훈련시킬 책임이 있다. 그리고 훈련자들이 서로 모델 가중치를 전송하기 위한 보안 채널이 필요하다. 두 훈련자 간의 공개 키 기반 암호화 기법과 같은 보안 조치를 채택해 안전한 통신을 보장할 수 있다.

중앙 서버가 없기 때문에 훈련자들은 미리 모델 가중치를 주고받는 순서를 맞춰야 한다. 이를 위해 주로 두 가지 방법을 사용한다.

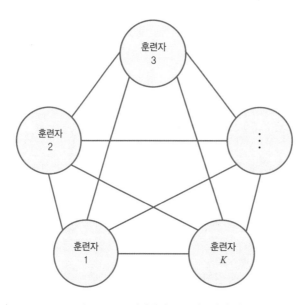

그림 4.3 P2P 아키텍처 HFL 시스템의 예

- **순환 전송**<sup>cyclic transfer</sup>: 순환 전송 모드에서는 훈련자들을 체인 형태로 구성한다. 첫 번째 훈련자(즉, 체인의 최상위)는 현재의 모델 가중치를 자신의 하위 훈련자에게 보낸다. 훈련자가 상위 훈련자로부터 모델 가중치를 받으면, 전달받은 모델 가중치를 자신이 보유한 데이터셋의 훈련 데이터의 미니 배치<sup>mini-batch</sup>를 이용해 업데이트한다. 그런 다음, 업데이트한 모델 가중치를 하위 훈련자에게 보낸다. 이를테면, 훈련자 1은 훈련자 2에게, 훈련자 2는 훈련자 3에게, …, 훈련자 $K-1$은 훈련자 $K$에게, 훈련자 $K$는 다시 훈련자 1에게 보낸다. 이러한 절차를 모델 가중치가 수렴될 때까지 또는 최대 반복 횟수나 최대 허용 훈련 시간에 도달할 때까지 반복한다.

- **무작위 전송**<sup>random transfer</sup>: $k$번째 훈련자가 무작위로 {1, …, $L$} 중에 같은 확률로 어떤 숫자 $i$를 선택한 다음, 훈련자 $i$에게 모델 가중치를 보낸다. $i$번째 훈련자가 $k$번째 훈련자로부터 모델 가중치를 받으면 전달받은 모델 가중

치를 자신이 보유한 데이터셋의 훈련 데이터 미니 배치를 이용해 업데이트한다. 그런 다음, $i$번째 훈련자 역시 무작위로 $\{1, ..., L\} \setminus \{i\}$ 중에서 같은 확률로 어떤 숫자 $j$를 선택한 후 훈련자 $j$에게 모델 가중치를 보낸다. 이러한 절차를 $K$개의 훈련자들이 모델 가중치가 수렴됐다고 합의하거나 최대 반복 횟수 또는 최대 허용 훈련 시간에 도달할 때까지 동시에 수행한다. 이 방법을 가십 학습$^{Gossip\ Learning}$[Hardy et al., 2018, Hegedüs et al., 2019]이라고도 한다.

모델 가중치 공유가 앞서 설명한 P2P 아키텍처의 예다. 훈련자들이 SGD 기반 가십 방식 등을 사용해 그레이디언트를 공유할 수도 있다. 자세한 내용은 [Liu et al., 2018]이나 [Daily et al., 2018] 등을 참고하기 바란다.

클라이언트-서버 아키텍처와 비교할 때 P2P 아키텍처의 분명한 장점은 중앙 서버(서버, 파라미터 서버, 집계 서버, 코디네이터라고도 함)를 제거할 수 있다는 점이다. 중앙 서버를 실제 응용에서 사용하지 못하는 경우에도 활용 가능하며, 서버에 정보가 유출될 가능성을 차단할 수 있다. 그러나 몇 가지 단점이 있다. 예를 들어, 순환 전송 모드에서는 중앙 서버가 없기 때문에 가중치 파라미터가 병렬이 아니라 직렬로 업데이트되기 때문에 모델을 훈련시키는 데 더 많은 시간이 걸린다.

### 4.2.3 글로벌 모델 평가

수평 연합학습에서는 모델 훈련 및 평가를 각 참여자가 분배해 수행하며, 다른 참여자들의 데이터셋에 접근하지 못한다. 그렇기 때문에 각 참여자는 로컬 테스트 데이터셋을 사용해 로컬 모델의 성능을 쉽게 얻을 수 있지만, 모든 참여자의 글로벌 모델 성능을 얻으려면 더 많은 작업이 필요하다. 여기서 로컬 모델 성능이란 단일 참여자의 로컬 테스트 데이터셋에서 검사한 수평 연합학습 모델의 성능을 의미하며, 글로벌 모델 성능이란 모든 참여자의 테스트 데이터셋에서 평가한 수평 연합학습 모델의 성능을 의미한다. 모델 성능은 정확도$^{\text{accuracy}}$로 나타낼 수도 있고, 정밀도$^{\text{precision}}$, 재현율$^{\text{recall}}$, AUC$^{\text{area under the receiver operating characteristic curve}}$(ROC 곡선의 아래 면적) 등으로 나타낼 수도 있다. 두 클래스 간 분류 작업의 예를 통해 수평 연합학습에서 글로벌 모델 성능을 어떻게 얻을 수 있는지 자세히 설명하겠다.

클라이언트-서버 아키텍처의 경우 참여자들과 코디네이터가 협력해 글로벌 모델 성능을 얻을 수 있다. 모델 훈련 도중, 그리고 수평 연합학습에서 모델 훈련이 끝나고 나서 다음 단계에 따라 글로벌 모델 성능을 얻을 수 있다.

- **1단계**: $k$번째 참여자가 자신의 로컬 데이터셋을 이용해 현재의 HFL 모델 성능을 평가한다. 두 클래스 간 분류 작업의 경우에는 이 단계에서 ($N_{TP}^k$, $N_{FP}^k$, $N_{TN}^k$, $N_{FN}^k$)와 같은 로컬 모델 평가 결과를 생성한다. 여기서 $N_{TP}^k$, $N_{FP}^k$, $N_{TN}^k$, $N_{FN}^k$는 각각 $k = 1, 2, ..., K$일 때 참인 양성 결과$^{\text{true positive}}$, 거짓 양성 결과$^{\text{false positive}}$, 참인 음성 결과$^{\text{true negative}}$, 거짓 음성 결과$^{\text{false negative}}$를 나타낸다.

- **2단계**: $k$번째 참여자가 $k = 1, 2, ..., K$에 대한 로컬 모델 평가 결과 ($N_{TP}^k$, $N_{FP}^k$, $N_{TN}^k$, $N_{FN}^k$)를 코디네이터에게 보낸다.

- **3단계**: $K$개 참여자의 로컬 모델 평가 결과 $\{(N_{TP}^k, N_{FP}^k, N_{TN}^k, N_{FN}^k)\}_{k=1}^K$이 수집되고 나면, 코디네이터는 글로벌 모델 성능을 계산할 수 있다. 예를 들어, 두 클래스의 분류 작업에서는 글로벌 모델의 재현율을 $\frac{\sum_{k=1}^K N_{TP}^k}{\sum_{k=1}^K (N_{TP}^k + N_{FN}^k)}$과 같이 계산할 수 있다.

- **4단계**: 그런 다음 코디네이터는 계산한 글로벌 모델 성능(예: 정확도, 정밀도, 재현율, AUC 등)을 다시 모든 참여자에게 보낸다.

P2P 아키텍처에서는 중앙 코디네이터가 없기 때문에 글로벌 모델 성능을 얻기가 더 복잡하다. 한 가지 방법으로 훈련자 중 하나를 골라 임시 코디네이터 역할을 맡기는 방법이 있다. 그런 다음 앞서 클라이언트-서버 아키텍처에서 제안된 절차를 따르면 P2P 아키텍처에서 글로벌 모델 성능을 얻을 수 있다. 이 방법은 훈련이 완료된 후 최종 HFL 모델을 평가하는 데 권장된다. 이 방법을 훈련 과정 동안에 적용하면 임시 코디네이터에게 부담을 주게 되는데, 훈련자가 자원(배터리 등)이 제한적인 모바일 또는 IoT 장치인 경우 적용이 불가능할 수도 있다. 이 문제를 해결할 수 있는 방법으로는 훈련자들에게 임시 코디네이터 역할을 돌아가면서 교대로 맡기는 방법이 있다.

## 4.3 연합 평균 알고리듬

브렌던 맥마한과 동료들의 연구[McMahan et al., 2016a, b]에서는 연합 평균 FedAvg, Federated Averaging 알고리듬을 사용해 HFL 시스템에서 연합 모델을 훈련했다. 이 절에서는 클라이언트-서버 아키텍처라 가정하고 FedAvg 알고리듬과 그 보안 버전을 살펴보겠다. FedAvg 알고리듬은 병렬 재시작 SGD[Yu et al., 2018] 혹은 로컬 SGD[Haddadpour et al., 2019]라고도 하며, 병렬 미니 배치 SGD와는 다르다.

### 4.3.1 연합 최적화

연합학습에서 발생하는 최적화 문제는 연합 최적화federated optimization[Li et al., 2019, McMahan et al., 2016b]라고 하며, 분산 최적화와는 부르는 이름이 다르다. 실제로 연합 최적화에는 기존의 분산 최적화 문제와는 차별화되는 여러 가지 중요한 속성이 있다[McMahan et al., 2016b, Xu et al., 2018, Cano et al.,

2016].

- **독립 동일 분포**[IID, independent identical distribution]**가 아닌 데이터셋**: 데이터 센터 내 분산 최적화의 경우에는 모든 로컬 업데이트가 매우 유사하게 보이도록 각기 다른 컴퓨팅 노드들이 IID 데이터셋을 갖도록 보장하기도 한다. 연합 최적화에서는 이를 보장할 수 없다. 각기 다른 참여자가 보유한 데이터는 분포가 완전히 다를 수 있다. 즉, 연합학습에서 탈중앙화된 데이터셋에 대해서는 IID 가정을 할 수 없다[Li et al., 2019, Liu et al., 2018, Sattler et al., 2019]. 예를 들어 유사한 참여자들끼리 유사한 로컬 훈련 데이터를 가질 수도 있지만, 무작위로 선택된 두 참여자가 산출하는 모델 가중치 업데이트 또는 그레이디언트 업데이트가 매우 다를 수 있다.

- **데이터 포인트 수의 불균형**: 데이터 센터 내 분산 최적화의 경우에는 컴퓨팅 노드 간에 데이터를 균등하게 나눌 수 있다. 그러나 현실적인 시나리오에서는 일반적으로 참여자들이 보유한 훈련 데이터셋의 양이 매우 다르다[Chen et al., 2019, Li et al., 2018, Duan, 2019]. 예를 들어 어떤 참여자는 소수의 데이터 포인트만 보유하고, 다른 참여자는 대량의 데이터를 보유할 수도 있다.

- **매우 많은 참여자 수**: 데이터 센터 내 분산 최적화의 경우에는 병렬 컴퓨팅 노드의 수를 쉽게 제어할 수 있다. 그러나 일반적으로 ML 또는 DL에는 많은 데이터가 필요하기 때문에 연합학습을 사용하는 애플리케이션에서는 참여자가 많아야 하며, 특히 모바일 장치를 사용하는 경우에는 더욱 그렇다[Bonawitz and Eichner et al., 2019]. 이론상 이러한 참여자들 모두가 연합학습에 참여할 수 있으므로, 데이터 센터 내에서보다 참여자가 훨씬 더 분산돼 있다.

- **느리고 불안정한 통신 링크**: 데이터 센터 안에서는 노드들이 서로 빠르게 통

신할 수 있으며 패킷 손실이 거의 일어나지 않을 것으로 예상된다. 그러나 연합학습에서는 기존 인터넷 연결에 의존해 클라이언트와 서버 간의 통신이 이뤄진다. 예를 들어, 업로드(클라이언트에서 서버로)는 일반적으로 다운로드보다 훨씬 느리다. 특히 연결이 모바일 단말에서 이뤄지는 경우 더욱 그렇다. 어떤 클라이언트는 일시적으로 인터넷 연결이 끊길 수도 있다[Tang et al., 2019, Hartmann, 2019].

연합 최적화에서 맞부딪히게 되는 이러한 문제를 해결하고자 브렌던 맥마한과 동료들은 먼저 연합 최적화를 위해 FedAvg 알고리듬을 채택했다[McMahan et al., 2016b]. FedAvg[McMahan et al., 2016a, b]의 핵심은 DNN을 훈련할 때 흔히 볼 수 있는 비볼록$^{\text{non-convex}}$ 목적 함수에 있다. FedAvg는 다음과 같은 형태의 임의의 유한 합$^{\text{finite-sum}}$ 목적 함수에 적용할 수 있다.

$$\min_{w \in R^d} f(w) = \frac{1}{n} \sum_{i=1}^{n} f_i(w) \tag{4.2}$$

여기서 $n$은 데이터 포인트의 수를 나타내며, $w \in R^d$는 차원이 $d$인 모델 파라미터(예: DNN의 모델 가중치)를 나타낸다.

ML 또는 DL 문제에서는 일반적으로 $f_i(w) = \mathcal{L}(x_i, y_i ; w)$로 잡는데, 이것은 모델 파라미터 $w$가 주어졌을 때 샘플 $(x_i, y_i)$에 대한 예측의 손실을 나타내며, 이때 $x_i$와 $y_i$는 $i$번째 데이터 포인트와 그에 해당하는 레이블이다.

HFL 시스템에 $K$개의 참여자(데이터 소유자 또는 클라이언트라고도 함)가 있다고 가정하고, $\mathcal{D}_k$는 $k$번째 참여자가 보유한 데이터셋, $\mathcal{P}_k$는 클라이언트 $k$에 있는 데이터 포인트의 인덱스 집합이라 하자. $n_k = |\mathcal{P}_k|$는 $\mathcal{P}_k$의 크기$^{\text{cardinality}}$라고 정의하자. 즉, $i$번째 참여자가 $n_k$개의 훈련 데이터 포인트를 갖고 있다고 가정하는 것이다. 결과적으로 $K$개의 참여자가 있다고 하면, 식 (4.2)를 다음과 같이 다시 쓸 수 있다.

$$f(w) = \sum_{k=1}^{K} \frac{n_k}{n} F_k(w), \text{ 여기서 } F_k(w) = \frac{1}{n_k} \sum_{i \in \mathcal{P}_k} f_i(w) \tag{4.3}$$

$K$개의 참여자가 보유한 데이터 포인트가 독립 동일 분포[IID]를 가지면, $\mathbb{E}_{\mathcal{D}_k}$ $[F_k(w)] = f(w)$이다. 여기서 $\mathbb{E}_{\mathcal{D}_k}[\cdot]$는 $k$번째 참여자가 보유한 데이터 포인트 집합에 대한 기댓값이다. 이 IID 가정은 분산 ML 패러다임의 분산 최적화 알고리듬에서 일반적으로 이뤄지는 가정이다. IID 가정이 성립하지 않는 경우, $k$번째 참여자가 유지하고 있는 손실 함수 $F_k(\cdot)$는 함수 $f(\cdot)$의 임의로 나쁘게 근사한 함수일 수 있다[Goodfellow et al., 2016, Zhao et al., 2018, Sattler et al., 2019].

SGD와 그 변형 알고리듬들(예: 미니 배치 경사 하강법)은 가장 인기 있는 DL 최적화 알고리듬이다[Zhang et al., 2019]. DL에 일어난 많은 발전은 모델의 구조(그리고 그에 따른 손실 함수)를 단순한 그레이디언트 기반 방법으로 최적화에 더 잘 맞도록 조정하는 것으로 이해할 수 있다[Goodfellow et al., 2016, Zhang et al., 2019]. DL의 다양한 응용을 고려할 때, SGD로부터 시작해 연합 최적화를 위한 새로운 알고리듬을 개발하는 것은 당연한 일이다[McMahan et al., 2016b].

SGD는 단순히 그대로 연합 최적화에 적용될 수 있다. 여기서 단일 미니 배치 그레이디언트 계산(예: 무작위로 선택된 참여자들의 부분집합에 대해)이 연합 훈련의 각 라운드 동안 수행된다. '한 라운드'는 참여자에서 서버로, 서버에서 다시 참여자로 업데이트를 보내는 작업을 의미한다(그림 4.2의 1~4단계 참고). 이 접근법은 계산적으로는 효율적이지만 만족스러운 모델을 생성하려면 매우 많은 수의 통신 라운드가 필요하다. 예를 들어 배치 정규화[BN, Batch Normalization][Ioffe and Szegedy, 2015] 훈련과 같은 고급 접근법을 사용하더라도, MNIST 데이터셋에 대해 훈련할 때 크기가 60인 미니 배치에 대해 50,000회의 라운드가 필요하다[McMahan et al., 2016b].

분산 ML의 경우 데이터 센터 또는 컴퓨팅 클러스터 내에서 병렬 훈련을 하면 통신 비용이 상대적으로 적고 계산 비용이 지배적이다. 최근 접근 방식들은 그래픽 처리 장치<sup>GPU, Graphics Processing Unit</sup>를 적용해 이러한 비용을 줄이는 데 중점을 두고 있다. 이와 대조적으로 연합학습에서는 무선 및 모바일 네트워크에서도 인터넷이나 WAN<sup>Wide Area Network</sup>을 통해 통신이 이뤄지므로 통신 비용이 지배적이다.

연합학습에서는 개별 사이트의 데이터셋이 전체 데이터셋 크기에 비해 일반적으로 작다. 또한 최신 단말기(스마트폰 등)들은 비교적 빠른 프로세서를 사용하며, GPU까지 포함된 경우도 있다. 결과적으로 연합학습의 많은 모델 유형에 대한 통신 비용에 비하면 계산 비용은 무시할 만하다. 이에 따라 모델을 훈련시키는 데 필요한 통신 라운드 수를 줄이기 위해 추가적인 계산을 사용할 수 있다. 계산을 추가하는 두 가지 기본 방법은 다음과 같다[McMahan et al., 2016b].

- **병렬성 증가**: 클라이언트-서버 통신 라운드 사이에 독립적으로 일하는 참여자들을 더 많이 참여시킬 수 있다.
- **각 참여자에 대한 계산 증가**: 그레이디언트 계산과 같은 간단한 계산을 수행하는 대신 각 클라이언트는 한 훈련 에포크에 여러 모델 가중치 업데이트를 수행하는 등 통신 라운드 사이에 더 복잡한 계산을 수행한다.

## 4.3.2 FedAvg 알고리듬

브렌던 맥마한과 동료들의 연구[McMahan et al., 2016b]에 기술된 대로, FedAvg 알고리듬 군을 사용하면 앞서 요약 설명한 두 접근 방식을 모두 이용해 계산을 추가할 수 있다. 계산량은 다음의 세 가지 주요 파라미터에 의해 조절된다.

(1) $\rho$: 각 라운드에서 계산을 수행하는 클라이언트의 비율
(2) $S$: 각 라운드에서 각 클라이언트가 자신의 로컬 데이터셋에 대해 수행하는 훈련 단계의 수(즉, 로컬 에포크의 수)

(3) $M$: 클라이언트 업데이트에 사용되는 미니 배치의 크기

여기서는 $M = \infty$로 설정해 전체 로컬 데이터셋을 하나의 미니 배치로 다루겠다.

$M = \infty$, $S = 1$로 설정해 다양한 미니 배치 크기로 SGD 형태를 만들 수 있다. 이 알고리듬에서는 각 라운드마다 $\rho$ 비율만큼의 참여자를 선택해, 선택된 참여자들이 보유하고 있는 데이터 전체에 대해 그레이디언트와 손실 함수를 계산한다. 그러므로 이 알고리듬에서 $\rho$가 글로벌 배치 크기를 조절하며, $\rho = 1$이면 모든 참여자가 보유한 모든 데이터를 사용하는 전체 배치 경사 하강법에 해당한다. 선택된 참여자들이 보유한 모든 데이터를 사용해 배치를 선택하는 알고리듬을 FederatedSGD라는 단순한 기준 알고리듬으로 삼자. 이 배치 선택 알고리듬은 균등하게 무작위로 개별 사례를 골라 배치를 선택하는 것과는 다르지만, FederatedSGD 알고리듬에 의해 계산된 배치 그레이디언트 $g$ 역시 각기 다른 참여자가 보유한 데이터셋이 IID인 경우 $\mathbb{E}[g] = \nabla f(w)$를 만족한다.

일반적으로 코디네이터 또는 서버가 초기 ML 모델을 갖고 있으며 참여자들이 최적화기의 설정을 알고 있다고 가정한다. 고정된 학습률 $\eta$를 갖는 분산 경사 하강법의 일반적인 구현의 경우, $t$번째 라운드의 글로벌 모델 가중치 업데이트에서 $k$번째 참여자는 현재 모델 가중치 $w_t$에서 자신의 로컬 데이터 포인트에 대한 평균 그레이디언트 $g_k = \nabla F_k(w_t)$를 계산하고, 코디네이터는 이러한 그레이디언트들을 집계해 모델 가중치 업데이트를 다음과 같이 적용한다[McMahan et al., 2016b].

$$w_{t+1} \leftarrow w_t - \eta \sum_{k=1}^{K} \frac{n_k}{n} g_k \tag{4.4}$$

여기서 $\sum_{k=1}^{K} \frac{n_k}{n} g_k = \nabla f(w_t)$는 각기 다른 참여자가 보유한 데이터 포인트들이 IID라고 가정한다. 그런 다음 코디네이터는 업데이트된 모델 가중치 $w_{t+1}$을

다시 참여자들에게 보내면 된다. 아니면 그 대신 코디네이터가 평균 그레이디언트 $\bar{g}_t = \sum_{k=1}^{K} \frac{n_k}{n} g_k$를 참여자들에게 보내고 참여자들이 식 (4.4)에 따라 업데이트된 모델 가중치 $w_{t+1}$을 계산할 수도 있다. 이러한 방법을 그레이디언트 평균화gradient averaging라고 한다[Tang et al., 2019, Su and Chen, 2018].

[McMahan et al., 2016b]에 제시된 방법이 이와 동등함을 보이는 것은 간단하다.

$$\forall k, \ w_{t+1}^k \leftarrow \overline{w}_t - \eta g_k \tag{4.5}$$

$$\overline{w}_{t+1} \leftarrow \sum_{k=1}^{K} \frac{n_k}{n} w_{t+1}^k \tag{4.6}$$

즉, 각 클라이언트는 로컬에서 식 (4.5)에 따라 자신의 로컬 데이터를 사용해 현재의 모델 가중치 $\overline{w}_t$에 대한 경사 하강법을 한 단계(또는 여러 단계) 수행한 다음, 로컬에서 업데이트한 모델 가중치 $w_{t+1}^k$을 서버에 보낸다. 그러면 서버는 식 (4.6)에 따라 결과 모델의 가중 평균을 취한 다음, 집계된 모델 가중치 $\overline{w}_{t+1}$를 다시 참여자들에게 보낸다. 이 방법을 모델 평균화라고 한다[McMahan et al., 2016b, Yu et al., 2018].

FedAvg 알고리듬을 모델 평균화 방식으로 변형한 알고리듬이 알고리듬 4.1에 요약돼 있다. 알고리듬이 이런 식으로 작성돼 있으면, 참여자가 평균화 단계로 가기 전에 로컬 업데이트(식 (4.5) 참고)를 여러 번 반복할 때 무슨 일이 발생하는지 물어볼 법하다. $n_k$개의 로컬 데이터 포인트를 보유한 참여자의 경우, 라운드 당 로컬 업데이트 수는 $u_k = \frac{n_k}{M} S$가 된다. 모델 평균화를 사용하는 FedAvg 알고리듬의 전체 의사코드pseudo-code가 알고리듬 4.1에 나와 있다.

그러나 일반적인 비볼록 목적 함수의 경우, 모델 가중치 공간을 모델 평균화하면 임의로 나쁜 모델을 만들 수 있으며 아예 수렴하지 않을 수도 있다[Tang et al., 2019, Su and Chen, 2018]. 다행히 최근 연구에 따르면 실제로는 충분히 과

알고리듬 4.1  FedAvg 알고리듬([McMahan et al., 2016b]의 내용을 수정)

1:    코디네이터 수행:

2:    모델 가중치 $w_0$을 초기화하고, 초기 모델 가중치 $w_0$을 모든 참여자에게 브로드캐스팅한다.

3:    **for** 각 글로벌 모델 업데이트 라운드 $t = 1, 2, ...$에 대해 **do**

4:    코디네이터는 무작위로 선택한 $\max(K\rho, 1)$개의 참여자 집합인 $C_t$를 결정한다.

5:    **for** 각 참여자 $k \in C_t$에 대해 **in parallel do**

6:    모델 가중치를 로컬에서 업데이트한다. $w_{t+1}^k \leftarrow$ **Participant Update**$(k, \overline{w}_t)$

7:    업데이트된 모델 가중치 $w_{t+1}^k$을 코디네이터에게 보낸다.

8:    **end for**

9:    코디네이터는 전송받은 모델 가중치들을 집계한다. 즉, 전송받은 모델 가중치의 가중 평균을 취한다. $\overline{w}_{t+1} \leftarrow \sum_{k=1}^{K} \frac{n_k}{n} w_{t+1}^k$

10:   코디네이터는 모델 가중치가 수렴하는지 검사한다. 만약 수렴하면 코디네이터가 참여자들에게 중지하라는 신호를 보낸다.

11:   코디네이터가 집계된 모델 가중치 $\overline{w}_{t+1}$을 모든 참여자에게 브로드캐스팅한다.

12:   **end for**

13:   **Participant Update**$(k, \overline{w}_t)$:
      (이것은 $\forall k = 1, 2, ..., K$에 해당하는 참여자 $k$에 의해 실행된다.)

14:   최신 모델 가중치를 서버로부터 얻는다. 즉, $w_{1,1}^k = \overline{w}_t$로 설정한다.

15:   **for** 1부터 에포크 수 $S$까지 각 로컬 에포크 $i$에 대해 **do**

16:    batches ← 데이터셋 $\mathcal{D}_k$를 크기가 $M$인 배치들로 무작위로 나눈다.

17:    지난 마지막 에포크에서 로컬 모델 가중치를 얻는다. 즉, $w_{1,i}^k = w_{B,i-1}^k$로 설정한다.

18:    **for** 1부터 batches의 개수 $B = \frac{n_k}{M}$까지 배치 인덱스 $b$에 대해 **do**

19:        배치 그레이디언트 $g_k^b$를 계산한다.

20:        모델 가중치를 로컬에서 업데이트한다. $w_{b+1,i}^k \leftarrow w_{b,i}^k - \eta g_k^b$

21:    **end for**

22:    **end for**

23:    로컬 모델 가중치 업데이트 $w_{t+1}^k = w_{B,S}^k$를 구한 다음, 코디네이터에게 보낸다.

---

대 파라미터화된 DNN의 손실 표면loss surface이 놀랍게도 잘 동작하며, 특히 이전에 생각했던 것보다 나쁜 로컬 최솟값이 덜 발생하는 경향이 있다[Goodfellow et al., 2015]. 두 모델을 동일하게 무작위로 초기화해서 시작한 다음, 데이터의 각기 다른 부분집합에 대해 각각을 독립적으로 다시 훈련시키면, (위에서 설명한 대로) 모델 평균화 기반 접근 방식이 놀랍도록 잘 작동한다는 사실이 경험적으로 밝혀졌다[McMahan et al., 2016a, b, Yu et al., 2018]. 드롭아웃dropout 훈련의 성공에서 연합 모델 평균화 기법의 성공에 대한 몇 가지 직관을 얻을 수 있다. 드롭아웃 훈련은 모델 가중치를 공유하는 여러 아키텍처의 평균 모델로 해석될 수 있으며, 모델 가중치의 추론 시간 규모 조정scaling은 니티시 스리바스타바Nitish Srivastava와 동료들의 연구에서 사용된 모델 평균화와 유사하다[Srivastava et al., 2014].

1:    코디네이터 수행:

2:    모델 가중치 $w_0$을 초기화하고, 초기 모델 가중치 $w_0$을 모든 참여자에게 브로드캐스팅한다.

3:    **for** 각 글로벌 모델 업데이트 라운드 $t = 1, 2, ...$에 대해 **do**

4:    코디네이터는 무작위로 선택한 $\max(K\rho, 1)$개의 참여자 집합인 $C_t$를 결정한다.

5:    **for** 각 참여자 $k \in C_t$에 대해 **in parallel do**

6:      모델 가중치를 로컬에서 업데이트한다. $[[w_{t+1}^k]] \leftarrow$ **Participant Update** $(k, [[\overline{w}_t]])$

7:      업데이트된 모델 가중치 $[[w_{t+1}^k]]$과 그에 해당하는 손실 $\mathcal{L}_{t+1}^k$을 코디네이터에게 보낸다.

8:    **end for**

9:    코디네이터는 전송받은 모델 가중치들을 집계한다. 즉, 전송받은 모델 가중치의 가중 평균을 취한다. $[[\overline{w}_{t+1}]] \leftarrow \sum_{k=1}^{K} \frac{n_k}{n}[[w_{t+1}^k]]$(보기 편하게 표기를 조금 간략화했는데, 암호문에 대한 연산이다. [Paillier, 1999] 등을 참고하기 바란다.)

10:   코디네이터는 손실 $\sum_{k \in C_t} \frac{n_k}{n}\mathcal{L}_{t+1}^k$이 수렴하거나 최대 라운드 수에 도달했는지 검사한다. 만약 그에 해당하면, 코디네이터가 참여자들에게 중지하라는 신호를 보낸다.

11:   코디네이터가 집계된 모델 가중치 $[[\overline{w}_{t+1}]]$을 모든 참여자에게 브로드캐스팅한다.

12:   **end for**

13: **Participant Update**$(k, [[\overline{w}_t]])$:

(이것은 $\forall k = 1, 2, ..., K$에 해당하는 참여자 $k$에 의해 실행된다.)

14: $[[\overline{w}_t]]$를 복호화해 $\overline{w}_t$를 얻는다.

15: 최신 모델 가중치를 서버로부터 얻는다. 즉, $w_{1,1}^k = \overline{w}_t$로 설정한다.

16: **for** 1부터 에포크 수 $S$까지 각 로컬 에포크 $i$에 대해 **do**

17: batches $\leftarrow$ 데이터셋 $\mathcal{D}_k$를 크기가 $M$인 배치들로 무작위로 나눈다.

18: 지난 마지막 에포크에서 로컬 모델 가중치를 얻는다. 즉, $w_{1,i}^k = w_{B,i-1}^k$으로 설정한다.

19: **for** 1부터 batches의 개수 $B = \frac{n_i}{M}$까지 배치 인덱스 $b$에 대해 **do**

20: 배치 그레이디언트 $g_k^b$를 계산한다.

21: 모델 가중치를 로컬에서 업데이트한다. $w_{b+1,i}^k \leftarrow w_{b,i}^k - \eta g_k^b$

22: **end for**

23: **end for**

24: 로컬 모델 가중치 업데이트 $w_{t+1}^k = w_{B,S}^k$를 구한다.

25: $w_{t+1}^k$에 덧셈 동형 암호화를 수행해 $[[w_{t+1}^k]]$를 구한 다음, $[[w_{t+1}^k]]$과 그에 해당하는 손실 $\mathcal{L}w_{t+1}^k$을 코디네이터에게 보낸다.

### 4.3.3 보안 FedAvg 알고리듬

알고리듬 4.1 형태의 일반 FedAvg 알고리듬은 중간 결과, 즉 SGD와 같은 최적화 알고리듬의 그레이디언트나 DNN의 모델 가중치 등을 평문으로 코디네이터에게 노출한다. 코디네이터에 대해서는 아무런 보안이 보장되지 않으며, 데이터 구조까지 노출될 경우 정말로 그레이디언트 또는 모델 가중치의 유출로 인해 중요한 데이터와 모델 정보가 유출될 수 있다[Phong et al., 2018]. 2장에서 설명한 널리 쓰이는 방법들과 같은 프라이버시 보전 기법들을 활용하면 FedAvg에서 사용자 프라이버시와 데이터 보안을 보장할 수 있다.

예를 들어, 덧셈 동형 암호[AHE, additively homomorphic encryption][Acar et al., 2018](페일리어 알고리듬[Paillier, 1999] 또는 LWE[learning with errors] 기반 암호화[Phong et al., 2018]) 등)를 사용해 FedAvg 알고리듬의 보안을 향상할 수 있다.

AHE는 덧셈과 곱셈 연산만 지원하는(즉, 덧셈 동형 및 곱셈 동형[Paillier, 1999]인) 준동형 암호 알고리듬이라는 점을 기억하자. 참조하기 편하도록, AHE의 주요 성질을 간추려 보겠다. $[[u]]$와 $[[v]]$를 각각 $u$와 $v$의 동형 암호라 하자. AHE를 사용하면 다음이 성립한다(2.4.2절 참고).

- **덧셈**: $Dec_{sk}([[u]] \oplus [[v]]) = Dec_{sk}([[u + v]])$, 여기서 $\oplus$는 암호문의 덧셈을 의미한다([Paillier, 1999] 등 참고).

- **스칼라 곱셈**: $Dec_{sk}([[u]] \odot n) = Dec_{sk}([[u \cdot n]])$, 여기서 $\odot$은 암호문의 $n$승을 의미한다([Paillier, 1999] 등 참고).

AHE의 멋진 두 가지 성질 덕분에 FedAvg 알고리듬에 AHE를 직접 적용해 코디네이터/서버에 대한 보안을 보장할 수 있다.

구체적으로 알고리듬 4.1과 알고리듬 4.2를 비교하면 AHE와 같은 보안 조치를 원래의 FedAvg 알고리듬 위에 쉽게 추가해 안전한 연합학습을 제공할 수 있음을 확인할 수 있다. [Phong et al., 2018]의 연구에서 보인 대로, 특정 조건하에서 알고리듬 4.2의 보안 FedAvg 알고리듬은 기본 동형 암호화 기법이 선택 평문 공격[CPA, Chosen-Plaintext Attack]에 안전하면 정직하지만 호기심이 많은 코디네이터에게 참여자의 정보가 유출되지 않는다. 다시 말해, 알고리듬 4.2는 정직하지만 호기심이 많은 코디네이터에 대한 보안을 보장한다. AHE를 사용하면 데이터와 모델 자체가 평문 형식으로 전송되지 않는다. 따라서 원시 데이터 수준에서는 유출될 가능성이 거의 없다. 그러나 암호화 및 복호화 연산으로 인해 계산의 복잡성이 증가하며, 암호문 전송 시 추가적인 통신 비용이 발생하게 된다. AHE의 또 다른 단점은 비선형 함수를 평가하기 위해 다항 근사(예를 들면, 일차 테일러$^{Taylor}$ 근사를 사용한 손실 및 그레이디언트 계산)를 수행해야 한다는 점이다. 결과적으로 정확성과 프라이버시 사이에 트레이드오프가 있다. FedAvg 알고리듬에 대한 보안 조치에 관해서는 연구가 더 필요하다.

## 4.4 FedAvg 알고리듬의 개선

### 4.4.1 통신 효율성

FedAvg 알고리듬 구현에서 각 참여자는 연합학습의 각 라운드마다 서버에 전체 모델 가중치 업데이트를 보내야 한다. 현대의 DNN 모델은 파라미터가 수백만 개인 경우도 많기 때문에, 이렇게 많은 모델 가중치를 코디네이터에게 전송하면 엄청난 통신 비용이 발생하며, 이 통신 비용은 참여자 수와 반복 횟수에 따라 커진다. 참여자 수가 많을 때 참여자들의 모델 가중치를 코디네이터에게 업로드하는 작업이 연합학습의 병목이 된다. 이러한 통신 비용을 줄이기 위해 통신 효율을 개선하려는 방법들이 제안됐다. 예를 들어, 다음의 두 가지 전략으로 모델 가중치를 계산하는 방법이 제안됐다[Konecný et al., 2016a].

- **스케치 업데이트**$^{sketched\ update}$: 참여자들이 일반적으로 모델 가중치 업데이트를 계산한 다음, 로컬에서 압축을 수행한다. 압축된 모델 가중치 업데이트는 실제 업데이트를 편향되지 않게 추정한 값이며 이는 평균적으로 동일함을 의미한다. 모델 가중치 업데이트 압축을 수행하는 한 가지 방법은 확률적 양자화$^{probabilistic\ quantization}$를 사용하는 방법이 있다. 그런 다음 참여자들은 압축된 업데이트를 코디네이터에게 보낸다.
- **정형 업데이트**$^{structured\ update}$: 훈련 과정에서 모델 가중치 업데이트가 효율적인

압축을 허용하는 형식으로 제한된다. 예를 들어, 모델 가중치가 희소한 형태 또는 차수$^{rank}$가 낮은 형태를 갖도록 강제하거나 모델 가중치 업데이트를 더 적은 수의 변수를 사용해 파라미터화해 제한된 공간 내에서 계산할 수 있게 한다. 그런 다음 최적화 프로세스에서 이러한 형태로 수행할 수 있는 업데이트 중에서 가장 좋은 업데이트를 찾는다.

송 한$^{Song\ Han}$과 동료들은 DNN 모델 압축을 연구해 3단계 파이프라인을 거쳐 모델 가중치 압축을 수행하는 방법을 제안했다[Han et al., 2016]. 첫 단계에서는 중복을 제거해 DNN 연결을 솎아내고 가장 의미 있는 연결만 유지한다. 두 번째 단계에서는 여러 연결이 동일한 가중치를 공유하고 유효 가중치$^{effective\ weight}$만 유지하도록 가중치를 양자화한다. 마지막 단계에서는 유효 가중치의 편향된 분포를 압축에 활용하기 위해 허프만 코딩$^{Huffman\ coding}$을 적용한다.

연합학습에서 모델 가중치를 공유하면 모델 가중치 압축을 사용해 통신 비용을 줄일 수 있다. 마찬가지로, 연합학습에서 그레이디언트를 공유할 때 그레이디언트 압축을 사용해 통신 비용을 줄일 수 있다. 잘 알려진 그레이디언트 압축 방법 중 하나는 심층 그레이디언트 압축$^{DGC,\ Deep\ Gradient\ Compression}$ 방법이다[Kamp et al., 2018]. DGC는 (1) 가속도 보정, (2) 로컬 그레이디언트 클리핑$^{clipping}$, (3) 가속도 인자 마스킹, (4) 워밍업 훈련의 네 가지 방법을 사용한다. 이 연구에서는 DGC를 이미지 분류, 음성 인식, 언어 모델링 작업에 적용했다. 그 결과, DGC가 모델 정확도를 손상시키지 않으면서 270~600배의 그레이디언트 압축률을 달성할 수 있음을 보였다. 이와 같이 DGC를 사용하면 그레이디언트 또는 모델 가중치를 공유하는 데 필요한 통신 대역폭을 줄여 더 용이하게 대규모 연합 심층 학습 및 연합학습을 수행할 수 있다.

압축 이외에 연합학습에서 통신 비용을 줄이는 또 다른 효율적인 방법으로 양자화가 있다[Konecný et al., 2016a, Reisizadeh et al., 2019]. 예를 들어,

signSGD 기반 접근법[Chen et al., 2019]은 그레이디언트 차원당 1비트 양자화를 사용하기 때문에 반복 수행$^{iteration}$당 통신 비용이 매우 낮다. 이 연구에서는 로컬 그레이디언트를 노이즈로 교란시킨 다음 1비트 양자화를 적용하는 새로운 그레이디언트 보정 메커니즘을 개발했는데, 이를 특수한 형태의 그레이디언트 압축 방식으로도 볼 수 있다.

훈련이 확실히 수렴한다는 조건이 있다면, 클라이언트가 관련 없는 모델 업데이트를 서버에 업로드하지 않도록 하여 통신 비용을 줄이는 방법도 있다[Wang et al., 2019, Hsieh et al., 2017]. 예를 들어, 루핑 왕$^{Luping Wang}$과 동료들의 연구[Wang et al., 2019]에서는 클라이언트에게 글로벌 모델 업데이트 경향에 관한 피드백 정보를 제공하는 방법을 제안했다. 각 클라이언트는 로컬 모델 업데이트가 글로벌 모델 업데이트 경향과 부합하는지, 글로벌 모델을 개선할 만큼 충분히 관련이 있는지 검사한다. 이러한 방식으로 각 클라이언트가 로컬 모델 업데이트를 서버에 업로드할지 여부를 결정할 수 있다. 이는 클라이언트 선택$^{client selection}$의 특수한 형태로 볼 수 있다.

## 4.4.2 클라이언트 선택

원래의 맥마한 연구[McMahan et al., 2016b]에서는 글로벌 훈련 라운드마다 소요되는 통신 비용과 시간을 줄이기 위해 클라이언트 선택을 권장한 바 있다. 그러나 클라이언트 선택 방법을 제안하지는 않았다. 타카유키 니시오$^{Takayuki Nishio}$와 료 요네타니$^{Ryo Yonetani}$는 두 단계로 이뤄진 클라이언트 선택 방법을 내놓았다[Nishio and Yonetani, 2018]. 첫 번째 단계는 자원 확인 단계다. 코디네이터가 임의의 수의 참여자에게 질의를 보내 보유하고 있는 로컬 자원과 훈련 작업에 관련된 데이터의 크기를 요청한다. 두 번째 단계에서 코디네이터는 이 정보를 사용해 각 참여자가 로컬에서 모델 가중치 업데이트를 계산하는 데 필요한 시간과 업데이트를 업로드하는 데 필요한 시간을 추정한다. 그런 다음 코디네이터는 이러한 추정치를 기반으로 선택할 참여자를 결정한다. 코디네이터는 한 글로벌 연합 훈련 라운드에 주어진 시간 예산 안에서 최대한 많은 참여자를 선택한다.

## 4.5 관련 연구

가장 최근에 있었던 구글의 연합학습 워크숍에서는 세계적 수준의 연구자와 실무자들이 한데 모여 연합학습 분야의 최신 개발 내용을 발표했다[Google, 2019]. 예를 들면, 모델 무관agnostic 연합학습[Mohri et al., 2019], 연합 전이학습 (6장 참고), 연합학습을 위한 인센티브 메커니즘 설계(7장 참고), 연합학습의 프라이버시와 보안, 공정성 측면의 연구([Agarwal et al., 2018], [Pillutla et al., 2019], [Melis et al., 2018], [Ma et al, 2019] 등 참고) 등의 내용을 다뤘으며, 연합학습의 연구 및 배포를 위한 오픈소스 플랫폼인 텐서플로 페더레이티드TensorFlow Federated[TFF, 2019]의 사용법에 대한 강의도 열렸다. 여기서는 본보기로서 몇 가지 관련 연구를 살펴보겠다.

연합학습에서 해결해야 할 주요 과제 중 하나가 통신이다. 지안유 왕Jianyu Wang과 가우리 조시Gauri Joshi의 연구[Wang and Joshi, 2019]에서는 연합학습에서 발생하는 무작위 통신 지연 문제를 해결하기 위해 AdaComm이라는 적응형 통신 전략adaptive communication strategy을 제안했다. AdaComm에서는 먼저 낮은 빈도의 모델 평균화로 시작해 통신 대역폭을 아끼고 무작위 지연을 해결하며 수렴 속도를 개선한다. 그런 다음 통신 빈도수를 높여 더 나은 모델 성능과 낮은 오류 평탄면error floor을 달성한다. 이들의 연구에서는 각 참여자가 로컬 업데이트를 수행하고 해당 모델이 주기적으로(예를 들어, $\tau$회 반복마다) 자신의 모델을 평균화하는 주기적 평균화 SGD 알고리듬에서 오류와 실행 시간의 트레이드오프를 이론적으로 분석하기도 했다. 이들의 연구[Wang and Joshi, 2019]는 계산 및 통신 지연의 영향을 고려하면서 반복 횟수가 아니라 실제 시간에 대해 오류 측면에서 SGD의 주기적 평균화 수렴을 분석한 최초의 연구다. AdaComm은 연합학습을 위한 통신 효율적인 SGD 알고리듬으로, 모바일 애플리케이션에 특히 적합하다.

4.3절에서 설명한 대로 FedAvg 알고리듬은 IID 설정에서 특정한 비볼록 목적 함수(비용 함수 또는 손실 함수라고도 함)에 대해서는 잘 작동하지만, 일반적으로 IID가 아닌 데이터셋을 갖는 비볼록 목적 함수에 대해서는 예측할 수 없는 결과를 낼 수 있다[Goodfellow et al., 2015]. 콩 시에$^{Cong Xie}$와 동료들의 연구[Xie et al., 2019]에서는 비 IID 훈련 데이터로 연합 최적화의 유연성과 확장성을 개선하는 새로운 비동기 방법을 제안했다. 핵심 아이디어는 서버와 클라이언트가 비동기적으로 모델 업데이트를 수행한다는 것이다. 서버는 클라이언트로부터 로컬 모델을 받을 때마다 즉시 글로벌 모델을 업데이트한다. 서버와 클라이언트 간의 통신은 논블로킹$^{non-blocking}$ 방식이다. 더 나아가 이 연구에서는 자신들이 제안한 비동기 접근 방식이 비 IID 설정에서 제한된 비볼록 문제 군에 대해 수렴하는지 분석했다. 또한 비동기 알고리듬이 빠르게 수렴하고 시간이 경과한$^{stale}$ 데이터를 견디는 경향이 있음을 많은 사례를 통해 입증했다. 시간 경과에 따른 수렴률과 분산 감소 간의 트레이드오프를 조절하기 위해 여러 가지 혼합형 하이퍼파라미터를 도입했다. 그러나 이들이 제안한 비동기 알고리듬의 하이퍼파라미터를 실제로 조정하기는 어려울 수도 있다.

HFL의 코디네이터는 잠재적으로 프라이버시 유출 가능성을 갖고 있어 일부 학자들은 아예 코디네이터를 제거하는 편을 선호한다. 예를 들어, 발렌티나 잔테데시$^{Valentina Zantedeschi}$와 동료들의 연구[Zantedeschi et al., 2019]에서는 중앙 코디네이터가 없는 P2P 아키텍처에서 연합학습을 고려했으며, 참여자의 작업들 간의 관계를 나타내는 협업 그래프를 활용한 최적화 방법을 제안했다. 협업 그래프와 ML 모델은 공동으로 학습된다. 완전히 탈중앙화된 이들의 해결책에서는 (i) 그리디 부스팅$^{greedy boosting}$ 방식으로 주어진 그래프에 대해 비선형 ML 모델을 훈련시키는 일, (ii) ML 모델이 주어졌을 때 협업 그래프를 (희소성을 조절해) 업데이트하는 일을 번갈아 수행한다. 또한 이들의 해결책에서는 참여자들이 소수의 피어(그래프의 직접적인 이웃 및 임의의 일부 참여자)와만 메시지를 교환하기 때문에 확장성이 보장된다.

HFL은 원래 구글에서 B2C[Business-to-Consumer] 응용, 즉 주로 모바일 장치를 사용하는 협업 ML 모델 훈련용[Konecný et al., 2016b, Yang et al., 2018, Hard et al., 2018]으로, 특히 모바일 장치가 많은 시나리오의 경우[Bonawitz and Eichner et al., 2019]를 위해 제안하고 장려했다. 구글이 모바일 애플리케이션용으로 HFL을 지지하고 개발하는 동안 HFL은 다양한 실제 시나리오, 특히 B2B[Business-to-Business]에 적용됐다. 예를 들어 구글 연합학습 워크숍[Google, 2019]에서 UC 버클리[UC Berkeley]의 던 송[Dawn Song] 교수는 사기 탐지와 같은 이상치 탐지를 위한 연합학습 적용에 대해 강연한 바 있으며[Song, 2019, Hynes et al., 2018], 이러한 연구 방향을 따라 최근에 여러 연구가 이뤄지기도 했다[Nguyen et al., 2019, Preuveneers et al., 2018]. 8장과 10장에서 HFL의 실제 적용 사례를 더 알아보겠다.

## 4.6 도전 과제와 향후 전망

구글에서 모바일 기기에 수행하는 지보드[Gboard] 시스템[Bonawitz and Eichner et al., 2019]을 비롯해 HFL 시스템이 상용으로 배포된 사례가 일부 있기는 하다. 그러나 HFL은 아직 초기 단계이며 HFL이 광범위하게 적용되려면 아직 해결해야 할 많은 도전 과제가 있다[Yang et al., 2019, Li, Wen, and He, 2019, Li et al., 2019]. 여기서는 주요한 몇 가지 도전 과제를 간략히 설명하겠다.

첫 번째 주요 과제는 훈련 데이터를 검사할 수 없다는 것인데, 이는 특히

DNN 모델 훈련 시 핵심 문제 중 하나인 ML 또는 DL 모델의 하이퍼파라미터를 선택하고 최적화기를 설정하는 문제로 이어진다. 일반적으로 코디네이터나 서버가 초기 모델을 갖고 있고 모델을 어떻게 훈련시키는지 알고 있다고 가정한다. 그러나 실제로는 사전에 데이터를 수집하지 않기 때문에, DNN 모델에 적합한 하이퍼파라미터를 선택하고 미리 최적화기를 설정하는 것은 거의 불가능하다. 여기서 말하는 하이퍼파라미터에는 DNN의 계층 수, DNN 각 계층의 노드수, 합성곱 신경망[CNN]의 구조, 순환 신경망[RNN]의 구조, DNN의 출력 계층 등이 있다. 또한 최적화기의 옵션으로 사용할 최적화기, 배치 크기, 학습률 등도 있다. 예를 들어, 각 참여자의 그레이디언트 크기에 대한 정보가 없기 때문에 학습률조차 결정하기가 어렵다. 실운영 환경에서 다양한 학습률을 시도하는 일은 시간이 들 뿐만 아니라 개발 경험을 악화시킬 수 있다. 이 문제를 해결하는 데는 플로리안 하트만[Florian Hartmann]이 제안한 시뮬레이션 기반 접근 방식이 유망해 보인다[Hartmann, 2018, 2019].

두 번째 도전 과제는 기업과 조직이 HFL에 참여하도록 효과적으로 동기를 부여하는 방법이다. 전통적으로 대기업과 조직은 데이터를 수집하고 데이터 사일로를 만들어 AI 시대에서 경쟁력을 높이려고 노력해왔다. HFL에 합류하면 다른 경쟁 업체가 이러한 대기업의 데이터를 활용해 이익을 볼 수 있으므로, 이러한 대기업이 시장 지배력을 잃는 결과를 낳을 수 있다. 결과적으로 대기업이 HFL을 채택하도록 동기를 부여하기가 어려울 수도 있다. 이 문제를 해결하려면 효과적인 데이터 보호 정책, 적절한 인센티브 메커니즘, HFL에 맞는 비즈니스 모델을 고안해야 한다.

모바일 기기에 적용할 때, 모바일 기기 소유자가 연합학습에 자신의 기기를 참여시키도록 설득하는 일도 어려울 것이다. 모바일 사용자가 연합학습에 참여시키면 더 나은 사용자 경험을 제공할 수 있다는 식으로 모바일 사용자들이 연합학습에 자신의 모바일 기기를 제공하는 데 관심을 가질 수 있는 충분한 인센티브와 혜택을 보여야 한다.

세 번째 과제는 참가자의 부정 행위를 방지하는 방법이다. 일반적으로 참여자는 정직하다고 가정한다. 그러나 실제 시나리오에서는 정직이란 규정과 법률 아래에서만 따라온다. 예를 들어, 한 참여자가 모델 훈련에 기여할 수 있는 데이터 포인트의 수를 허위로 주장하고 훈련 모델의 테스트 결과를 거짓으로 보고해 더 많은 보상을 얻어갈 수도 있다. 참여자의 데이터셋을 검사할 수 없기 때문에 이러한 부정 행위를 감지하기가 어렵다. 이 문제를 해결하려면 정직한 참여자의 권리와 이익을 보호하기 위한 전체론적인[holistic] 접근 방식을 설계해야 한다.

HFL의 모든 잠재력을 이끌어내려면 여전히 많은 연구가 필요하다. 앞서 언급한 과제들을 해결하는 것 이외에, 훈련 과정의 관리 메커니즘도 연구해야 한다. 예를 들어, 모델 학습 및 평가를 각 참여자가 로컬 수행하기 때문에 과적 합[over-fitting]을 피하고 조기 중단을 발동시키는 새로운 방법을 개발해야 한다. 또 다른 흥미로운 연구 방향은 신뢰성 수준이 각기 다른 참여자를 처리하는 방법이다. 예를 들어, 참여자가 네트워크 연결에 인터럽트가 발생하거나 그 외의 여러 문제로 인해 HFL 훈련 과정 도중에 떠날 수도 있다. 그렇기 때문에 훈련 과정과 모델 정확도에 영향을 주지 않고, 특히 모델 훈련의 수렴 속도에 영향을 주지 않으면서 이탈한 참여자를 새로운 참여자로 대체할 수 있는 현명한 해결책이 필요하다. 마지막으로, 연합학습 시스템에서 모델 중독 공격(표적 백도어 공격 등)을 방어할 수 있는 효율적인 메커니즘을 개발해야 한다.

# 수직 연합학습

4장에서 수평 연합학습[HFL]은 참가자의 데이터셋이 동일한 특성 공간을 공유하지만 샘플 공간이 다른 시나리오에 적용할 수 있다고 설명했다. 따라서 HFL은 아주 많은 모바일 기기에서 구동되는 애플리케이션 구축에 편리하게 적용할 수 있다[McMahan et al., 2016a, McMahan and Ramage, 2017]. 이 경우 연합 대상은 애플리케이션의 개별 소비자들이며, 이러한 시나리오를 B2C 패러다임으로 볼 수 있다. 그러나 실제 시나리오에서는 연합학습의 참여자가 동일한 사람들에 대해 각기 다른 데이터 특성을 수집해 각기 다른 비즈니스 목표를 추구하는 조직들인 경우도 많다. 이러한 조직들은 협력을 통해 비즈니스 효율성을 개선하려는 강한 동기를 갖고 있는 경우가 많으며, 이러한 시나리오를 B2B 패러다임으로 볼 수 있다.

예를 들어 어떤 사용자의 소득, 소비 행위, 신용 등급을 반영하는 일부 기록이 한 은행에 있다고 가정하자. 또한 동일한 사용자의 온라인 검색 및 구매 내역이 어떤 전자상거래 사이트에 저장돼 있다고 하자. 이 두 조직은 특성 공간이 상당히 다르지만, 서로 밀접한 관계를 맺고 있다. 예를 들면, 사용자의 구매 내역이 사용자의 신용 등급을 판단하는 데 영향을 줄 수 있다. 이러한 시나리오는 실생활에서 흔히 발생한다. 소매 업체는 은행과 파트너 관계를 맺고 동일한 사용자의 구매 내역과 소비 행위에 근거해 개인화된 서비스 또는 제품을 제공할 수 있다. 병원은 제약 회사와 협력해서 일반 환자의 의료 기록을 활용해 만성 질환을 치료하고 향후의 입원 위험을 줄일 수 있다.

데이터셋이 동일한 샘플 공간을 공유하지만 특성 공간이 다른 참여자들에 대한 연합학습을 수직 연합학습<sup>VFL, Vertical Federated Learning</sup>으로 분류한다. '수직'이라는 단어는 기존 데이터베이스의 테이블 관점에서 널리 사용되는 '수직 파티션'이라는 용어에서 유래했다(테이블의 열들을 수직으로 분할하면 여러 파티션으로 나뉘며, 각 열은 모든 샘플의 특성을 나타낸다). 5장에서는 VFL의 개념과 아키텍처, 알고리듬, 그리고 아직 해결되지 않은 연구 과제를 소개한다.

## 5.1 수직 연합학습의 정의

비즈니스 목표가 다른 여러 조직 간에는 대규모의 공통 사용자 풀을 공유하는 반면, 이러한 조직들이 유지 관리하는 데이터셋은 일반적으로 특성 공간이 다르다. 이를 도식화하면 그림 5.1과 같다. VFL은 특성 파티셔닝 연합학습<sup>feature-partitioned federated learning</sup>이라고도 부른다. VFL을 사용하면 이러한 조직들이 유지 관리하고 있는 분산 데이터셋의 이질적인 특성 공간을 활용해 비밀 데이터를 교환하거나 노출하지 않고도 더 나은 ML 모델을 구축할 수 있다.

연합학습 프레임워크에서 각 참여 당사자의 신원과 지위는 동일하며, 모든 사람이 '연방<sup>commonwealth</sup>' 전략을 수립하는 데 연합이 도움이 되므로 이를 '연합학

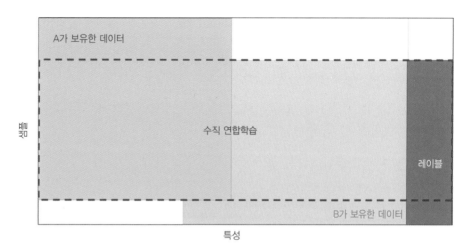

그림 5.1 수직 연합학습. 특성 파티셔닝 연합학습이라고도 한다[Yang et al., 2019].

습'이라고 한다. 이러한 VFL 시스템을 다음과 같이 표현할 수 있다.

$$\mathcal{X}_i \neq \mathcal{X}_j, \ \mathcal{Y}_i \neq \mathcal{Y}_j, \ I_i = I_j \ \forall \mathcal{D}_i, \mathcal{D}_j, i \neq j \tag{5.1}$$

여기서 $\mathcal{X}$와 $\mathcal{Y}$는 각각 특성 공간과 레이블 공간을 나타낸다. $I$는 샘플 ID 공간이고, 행렬 $\mathcal{D}$는 각기 다른 당사자가 보유한 데이터를 나타낸다[Yang et al., 2019]. 참여자들이 수집한 모든 특성을 활용해 공유 ML 모델을 공동으로 구축하는 것이 모든 참여자의 목표다.

VFL 환경에서 보안을 달성하고 프라이버시를 보전하기 위한 몇 가지 기본 가정이 있다. 첫째, 참여자들이 정직하지만 호기심이 많다고 가정한다. 이 말은 참여자가 프로토콜을 임의의 방식으로 방해하지 않고 준수하기는 하지만, 다른 참여자들로부터 받은 정보에서 가능한 한 많은 추론을 시도한다는 뜻이다. 또한 참여자들은 더 정확한 모델을 만들려고 하기 때문에 서로 공모하지 않는다. 둘째, 정보 전송 과정이 공격을 방어할 수 있을 정도로 충분히 안전하고 신뢰할 수 있다고 가정한다. 또한 통신으로 인해 손실이 발생하지 않고 중간 결과가 변조되지 않는다고 가정한다. 준정직한 제3자[STP, semi-honest third party]가 참여자에 합류해 다른 두 참여 당사자를 도울 수도 있다. STP는 두 참여자 모두와 독립적인 관계이며, 중간 결과를 수집해 그레이디언트와 손실을 계산하고 결과를 각 참여자에게 배포한다. STP가 참여자들로부터 받는 정보는 암호화 혹은 난독화된다. 참여자의 원시 데이터는 서로에게 노출되지 않으며, 각 참여자는 자신의 보유하고 있는 특성들과 관련된 모델 파라미터만 받게 된다.

**VFL 시스템의 보안 정의** VFL 시스템은 일반적으로 참여자들이 정직하지만 호기심이 많다고 가정한다. 참여자가 둘인 경우를 예로 들어보면, 두 참여자는 서로 충돌하지 않고 이들 중 기껏해야 한 참여자만 적대자로 인해 손상을 입는다. VFL 시스템의 보안은 적대자가 자신이 손상을 입힌 참여자의 데이터를 학습할 수는 있지만, 그 밖의 참여자들의 데이터에 대해서는 입력 및 출력 값으로 드러난 것 이외에 다른 데이터는 학습할 수 없다고 정의한다. 두 참여자 간의 안전한 계산을 수행하기 위해 STP가 도입되기도 하며, 이 경우에는 STP가 어느 참여자와도 공모하지 않는다고 가정한다. MPC를 통해 이러한 프로토콜의 프라이버시 증명을 형식을 갖춰 제공할 수 있다[Goldreich et al., 1987]. 학습이 끝나면 각 참여자는 자신이 보유한 데이터의 특성들과 관련된 모델 파라미터만 갖게 되므로, 추론 시 두 당사자는 결과를 산출하기 위해 협력해야 한다.

## 5.2 수직 연합학습의 아키텍처

설명하기 쉽게 VFL의 아키텍처를 예를 들어 설명하겠다. 회사 A와 B가 공동으로 ML 모델을 훈련한다고 가정해보자. 이 회사들은 각자 데이터를 보유하고 있다. 그리고 B 회사에는 모델로 예측 작업을 수행하는 데 필요한, 레이블이 달려 있는 데이터도 있다. 사용자 프라이버시 및 데이터 보안상의 이유로 회사 A

와 B는 데이터를 직접 교환할 수 없다. 훈련 과정 도중의 데이터 기밀 유지를 보장하기 위해 제3자 협력자인 C가 참여할 수 있다. 여기서 C는 정직하고 A나 B와 공모하지 않으나, A와 B는 정직하지만 호기심이 많다고 가정한다. C가 신뢰할 만한 제3자라는 가정은 정부 같은 기관에서 C의 역할을 수행하거나 인텔 SGX^Software Guard Extensions 등의 보안 컴퓨팅 노드로 대체할 수 있으므로 타당한 가정이다[Bahmani et al., 2017]. 수직 연합학습 아키텍처의 예가 그림 5.2(a)에 나와 있다[Yang et al., 2019, Liu et al., 2019]. VFL 시스템의 훈련 과정은 일반적으로 두 부분으로 구성된다. 먼저 두 참여자가 동일한 ID를 공유하도록 개체들을 배치 정렬^alignment한다. 그런 다음 배치 정렬된 개체들에 대해 암호화된(또는 프라이버시 보전) 훈련 과정을 수행한다.

**1부: 암호화된 개체 배치 정렬.** 두 회사 A와 B의 사용자 그룹이 동일하지 않기 때문에, 시스템에서 암호화 기반의 사용자 ID 배치 정렬 기법([Liang and Chawathe, 2004], [Scannapieco et al., 2007] 등)을 사용해 A와 B가 각자의 원시 데이터를 노출하지 않고 두 참여자가 공유하는 공통 사용자를 확인한다. 개체 배치 정렬 중에

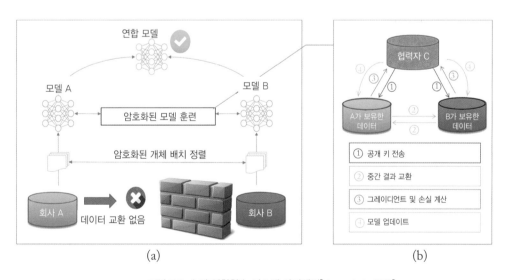

(a)  (b)

그림 5.2 수직 연합학습 시스템 아키텍처[Yang et al., 2019]

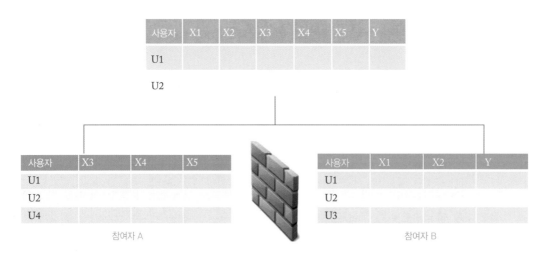

| 사용자 | X1 | X2 | X3 | X4 | X5 | Y |
|--------|----|----|----|----|----|---|
| U1 | | | | | | |
| U2 | | | | | | |

| 사용자 | X3 | X4 | X5 |
|--------|----|----|----|
| U1 | | | |
| U2 | | | |
| U4 | | | |

참여자 A

| 사용자 | X1 | X2 | Y |
|--------|----|----|---|
| U1 | | | |
| U2 | | | |
| U3 | | | |

참여자 B

그림 5.3 암호화된 개체 배치 정렬의 예[Cheng et al., 2019]

시스템은 그림 5.3과 같이 두 회사 중 하나에만 속한 사용자를 노출하지 않는다.

**2부**: 암호화된 모델 학습. 공통 개체를 결정한 후, 이러한 공통 개체의 데이터를 사용해 공동 ML 모델을 학습할 수 있다. 훈련 과정은 다음과 같이 4단계로 나눌 수 있다(그림 5.2(b) 참고).

- **1단계**: C가 암호화 쌍을 만들고, 공개 키를 A와 B에 보낸다.

- **2단계**: A와 B는 그레이디언트 및 손실 계산을 위해 중간 결과를 암호화해 교환한다.

- **3단계**: A와 B는 각각 암호화된 그레이디언트를 계산하고 추가 마스크를 더한다. B는 암호화된 손실도 계산한다. A와 B가 암호화된 결과를 C로 보낸다.

- **4단계**: C가 그레이디언트와 손실을 복호화하고 결과를 다시 A와 B에게 보낸다. A와 B는 그레이디언트의 마스크를 해제하고 그에 따라 모델 파라미터를 업데이트한다.

## 5.3 수직 연합학습 알고리듬

이 절에서는 VFL의 작동 방식을 더 잘 이해할 수 있도록 두 가지 VFL 알고리듬을 자세히 설명한다.

### 5.3.1 보안 연합 선형 회귀

첫 번째 알고리듬은 연합 선형 회귀로 [Yang et al., 2019]에서 처음 제시됐다. 이 알고리듬은 동형 암호를 활용해 연합 선형 회귀 모델의 훈련 과정 중에 각 참여자에 속해 있는 로컬 데이터의 프라이버시를 보호한다. 참조하기 편하도록 이 절에서 쓰이는 표기법을 표 5.1에 정리했다.

표 5.1 표기법

| $\eta$ | 학습률 |
|---|---|
| $\lambda$ | 정칙화 파라미터 |
| $y_i$ | 참여자 B의 레이블 공간 |
| $x_i^A, x_i^B$ | 참여자 A, B의 특성 공간 |
| $\Theta_A, \Theta_B$ | 참여자 A, B의 로컬 모델 파라미터들 |
| $u_i^A$ | $u_i^A = \Theta_A x_i^A$로 정의 |
| $u_i^B$ | $u_i^B = \Theta_B x_i^B$로 정의 |
| $[[d_i]]$ | $[[d_i]] = [[u_i^A]] + [[u_i^B - y_i]]$ |
| $\{x_i^A\}_{i \in \mathcal{D}_A}$ | 참여자 A의 로컬 데이터셋 |
| $\{x_i^B, y_i\}_{i \in \mathcal{D}_B}$ | 참여자 B의 로컬 데이터셋과 레이블 |
| $[[\cdot]]$ | 덧셈 동형 암호(AHE) |
| $R_A, R_B$ | 참여자 A와 B의 무작위 마스크 |

경사 하강법으로 선형 회귀 모델을 훈련시키려면 모델 손실과 그레이디언트

를 계산하는 안전한 방법이 필요하다. 학습률 $\eta$, 정칙화 파라미터 $\lambda$, 데이터셋 $\{x_i^A\}_{i \in \mathcal{D}_A}$, $\{x_i^B, y_i\}_{i \in \mathcal{D}_B}$, 특성 공간 $x_i^A$, $x_i^B$에 상응하는 모델 파라미터 $\Theta_A$, $\Theta_B$가 주어졌을 때, 모델 훈련에 대한 최적화 문제는 다음과 같이 표현할 수 있다.

$$\min_{\Theta_A, \Theta_B} \sum_i \left\| \Theta_A x_i^A + \Theta_B x_i^B - y_i \right\|^2 + \frac{\lambda}{2} \left( \|\Theta_A\|^2 + \|\Theta_B\|^2 \right) \tag{5.2}$$

$u_i^A = \Theta_A x_i^A$, $u_i^B = \Theta_B x_i^B$라 하면, 암호화된 손실은 다음과 같다.

$$[[\mathcal{L}]] = \left[ \left[ \sum_i \left( (u_i^A + u_i^B - y_i) \right)^2 + \frac{\lambda}{2} \left( \|\Theta_A\|^2 + \|\Theta_B\|^2 \right) \right] \right] \tag{5.3}$$

여기서 덧셈 동형 암호 연산은 $[[\cdot]]$으로 표기한다. $[[\mathcal{L}_A]] = [[\sum_i (u_i^A)^2 + \frac{\lambda}{2} \|\Theta_A\|^2]]$, $[[\mathcal{L}_B]] = [[\sum_i (u_i^B - y_i)^2 + \frac{\lambda}{2} \|\Theta_B\|^2]]$, $[[\mathcal{L}_{AB}]] = 2 \sum_i [[u_i^A (u_i^B - y_i)]]$라 하면, 다음과 같이 쓸 수 있다.

$$[[\mathcal{L}]] = [[\mathcal{L}_A]] + [[\mathcal{L}_B]] + [[\mathcal{L}_{AB}]] \tag{5.4}$$

마찬가지로, $[[d_i]] = [[u_i^A]] + [[u_i^B - y_i]]$라 하자. 그러면 훈련 파라미터에 대한 손실 함수의 그레이디언트는 다음과 같이 주어진다.

$$\left[ \left[ \frac{\partial \mathcal{L}}{\partial \Theta_A} \right] \right] = 2 \sum_i [[d_i]] x_i^A + [[\lambda \Theta_A]] \tag{5.5}$$

$$\left[ \left[ \frac{\partial \mathcal{L}}{\partial \Theta_B} \right] \right] = 2 \sum_i [[d_i]] x_i^B + [[\lambda \Theta_B]] \tag{5.6}$$

참여자 A와 참여자 B는 각자의 로컬 정보만 사용하여 $u_i^A$와 $u_i^B$를 계산할 수 있다. 하지만 $d_i$라는 항에는 $u_i^A$와 $u_i^B - y_i$가 모두 들어간다. 어느 참여자도 이것을 혼자서 계산하지 못한다. 결과적으로 참여자 A와 B는 상대 참여자에 대해 $u_i^A$와 $u_i^B - y_i$의 프라이버시를 보전하며 협력해서 $d_i$를 계산해야 한다. 동형 암호를 사용하는 환경에서는 참여자 A와 B가 각각 $u_i^B - y_i$와 $u_i^A$를 엿보지 못하도록 $u_i^B - y_i$와 $u_i^A$를 제3자 C가 보유하고 있는 공개 키를 통해 암호화한다. 이러한 순환 과정에서 제3자 C는 주로 A와 B로부터 전달받은 암호화된 정보를 복호화하며, 훈련과 추론 과정을 조율하는 역할을 한다.

이러한 순환 과정에 제3자를 도입하는 방법은 많은 실제 시나리오에서 제3자의 합법성과 책임을 보장하기 어려워 현실적으로 항상 적용 가능한 것은 아니다. 비밀 공유와 같은 다자간 보안 계산 기법을 적용해 제3자를 제거하고 연합학습을 탈중앙화할 수 있다. 자세한 내용은 [Mohassel and Zhang, 2017]을 참고하기 바란다. 여기서는 제3자가 있는 아키텍처에 대해 설명을 이어가겠다.

## 훈련 과정

표 5.2에 연합 선형 회귀 모델을 훈련시키는 세부 단계가 요약돼 있다. 개체 배치 정렬 및 모델 훈련 중에 참여자 A와 B가 보유하고 있는 데이터는 로컬에 저장되며, 모델 훈련 시 상호작용으로 인해 데이터 프라이버시 유출이 발생하지 않는다. 참여자 C는 신뢰할 수 있는 당사자이기 때문에 참여자 C에 대한 잠재적 정보 유출은 프라이버시 침해로 간주할 수도 있고 그렇지 않을 수도 있다. 이 경우 참여자 C가 참여자 A 또는 B에 대한 정보를 학습하지 못하도록 막기 위해 참여자 A와 B는 암호화된 무작위 마스크를 추가해 자신들의 그레이디언트를 참여자 C에게 더 숨길 수 있다.

표 5.2에 나와 있는 훈련 프로토콜은 C에게 어떤 정보도 노출하지 않는데, 왜냐하면 C의 모든 학습은 마스킹된 그레이디언트이고 마스킹된 행렬의 무작위성과 비밀성이 보장되기 때문이다[Du et al., 2004]. 이 프로토콜에서 참여자 A는 각 단계에서 그레이디언트를 학습하지만, 식 (5.5)에 따라 A가 B에 관한 어떤 정보를 학습하기에는 충분하지 않다. 그 이유는 스칼라곱 프로토콜의 보안성이 $n$개의 방정식만으로 $n$개보다 더 많은 미지수를 확정하지 못한다는 사실에 근

표 5.2 보안 선형 회귀의 학습 단계

| | 참여자 A | 참여자 B | 참여자 C |
|---|---|---|---|
| 1단계 | $\Theta_A$를 초기화한다. | $\Theta_B$를 초기화한다. | 암호화 키 쌍을 생성하고 공개 키를 A와 B에게 보낸다. |
| 2단계 | $[[u_i^A]]$, $[[\mathcal{L}_A]]$를 계산한 다음 B에게 보낸다. | $[[u_i^B]]$, $[[d_i^B]]$, $[[\mathcal{L}]]$을 계산한 다음, $[[d_i^B]]$는 A에게, $[[\mathcal{L}]]$은 C에게 보낸다. | |
| 3단계 | $R_A$를 초기화하고, $[[\frac{\partial \mathcal{L}}{\partial \Theta_A}]]$ + $[[R_A]]$를 계산해 C에게 보낸다. | $R_B$를 초기화하고, $[[\frac{\partial \mathcal{L}}{\partial \Theta_B}]]$ + $[[R_B]]$를 계산해 C에게 보낸다. | $[[\mathcal{L}]]$을 복호화하고 $[[\frac{\partial \mathcal{L}}{\partial \Theta_A}]]$ + $[[R_A]]$는 A에게, $[[\frac{\partial \mathcal{L}}{\partial \Theta_B}]]$ + $[[R_B]]$는 B에게 보낸다. |
| 4단계 | $\Theta_A$를 업데이트한다. | $\Theta_B$를 업데이트한다. | |
| 얻는 것 | $\Theta_A$ | $\Theta_B$ | |

거해 잘 정립돼 있기 때문이다[Du et al., 2004, Vaidya and Clifton, 2002]. 여기서 우리는 샘플 수 $N_A$가 특성의 개수 $n_A$보다 훨씬 크다고 가정하겠다. 마찬가지로, 참여자 B는 A에 관한 정보를 학습할 수 없다. 따라서 이 프로토콜의 보안이 입증됐다.

우리가 두 당사자를 준정직하다고 가정했다는 점에 주목하기 바란다. 참여자가 악의적이며 입력을 위조해 시스템을 속이는 경우, 예를 들어 참여자 A가 0이 아닌 샘플을 0이 아닌 특성이 하나뿐인 샘플 딱 하나만 제출하면, 제출한 샘플의 해당 특성이 바로 $u_i^B$의 값이 될 수 있다. 비록 $x_i^B$나 $\Theta_B$를 공격할 수는 없지만, 이러한 차이가 다음 반복 수행 시의 결과를 왜곡시키므로, 상대방이 이에 대응해 학습 과정을 종료할 수 있도록 알림을 보낸다. 훈련 과정이 끝날 때 각 참여자는 상대방의 데이터 구조에 대해 알지 못하며 자신이 보유한 특성들과 연관된 모델 파라미터들만 얻게 된다.

각 참여자가 받는 손실 및 그레이디언트는 프라이버시 제약 없이 한곳에서 수집된 데이터로 모델을 공동으로 구축할 때 받게 되는 손실 및 그레이디언트와 정확히 같으므로, 이렇게 공동으로 학습된 모델은 무손실이며 최적성이 보장된다.

모델의 효율성은 통신 비용과 데이터 암호화로 인해 발생하는 계산 비용에 따라 달라진다. 각 반복 수행 시, A와 B 사이에 전송되는 정보는 겹치는 샘플의 수에 따라 증가한다. 따라서 이 알고리듬의 효율성은 분산 병렬 컴퓨팅 기법들을 활용하면 더욱 개선될 수 있다.

### 추론 과정

추론을 할 때 두 참여자는 표 5.3에 요약돼 있는 단계에 따라 추론 결과를 공동으로 계산한다. 추론하는 동안 각 참여자에게 속한 데이터는 상대방에게 노출되지 않는다.

**표 5.3** 보안 선형 회귀의 추론 단계

|  | 참여자 A | 참여자 B | 참여자 C |
|---|---|---|---|
| 0단계 |  |  | 사용자 ID $i$를 A와 B에게 보낸다. |
| 1단계 | $u_i^A$를 계산해 C에게 보낸다. | $u_i^B$를 계산해 C에게 보낸다. | $u_i^A + u_i^B$의 결과를 계산한다. |

## 5.3.2 보안 연합 트리 부스팅

두 번째 예는 보안 연합 트리 부스팅[secure federated tree-boosting]으로, 줄여서 시큐어부스트[SecureBoost]라고 부르며, VFL 환경에서는 커웨이 청[Kewei Cheng]과 동료들이 처음으로 연구를 진행했다[Cheng et al., 2019]. 이 연구에서는 시큐어부스트가 중앙의 한곳에서 데이터를 수집해야 하는 다른 비연합 그레이디언트 트리 부스팅 알고리듬만큼 정확하다는 것을 증명했다. 즉, 시큐어부스트는 프라이버시를 보전하지 않는 유사 알고리듬들과 동일한 수준의 정확도를 제공하면서도 각 개별 데이터 소유자에 대한 정보를 노출하지 않는다. 이 예를 설명하면서 나오는 코디네이터는 원래 [Cheng et al., 2019]에서는 능동형 참여자[active party]라고 정의한 개념에 해당한다. 능동형 참여자는 레이블이 붙어 있는 훈련 데이터를 보유한 참여자를 말하며, 레이블이 없는 훈련 데이터를 보유한 수동적 참여자$^{passive\ party}$도 있다.

## 보안 개체 배치 정렬

5.3.1절에서 설명한 연합 보안 선형 회귀와 비슷하게 시큐어부스트는 크게 두 단계로 이뤄진다. 첫째, 프라이버시 제약 조건에 따라 데이터를 배치 정렬한다. 둘째, 여러 참여자들에게 모든 훈련 데이터를 비밀로 유지하면서 공유 그레이디언트 트리 부스팅 모델을 공동으로 학습한다.

시큐어부스트 프레임워크의 첫 단계는 개체 배치 정렬$^{entity\ alignment}$ 단계로, 공동의 ML 모델을 구축하기 위해 모든 참여자 간의 공통 데이터 샘플 집합(즉, 공통 사용자)을 찾는 단계다. 데이터가 여러 참여자에 걸쳐 수직으로 파티셔닝돼 있으면, 여러 참여자가 서로 다르지만 일부 겹치는 사용자 데이터를 보유하게 된다. 공통 사용자는 고유한 사용자 ID로 식별할 수 있다. 특히, 프라이버시 보전형 데이터베이스 간 교집합 연산 프로토콜을 사용하면 암호화 기법이 적용된 데이터 샘플을 배치 정렬할 수 있다([Liang and Chawathe, 2004] 등 참고).

## XGBoost 리뷰

프라이버시 제약 조건하에서 각기 다른 참여자 간에 데이터를 배치 정렬했으니, 이제 VFL을 통해 프라이버시를 침해하지 않고 여러 참여자가 함께 트리 앙상블 모델을 공동으로 구축하는 문제를 생각해보자. 이 목표를 달성하려면 해결해야 할 핵심 질문이 세 가지 있다.

- 각 참여자가 어떻게 클래스 레이블을 참조하지 않고 로컬 데이터를 기반으로 업데이트된 모델을 계산할 수 있는가?
- 코디네이터는 어떻게 모든 업데이트된 모델을 집계하고 새로운 글로벌 모델을 구할 것인가?

- 추론 시 어떻게 개인정보를 유출하지 않고 업데이트된 글로벌 모델을 모든 참여자 간에 공유할 것인가?

이 질문들에 대한 답을 찾아내기 위해 먼저 비연합 환경의 트리 앙상블 모델인 XGBoost[Chen and Guestrin, 2016]를 간략히 살펴보자.

샘플이 $n$개이고 특성이 $d$개인 데이터셋 $\mathbf{X} \in \mathbb{R}^{n \times d}$가 주어졌을 때, XGBoost는 $K$개의 회귀 트리를 사용해 다음과 같이 출력을 예측한다.

$$\hat{y_i} = \sum_{k=1}^{K} f_k(\mathbf{x}_i), \ \forall \mathbf{x}_i \in \mathbb{R}^d, \ i = 1, 2, \ldots, n \tag{5.7}$$

트리 부스팅의 수학적 세부 사항에 빠져 허우적대지 않도록 식 (5.7)에 사용된 회귀 트리 집합의 학습을 위한 손실 함수를 유도하는 과정은 건너뛰겠다. 그 대신, 어려운 용어들이 나오기는 하나 더 쉽게 접근할 수 있기를 바라면서 말로 풀어서 훈련 규칙을 소개하겠다. 회귀 트리 앙상블 학습의 목적은 분류 손실이 작고 모델 복잡도가 낮은 최상의 트리 집합을 찾는 것이다. 그레이디언트 트리 부스팅에서는 이러한 목적을 달성하기 위해 레이블과 예측 사이의 손실(예를 들면, 손실의 제곱 또는 손실 함수의 테일러 근사 등)을 반복적으로 최적화하는 접근 방식을 취한다. 매번 반복할 때마다 복잡도를 많이 높이지 않으면서 손실을 최대한 줄이는 새로운 트리를 추가하려고 시도하는 방식이다. 따라서 $t$번째 반복할 때의 목적 함수는 다음과 같이 나타낼 수 있다.

$$\min \sum_{i=1}^{n} \left[ g_i f_t(\mathbf{x}_i) + \frac{1}{2} h_i f_t^2(\mathbf{x}_i) \right] + \Omega(f_t) \tag{5.8}$$

여기서 $g_i$와 $h_i$는 독립 변수들로 이뤄진 두 그룹이며, $\Omega(f_t)$는 새 트리의 복잡도다. 이는 목적 함수를 최적화할 수 있는 새로운 트리만 구해야 하며, 목적 함수가 주어졌을 때 $obj_t$라고 표기하는 최적 점수를 사용해 최적의 트리를 쉽게 찾을 수 있어야 한다는 것을 의미한다.

이에 따라 새로 추가되는 회귀를 생성하는 과정은 $obj_t$를 최소화하는 트리, 즉 깊이 0에서 시작해 최대 깊이에 도달할 때까지 각 리프 노드의 분할을 결정하는 과정이 된다. 이제 이 문제는 트리의 각 수준에서 리프 노드의 최적 분할을 결정하는 방법에 달려 있다. '분할'의 성능은 분할 이득$^{\text{split gain}}$에 의해 측정되며, 이는 앞서 말했던 변수 $g_i$와 $h_i$로부터 계산이 가능하다. 여기서 다음을 관찰할 수 있다.

(i)  분할 후보의 평가와 리프 노드의 최적 가중치 계산은 변수 $g_i$와 $h_i$와만 관계가 있다.

(ii)  클래스 레이블은 $g_i$와 $h_i$를 계산하는 데 필요하며, $(t-1)$번째 반복 수행 시 $y_i^{(t-1)}$ 값을 얻고 나면 $g_i$와 $h_i$로부터 클래스 레이블을 쉽게 복구할 수 있다.

---

**알고리듬 5.1** 복호화된 그레이디언트 통계량 집계([Cheng et al., 2019]의 내용을 수정)

---

입력: 현재 노드의 인스턴스 공간 $I$

입력: 특성 차원 $d$

입력: $\{[[g_i]], [[h_i]]\}_{i \in I}$

출력: $\mathbf{G} \in \mathbb{R}^{d \times l}$, $\mathbf{H} \in \mathbb{R}^{d \times l}$

1:  **for** $k = 0 \rightarrow d$ **do**

2:  $k$번째 특성의 백분위에 따라 $S_k = \{s_{k1}, s_{k2}, ..., s_{kl}\}$를 제안한다.

3:  **end for**

4:  **for** $k = 0 \rightarrow d$ **do**

5:  $\mathbf{G}_{kv} = \sum_{i \in \{i | s_{k,v} \geq x_{i,k} > s_{k,v-1}\}} [[g_i]]$

6:  $\mathbf{H}_{kv} = \sum_{i \in \{i | s_{k,v} \geq x_{i,k} > s_{k,v-1}\}} [[g_i]]$

7:  **end for**

---

## 시큐어부스트의 훈련 과정

앞의 관찰을 통해 각 참여자가 $g_i$와 $h_i$를 얻고 나면 자신의 로컬 데이터만으로 로컬 최적 분할을 독립적으로 결정할 수 있다는 사실을 알게 됐다. 가능한 모든 분할에 대해 $g_i$와 $h_i$ 그룹의 합을 이용해 분할 이득을 계산할 수 있다면, 최적 분할을 찾아낼 수 있다.

$g_i$와 $h_i$를 기밀로 유지해 프라이버시 유출을 막으려면 $g_i$와 $h_i$를 다른 참여자에게 전송하기 전에 암호화해야 한다. 그러한 예로, 여기서는 덧셈 동형 암호 기법[Paillier, 1999]을 사용해 암호화된 $g_i$와 $h_i$로 분할 후보들에 대한 분할 이득을 계산하는 방법을 살펴보겠다.

덧셈 동형 암호 기법을 사용하면 모든 분할 후보에 대한 분할 이득을 각각 $g_i$와 $h_i$의 암호문 그룹의 합으로 계산할 수 있다. 따라서 각 참여자에서 가장 좋은 분할은 코디네이터에서 가능한 모든 분할 이득을 평가하여 찾을 수 있으며, 이것이 곧 글로벌 최적 분할에 해당하게 된다.

그러나 이 해결 방식은 가능한 모든 분할 후보에 관한 정보를 전송해야 하므로 엄청난 통신 비용이 발생해 비효율적이다. 낮은 통신 비용으로 부스팅 트리를 생성하기 위해 티엔치 첸<sup>Tianqi Chen</sup>과 카를로스 게스트린<sup>Carlos Guestrin</sup>이 제안한 근사 프레임워크를 활용할 수 있는데[Chen and Guestrin, 2016], 자세한 계산 방법이 알고리듬 5.1에 나와 있다.

알고리듬 5.1에서는 각 당사자에 대해 $[[gl]]$과 $[[hl]]$을 직접 계산하는 대신, 특성을 버킷에 매핑한 다음 버킷을 기반으로 암호화된 그레이디언트 통계량을 집계한다. 이런 방식으로 코디네이터는 모든 참여자로부터 암호화된 집계 그레이디언트 통계량만 수집하면 된다. 결과적으로 알고리듬 5.2와 같이 글로벌 최적 분할을 좀 더 효율적으로 결정할 수 있다.

입력: 현재 노드의 인스턴스 공간 I

입력: $m$개의 참여자로부터 수집한 암호화된 그레이디언트 통계량 $\{\mathbf{G}^i, \mathbf{H}^i\}_{i=1}^m$

출력: 선택된 속성의 값에 따른 현재 인스턴스 공간의 분할

1:     코디네이터가 실행:

2:     $g \leftarrow \sum_{i \in I} g_i, \quad h \leftarrow \sum_{i \in I} h_i$

3:     모든 참여자에 대해 열거:

4:     **for** $i = 0 \rightarrow m$ **do**

5:        모든 특성에 대해 열거한다.

6:        **for** $k = 0 \rightarrow d_i$ **do**

7:          $g_l \leftarrow 0; h_l \leftarrow 0$

8:          // 모든 임곗값에 대해 열거한다.

9:          **for** $v = 0 \rightarrow l_k$ **do**

10:            복호화된 값 $D(\mathbf{G}_{kv}^i)$와 $D(\mathbf{H}_{kv}^i)$를 얻는다.

11:            $g_l \leftarrow g_l + D(\mathbf{G}_{kv}^i), h_l \leftarrow h_l + D(\mathbf{H}_{kv}^i)$

12:            $g_r \leftarrow g - g_l, h_r \leftarrow h - h_l$

13:            $score \leftarrow max(score, \frac{g_l^2}{h_l + \lambda} + \frac{g_r^2}{h_r + \lambda} - \frac{g^2}{h + \lambda})$

14:        **end for**

15:        **end for**

16:     **end for**

17:     최대 점수를 구하면 해당 참여자 $i$에게 $k_{opt}$와 $v_{opt}$를 리턴한다.


18:     참여자 $i$가 실행(다수의 참여자가 병렬 실행):

19: $k_{opt}$와 $v_{opt}$ 값에 따라 선택된 속성의 값을 결정하고 현재 인스턴스 공간을

분할한다.

20: 선택된 속성의 값을 기록하고 [레코드 id, $I_L$]을 코디네이터에게 다시 리턴한다.


21: **코디네이터가 실행:**

22: $I_L$ 값에 따라 현재 노드를 분할하고, 현재 노드를 [참여자 id, 레코드 id]와 연관시킨다.

---

코디네이터는 [참여자 id($i$), 특성 id($k$), 임곗값 id($v$)]로 표현되는 글로벌 최적 분할을 얻은 다음, 해당 참여자 $i$에게 특성 id인 $k$와 임곗값 id인 $v$를 리턴한다. 참여자 $i$는 $k$와 $v$ 값을 기반으로 선택된 속성의 값을 결정한다. 그런 다음, 선택한 속성의 값에 따라 현재 인스턴스 공간을 분할한다. 또한 선택된 속성의 값 [특성, 임곗값]을 기록하기 위해 로컬에 룩업 테이블을 작성한다. 그 후에 레코드의 인덱스와 분할 후 좌측 노드의 인스턴스 공간($I_L$)을 능동형 참여자에게 리턴한다. 능동형 참여자는 받은 인스턴스 공간에 따라 현재 노드를 분할하고 중지 기준 또는 최대 깊이에 도달할 때까지 현재 노드를 [참여자 id, 레코드 id]와 연관 지어 놓는다. 모든 리프 노드는 능동형 참여자 내부에 저장된다.

요약하면, 시큐어부스트의 단계별 훈련 과정은 다음과 같이 정리할 수 있다.

- **1단계:** 능동형 참여자에서 시작해 먼저 $i \in \{1, ..., N\}$에 대해 $g_i$와 $h_i$를 계산한 다음, 덧셈 동형 암호로 암호화한다. 능동형 참여자는 $g_i, h_i, i \in \{1, ..., N\}$를 모든 수동형 참여자에게 보낸다.

- **2단계:** 각각의 수동형 참여자들은 특성을 버킷에 매핑한 다음 해당 버킷을 기반으로 암호화된 그레이디언트 통계량을 집계한다. 그 결과를 능동형 참여자에게 전송한다.

- **3단계**: 능동형 참여자가 집계된 결과를 복호화하고 알고리듬 5.2에 따라 글로벌 최적 분할을 결정한 다음, $k_{opt}$와 $v_{opt}$를 해당하는 수동형 참여자에게 리턴한다.

- **4단계**: 수동형 참여자는 능동형 참여자로부터 받은 $k_{opt}$와 $v_{opt}$에 따라 속성 값을 결정하고 해당 레코드를 능동형 참여자에게 반환한다.

- **5단계**: 능동형 참여자는 전송받은 인스턴스 공간($I_L$)에 따라 현재 노드를 분할하고 현재 노드를 [참여자 id, 레코드 id]와 연관 지어 놓는다.

- **6단계**: 중지 기준에 도달할 때까지 2~5단계를 반복한다.

## 시큐어부스트의 추론 과정

연합 모델 추론에서는 여러 참여자에게 비공개로 특성이 분산돼 있더라도 새로운 샘플을 분류할 수 있다. 모든 리프 노드가 능동형 참여자에 저장되므로, 추론 과정은 능동형 참여자가 다른 수동형 참여자들의 정보를 활용해 조율하게 된다. 수동형 참여자들은 참여자별로 [특성, 임곗값]으로 이뤄진 룩업 테이블을 갖고 있다. 추론 과정은 다음과 같이 단순한 단계를 재귀적으로 반복하는 과정이다.

- **1단계**: 능동형 참여자는 관련된 특성의 임곗값 튜플(즉, 레코드 id)이 있는 현재 노드의 소유자(즉, 참여자 id)를 참조한다.

- **2단계**: 1단계에서 찾은 참여자는 해당 속성의 값을 룩업 테이블의 임곗값과 비교하고, 조회할 자식 노드를 결정한 다음 결정한 정보를 능동형 참여자에게 리턴한다.

- **3단계**: 능동형 참여자는 전송받은 결정 내용에 따라 자식 노드로 간다.

- **4단계**: 리프 노드에 도달할 때까지 1~3단계를 반복한다.

각 단계에서 능동형 참여자는 트리 노드와 그에 해당하는 참여자 id 및 레코드 id 검색에만 상호작용을 한다. 실제 속성값은 해당 속성을 소유한 참여자들에게만 노출된다. 따라서 연합 추론은 프라이버시를 지키는 동시에 무손실로 이뤄진다.

## 5.4 도전 과제와 향후 전망

VFL을 이용해 참여자들은 프라이버시를 보전하는 방식으로 각기 다른 특성을 가진 데이터에 기반해 공유 모델을 구축할 수 있다. 모든 참여자가 공통 모델을 공유하는 HFL과 달리, VFL에서는 모델이 여러 컴포넌트로 분할되며, 각 컴포넌트는 개별 참여자가 서로 관련은 있지만 동일하지는 않은 데이터 특성들을 갖고 유지 관리하게 된다. 따라서 VFL에서는 참가자들이 서로 더 밀접한 상호 의존 관계를 갖는다. 더 구체적으로 말하면, 각 모델 컴포넌트의 훈련이 기반이 되는 VFL 알고리듬에 명시된 특정 계산 순서를 따라야 한다. 즉, 참여자들의 계산에 종속 관계가 있으며 참여자들끼리 중간 결과를 교환하기 위해 서로 자주 상호작용을 해야 한다.

그렇기 때문에 VFL은 통신 장애에 취약하며, 이에 따라 신뢰성 있고 효율적인 통신 메커니즘이 필요하다. 두 참여자가 각기 다른 지역에 위치하고 있다면 장거리 연결을 설정해야 하므로 참여자가 상대방에게 중간 결과를 전송하는 데 비용이 많이 든다. 이와 같이 데이터 전송이 느린 경우, 이로 인해 참여자가 필요한 모든 중간 결과를 받을 때까지 훈련을 시작할 수 없기 때문에 컴퓨팅 자원을 비효율적으로 활용하게 된다. 이 문제를 해결하려면 각 참여자의 훈련과 통신을 신중하게 스케줄링해 데이터 전송 지연을 상쇄하는 스트리밍 통신 메커니즘의 설계가 필요하다. VFL 과정에서 훈련 중에 발생할 수 있는 장애를 고려한 장애 허용 메커니즘도 설계해야 한다.

현재의 연합학습 환경에서는 대부분의 연구가 HFL에서 정보 유출을 줄이거나 악의적인 공격을 방지하는 방향에서 이뤄져 있다. VFL은 일반적으로 참여자들 간에 더 밀접하고 직접적인 상호작용이 필요하므로, 각 참여자의 보안 요구사항을 충족시킬 수 있는 유연한 보안 프로토콜이 필요하다. 이전 연구들 [Baldimtsi et al., 2018, Bost et al., 2015]을 통해 각기 다른 유형의 계산에 대해 최적인 보안 도구가 서로 다르다는 사실이 입증된 바 있다. 예를 들어 가블드 회로는 비교 연산에 효율적인 반면, 비밀 공유와 동형 암호는 산술 함수 계산에 효율적이다. 로컬에서 최적의 성능으로 각각의 부분 계산을 수행할 수 있도록 보안 기술 간 전환을 활용하는 혼합형 전략을 탐구할 여지도 있겠다. 그 밖에, VFL의 전처리에서 중요한 요소인 효율적인 보안 개체 배치 정렬도 탐구할 가치가 있다.

# 연합 전이학습

4장과 5장에서 수평 연합학습[HFL]과 수직 연합학습[VFL]을 설명했다. HFL에서는 모든 참여자가 동일한 특성 공간을 공유해야 하며, VFL에서는 참여자들이 동일한 샘플 공간을 공유해야 한다. 그러나 실제로 마주하는 상황에서는 참여자들 간에 공유된 특성이나 샘플이 이러한 요건을 만족하지 못하는 경우가 많다. 이러한 경우에도 연합학습 모델을 구축할 때 참여자들 간에 지식을 전달하는 전이학습을 결합해 더 나은 성능을 달성할 수 있다. 연합학습과 전이학습을 조합한 학습 방식을 연합 전이학습[FTL, Federated Transfer Learning]이라고 한다. 6장에서는 FTL의 형식적인 정의를 제시하고 FTL과 기존 전이학습의 차이점을 설명한다. 그런 다음 양 리우[Yang Liu]와 동료들의 연구[Liu et al., 2019]에서 제안한 보안 FTL 프레임워크를 소개하고, 도전 과제와 아직 해결되지 않은 이슈들을 정리하면서 이 장을 마무리한다.

## 6.1 이종 연합학습

HFL과 VFL 모두 효과적인 공유 ML 모델을 구축하려면 모든 참여자가 동일한 특성 공간 또는 동일한 샘플 공간을 공유해야 한다. 그러나 실제 시나리오에서는 참여자들이 유지 관리하는 데이터셋이 다음과 같이 어떤 식으로든 매우 다를 수 있다.

- 데이터셋 간에 소수의 샘플과 특성만 공유한다.
- 데이터셋 간의 분포가 상당히 다르다.
- 데이터셋의 크기가 매우 다양하다.
- 일부 참여자가 보유한 데이터에는 레이블이 없거나 제한적이다.

이러한 문제를 해결하기 위해, 연합학습을 전이학습$^{transfer\ learning}$ 기법[Pan and Yang, 2010]과 결합함으로써 데이터가 작거나(겹치는 샘플 및 특성이 적음) 지도학습이 어려운(레이블이 적음) 다양한 비즈니스와 응용에 활용해 데이터 프라이버시와 보안 법규를 준수하면서 효과적이고 정확한 ML 모델을 구축할 수 있다[Yang et al., 2019, Liu et al., 2019]. 연합학습과 전이학습의 조합을 연합 전이학습$^{FTL}$이라 하며, FTL을 이용하면 기존의 HFL 및 VFL의 범위를 넘어서는 문제들을 다룰 수 있다.

## 6.2 연합 전이학습

전이학습은 도메인 간 지식 이전을 위한 해결책을 제시하는 학습 기법이다. 신뢰성 있는 ML 모델을 구축하지 못할 만큼 레이블이 지정된 데이터가 적거나 지도학습이 어려운 애플리케이션이 많다[Pan and Yang, 2010]. 이러한 상황에서도 유사한 작업 또는 도메인의 모델을 활용하고 조정해 고성능의 ML 모델을 구축할 수 있다. 최근에는 이미지 분류[Zhu et al., 2011]에서 자연어 이해 및 감정 분석에 이르기까지 다양한 분야에 전이학습을 적용하는 연구가 늘어나고 있다[Li et al., 2017, Pan et al., 2010].

전이학습의 핵심은 자원이 풍부한 소스 도메인과 자원이 부족한 대상 도메인 사이의 불변 성질$^{invariant}$을 찾아, 이 불변 성질을 활용해 지식을 소스 도메인에서 대상 도메인으로 전이시키는 것이다. 전이학습 수행 방식에 따라 전이학습을 크게 (i) 인스턴스 기반 전이학습, (ii) 특성 기반 전이학습, (iii) 모델 기반 전이학습의 세 가지 범주로 나눌 수 있다[Pan and Yang, 2010]. FTL은 기존의 전이학습을 프라이버시 보전 분산 머신러닝 패러다임으로 확장한다. 여기서는 이러한 세 가지 범주의 전이학습 기술이 HFL과 VFL에 각각 어떻게 적용될 수 있는지 설명하겠다.

- **인스턴스 기반 FTL**: HFL의 경우에는 일반적으로 참여자의 데이터가 각기 다른 분포를 띠므로 이러한 데이터로 학습된 ML 모델의 성능이 저하될 우려가 있다. 참여자들은 목적 손실 함수를 최적으로 최소화할 수 있도록 훈련 데이터 샘플을 선택적으로 선택하거나 가중치를 재조정해 분포 차이를 완화할 수 있다. VFL의 경우에는 참여자들의 비즈니스 목표가 매우 다를 수 있다. 따라서 배치 정렬된 샘플과 그에 해당하는 일부 특성들이 연합 전이학습에 부정적인 영향을 끼칠 수 있는데, 이를 부정적 전이$^{negative\ transfer}$라고 한다[Pan and Yang, 2010]. 이러한 시나리오에서는 참여자들이 부정적인 전이를 피하기 위해 특성과 샘플을 선택적으로 뽑을 수 있다.

- **특성 기반 FTL**: 참여자들이 공통의 특성 표현 공간을 협력적으로 학습하는 방식으로, 원시 데이터에서 변환된 특성 표현 간의 분포 및 의미 차이를 완화하고 지식을 각기 다른 도메인으로 전이시킬 수 있다. HFL의 경우에는 참여자들의 샘플 간 최대 평균 불일치$^{MMD,\ Maximum\ Mean\ Discrepancy}$[Pan et al.,

2009]를 최소화해 공통 특성 표현 공간을 학습할 수 있다. VFL의 경우에는 각기 다른 참여자에게 속한 배치 정렬된 샘플의 표현 간 거리를 최소화해 공통 특성 표현 공간을 학습할 수 있다.

- **모델 기반 FTL**: 참여자들이 전이학습에 도움이 될 수 있는 공유 모델을 협력적으로 학습한다. 혹은 참여자들이 연합학습 작업을 위한 초기 모델로 사전 훈련된 모델을 전체 또는 일부 활용하는 방식도 이에 해당한다. HFL은 일종의 모델 기반 FTL이라 할 수 있다. 공유 글로벌 모델이 훈련 과정 동안 모든 참여자의 데이터를 기반으로 학습되고, 공유 글로벌 모델이 사전 훈련된 모델로 제공되면서 매번 통신할 때 각 참여자가 모델을 미세 조정하기 때문이다[McMahan et al., 2016a]. VFL의 경우에는 배치 정렬된 샘플을 학습한 예측 모델을 활용해 누락된 특성 및 레이블(그림 1.4의 빈 공간 참고)을 추론할 수 있다. 그런 다음 증강된 훈련 샘플을 통해 좀 더 정확한 공유 모델을 학습할 수 있다.

형식적으로 나타내면, FTL은 다음과 같은 상황에 대한 해결책을 제시하기 위한 방법이다.

$$\mathcal{X}_i \neq \mathcal{X}_j, \ \mathcal{Y}_i \neq \mathcal{Y}_j, \ \mathcal{I}_i \neq \mathcal{I}_j, \ \forall \mathcal{D}_i, \mathcal{D}_j, i \neq j \qquad (6.1)$$

여기서 $\mathcal{X}_i$와 $\mathcal{Y}_i$는 각각 $i$번째 참여자의 특성 공간과 레이블 공간을 나타낸다. $\mathcal{I}_i$는 샘플 공간을 의미하고, 행렬 $\mathcal{D}_i$는 $i$번째 참여자가 보유한 데이터셋을 의미한다[Yang et al., 2019]. 목표는 새로 들어오는 샘플이나 레이블이 지정되지 않은 기존 샘플에 대해 최대한 정확하게 레이블을 예측하는 것이다.

6.3절에서 양 리우와 동료들이 제안한 특징 기반 보안 FTL 프레임워크[Liu et al., 2019]를 소개할 예정인데, 이 프레임워크는 소스 도메인에서 전이된 지식을 활용해 대상 도메인의 레이블을 예측한다.

기술적 관점에서 보면 FTL은 크게 다음의 두 가지 측면에서 기존의 전이학습과 차이가 있다.

- FTL에서는 여러 참여자 간에 분산돼 있는 데이터를 기반으로 모델을 구축하며, 각 참여자에 속한 데이터를 한데 모으거나 다른 참여자에게 노출할 수 없다. 기존의 전이학습에는 이러한 제약이 없다.
- FTL에서는 사용자 프라이버시를 보전하고 데이터(그리고 모델)를 보호해야 한다. 기존의 전이학습에서는 이를 중요하게 여기지 않는다.

FTL은 전통적인 전이학습을 프라이버시 보전 분산 머신러닝 패러다임으로 가져온 것이다. 이에 따라, FTL 시스템이 보장해야 하는 보안을 정의할 필요가 있다.

정의 6.1 **FTL 시스템의 보안 정의.** FTL 시스템은 일반적으로 두 당사자, 즉 소스 도메인 당사자와 대상 도메인 당사자가 관여한다. 다자간 FTL 시스템은 두 당사자 간 FTL 서브시스템 여러 개를 조합한 것으로 간주할 수 있다. 두 당사자 모두 정직하지만 호기심이 많다고 가정한다. 즉, 연합에 참여하는 모든 당사자는 연합 프로토콜과 규칙을 따르지만 전송받은 데이터에서 정보를 추론하려고 한다고 가정한다. 위협 모델$^{threat\ model}$로는 두 당사자 간 FTL 시스템의 두 당사자 중 최대 하나를 손상시킬 수 있는 준정직한 적대자가 있는 모델을 고려한다. $(O_A, O_B) = P(I_A, I_B)$를 수행하는 프로토콜 $P$에 대해, $(O_A, O_B') = P(I_A, I_B')$을 만족하는 $(I_B', O_B')$ 쌍이 무한히 존재하면 $P$는 당사자 A에 대해 안전하다. 여기서 $O_A$와 $O_B$는 각각 참여자 A와 B의 출력을 나타내며, $I_A$와 $I_B$는 각각 참여자 A와 B의 입력을 나타낸다. 이 보안 정의는 [Du et al., 2004]에서 가져온 것인데, 완전한 영지식 보안과 비교해 정보 노출을 제어하는 실용적인 해결책을 제공한다. ■

## 6.3 연합 전이학습 프레임워크

이 절에서는 양 리우와 동료들이 제안한 특성 기반 보안 FTL 프레임워크[Liu et al., 2019]를 소개한다. 그림 6.1은 참여자 A와 B에 속한 배치 정렬된 샘플들의 특성 표현으로부터 학습한 예측 모델을 활용해, 레이블이 지정되지 않은 참여자 B의 샘플의 레이블을 예측하는 FTL 프레임워크를 나타낸 것이다.

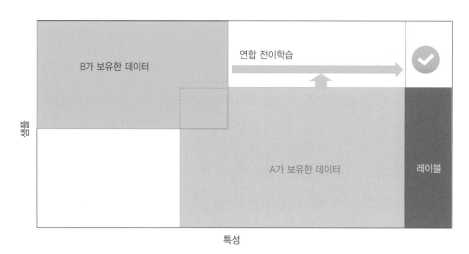

그림 6.1 연합 전이학습[Yang et al., 2019]. 참여자 A와 B에 속한 배치 정렬된 샘플의 특성 표현으로부터 학습한 예측 모델을 레이블이 지정되지 않은 참여자 B의 샘플 레이블을 예측하는 데 사용한다.

데이터셋 $\mathcal{D}_A := \{(x_i^A, y_i^A)\}_{i=1}^{N_A}$ 을 갖고 있는 소스 도메인 참여자 A가 있다고 하자. 여기서 $x_i^A \in R^a$이며, $y_i^A \in \{+1, -1\}$은 $i$번째 레이블을 나타낸다. 그리고 데이터셋 $\mathcal{D}_B := \{x_j^B\}_{j=1}^{N_B}$를 갖고 있는 대상 도메인 참여자 B가 있다고 하자. 이때 $x_j^B \in R^a$이다. $\mathcal{D}_A$와 $\mathcal{D}_B$는 비공개 참여자로 유지해야 하며 서로 노출되면 안 된다. 또한 동시에 갖고 있는 제한된 샘플 집합 $\mathcal{D}_{AB} := \{(x_i^A, x_i^B)\}_{i=1}^{N_{AB}}$와 참여자 A가 B의 데이터에 대해 갖고 있는 작은 레이블 집합 $\mathcal{D}_C := \{(x_i^B, y_i^A)\}_{i=1}^{N_c}$가 있다고 가정하자. 여기서 $N_c$는 사용 가능한 대상 레이블의 개수다.

일반성을 잃지 않고, 모든 레이블이 참여자 A에 있다고 가정하겠다. 물론 여기서 설명하는 모든 내용은 레이블이 참여자 B에 있는 경우에도 적용할 수 있다. 데이터 ID를 RSA와 같은 암호화 기법으로 마스킹하면 프라이버시 보전 상황에서 공통으로 공유하는 샘플 ID 집합을 찾을 수 있다. 여기서는 A와 B가 둘 다 공통으로 공유하는 샘플 ID를 이미 찾아냈거나 알고 있다고 가정하겠다. 이러한 상황에서 목표는 두 참여자가 데이터를 서로에게 노출하지 않은 채 대상 도메인 당사자 B에 대한 레이블을 가능한 한 정확하게 예측하는 전이학습 모델을 공동으로 구축하는 것이다.

최근 몇 년 동안, 전이학습에서는 암묵적인 전이 메커니즘을 찾는 데 DNN을 널리 활용해왔다[Oquab et al., 2014]. 여기서는 두 신경망 $u_i^A = Net^A(x_i^A)$, $u_i^B = Net^B(x_i^B)$를 통해 A와 B의 은닉 표현을 생성하는 일반적인 시나리오를 살펴보겠다. 여기서 $u^A \in \mathbb{R}^{N_A \times d}$, $u^B \in \mathbb{R}^{N_B \times d}$이며, $d$는 은닉 표현 계층의 차원이다. 그림 6.2에 두 신경망의 아키텍처가 나와 있다.

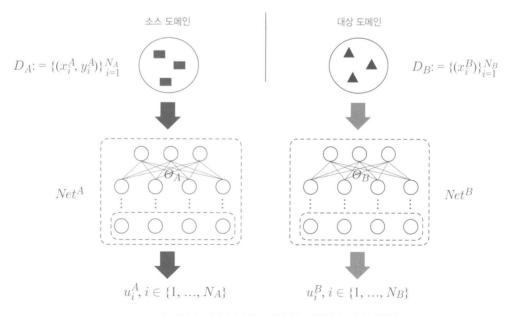

그림 6.2 소스 도메인과 대상 도메인의 신경망 아키텍처

대상 도메인의 데이터에 레이블을 지정하는 일반적인 접근 방식은 예측 함수 $\varphi(u_j^B) = \varphi(u_1^A, y_1^A \cdots u_{N_A}^A, y_{N_A}^A, u_j^B)$를 도입하는 것이다. 예를 들면, 샹보 슈[Xiangbo Shu]와 동료들의 연구[Shu et al., 2015]에서는 변환 함수[translator function] $\varphi(u_j^B) = \frac{1}{N_A} \sum_i^{N_A} y_i^A u_i^A (u_j^B)'$을 사용했다. 그러면 레이블이 지정된 이용 가능한 데이터셋을 사용하는 모델 훈련의 최적화 문제를 다음과 같이 쓸 수 있다.

$$\min_{\Theta^A, \Theta^B} \mathcal{L}_1 = \sum_i^{N_c} \ell_1 \left(y_i^A, \varphi\left(u_i^B\right)\right) \tag{6.2}$$

여기서 $\Theta^A$, $\Theta^B$는 각각 $Net^A$와 $Net^B$의 훈련 파라미터다. $L_A$와 $L_B$는 각각 $Net^A$와 $Net^B$의 계층 수라 하자. 그러면 $\Theta^A = \{\theta_l^A\}_{l=1}^{N_A}$, $\Theta^B = \{\theta_l^B\}_{l=1}^{N_B}$가 되며, 이때 $\theta_l^A$와 $\theta_l^B$는 $l$번째 계층에 대한 훈련 파라미터다. $\ell_1$은 손실 함수를 나타낸다. 로지스틱 손실의 경우, $\ell_1(y, \varphi) = \log(1 + e^{-y\varphi})$이다.

이 외에도, A와 B 사이의 배치 정렬 손실도 최소화해야 한다. 식으로 나타내면 다음과 같다.

$$\min_{\Theta^A, \Theta^B} \mathcal{L}_2 = - \sum_i^{N_{AB}} \ell_2 \left(u_i^A, u_i^B\right) \tag{6.3}$$

여기서 $\ell_2$는 배치 정렬 손실을 의미하며 $-u_i^A(u_i^B)'$ 또는 $\|u_i^A - u_i^B\|_F^2$로 표현할 수 있다. 설명을 간소화하기 위해 배치 정렬 손실을 $\ell_2(u_i^A, u_i^B) = \ell_2^A(u_i^A) + \ell_2^B(u_i^B) + \kappa u_i^A(u_i^B)'$의 형태로 표현한다고 가정하겠다. 여기에 쓰인 $\kappa$는 상수다.

모델 훈련의 최종 목적 함수는 다음과 같다.

$$\mathcal{L} = \mathcal{L}_1 + \gamma \mathcal{L}_2 + \frac{\lambda}{2} \left(\mathcal{L}_3^A + \mathcal{L}_3^B\right) \tag{6.4}$$

여기서 $\gamma$와 $\lambda$는 가중치 파라미터이며, $\mathcal{L}_3^A = \sum_l^{L_A} \|\theta_l^A\|_F^2$, $\mathcal{L}_3^B = \sum_l^{L_B} \|\theta_l^B\|_F^2$는 정칙화를 위한 항이다.

다음 단계는 역전파를 통해 $\Theta^A$와 $\Theta^B$를 업데이트하기 위한 그레이디언트를 구하는 것이다. $i \in \{A, B\}$에 대해, 다음과 같은 식을 얻을 수 있다.

$$\frac{\partial \mathcal{L}}{\partial \theta_l^i} = \frac{\partial \mathcal{L}_1}{\partial \theta_l^i} + \gamma \frac{\partial \mathcal{L}_2}{\partial \theta_l^i} + \lambda \theta_l^i \tag{6.5}$$

A와 B가 각자의 원시 데이터를 노출하지 않아야 한다는 조건하에서 식 (6.4)의 손실과 식 (6.5)의 그레이디언트를 계산하는 프라이버시 보전 방법의 개발이 필요하다. 이 책에서는 식 (6.4)와 식 (6.5)를 계산하는 두 가지 보안 전이학습 방법을 고수준에서 설명할 것이다. 하나는 동형 암호를 기반으로 하는 방법[Acar et al., 2018]이며, 다른 하나는 비밀 공유를 기반으로 한다. 두 방식 모두 이차 테일러 근사를 이용해 식 (6.4)와 식 (6.5)를 계산한다.

## 6.3.1 덧셈 동형 암호

덧셈 동형 암호[Acar et al., 2018]와 다항식 근사는 프라이버시 보전 ML에 널리 사용돼왔다. 이러한 근사 방식을 이용한 효율성과 프라이버시 간의 트레이드오프는 [Aono et al., 2016], [Kim et al., 2018], [Phong et al., 2018] 등의 연구에 자세히 설명돼 있다. 식 (6.4)와 식 (6.5), 그리고 덧셈 동형 암호([[·]]로 표기, 2.4.2절 참고)를 적용하면, 프라이버시 보전 손실 함수와 두 도메인에 대응되는 그레이디언트를 다음과 같이 구할 수 있다.

$$[[\mathcal{L}]] = [[\mathcal{L}_1]] + [[\gamma \mathcal{L}_2]] + \left[\left[\frac{\lambda}{2}\left(\mathcal{L}_3^A + \mathcal{L}_3^B\right)\right]\right] \tag{6.6}$$

$$\left[\left[\frac{\partial \mathcal{L}}{\partial \theta_l^B}\right]\right] = \left[\left[\frac{\partial \mathcal{L}_1}{\partial \theta_l^B}\right]\right] + \left[\left[\gamma \frac{\partial \mathcal{L}_2}{\partial \theta_l^B}\right]\right] + [[\lambda \theta_l^B]] \tag{6.7}$$

$$\left[\left[\frac{\partial \mathcal{L}}{\partial \theta_l^A}\right]\right] = \left[\left[\frac{\partial \mathcal{L}_1}{\partial \theta_l^A}\right]\right] + \left[\left[\gamma \frac{\partial \mathcal{L}_2}{\partial \theta_l^A}\right]\right] + [[\lambda \theta_l^A]] \tag{6.8}$$

$[[\cdot]]_A$와 $[[\cdot]]_B$를 각각 A와 B의 공개 키를 사용하는 동형 암호 연산자라 하자. $[[(\frac{\partial \mathcal{L}}{\partial \theta_i^B})^A]]_A$는 $[[\frac{\partial \mathcal{L}}{\partial \theta_i^B}]]$을 계산하기 위해 참여자 A에 의해 계산 및 암호화되는 중간 구성요소들의 집합이고, $[[(\frac{\partial \mathcal{L}}{\partial \theta_i^A})^B]]_B$, $[[\mathcal{L}^B]]_B$는 $[[\frac{\partial \mathcal{L}}{\partial \theta_i^A}]]$와 $[[\mathcal{L}]]$을 계산하기 위해 참여자 B에 의해 계산 및 암호화되는 중간 구성요소들의 집합이라 하자.

이 책에서는 손실과 그레이디언트 계산에 관한 수학적인 상세 내용은 제외하고, 참여자들 간의 협력에만 집중하기로 한다. 보안 FTL 프레임워크에 대해 더 자세한 내용을 살펴보려면 [Liu et al., 2019]를 참고하기 바란다.

### 6.3.2 연합 전이학습의 훈련 과정

이제 식 (6.6), (6.7), (6.8)을 이용해 FTL 모델을 훈련시키는 연합 알고리듬을 설계할 수 있다. 훈련 과정은 다음 단계로 이뤄진다.

- **1단계**: 참여자 A와 B가 각자 독립적인 신경망 $Net^A$와 $Net^B$를 로컬에서 초기화하고 실행해 은닉 표현 $u_i^A$와 $u_i^B$를 얻는다.

- **2단계**: 참여자 A는 $[[(\frac{\partial \mathcal{L}}{\partial \theta_i^B})^A]]_A$로 표기하는 중간 구성요소들의 리스트를 계산하고 암호화한 다음, 이것을 그레이디언트 $\frac{\partial \mathcal{L}}{\partial \theta_i^B}$의 계산에 활용하도록 B에게 보낸다. 참여자 B는 $[[(\frac{\partial \mathcal{L}}{\partial \theta_i^A})^B]]_B$, $[[\mathcal{L}^B]]_B$로 표기하는 중간 구성요소들의 리스트를 계산하고 암호화한 다음, 이것을 그레이디언트 $\frac{\partial \mathcal{L}}{\partial \theta_i^A}$과 손실 $\mathcal{L}$의 계산에 활용하도록 A에게 보낸다.

- **3단계**: 전송받은 $[[(\frac{\partial \mathcal{L}}{\partial \theta_i^A})^B]]_B$와 $[[\mathcal{L}^B]]_B$를 기반으로, 참여자 A는 식 (6.6)과 식 (6.8)을 통해 $[[\frac{\partial \mathcal{L}}{\partial \theta_i^A}]]_B$와 $[[\mathcal{L}]]_B$를 계산한다. 그 후, 참여자 A는 임의의 마스크 $m^A$를 생성한 다음 이것을 $[[\frac{\partial \mathcal{L}}{\partial \theta_i^A}]]_B$에 더해 $[[\frac{\partial \mathcal{L}}{\partial \theta_i^A} + m^A]]_B$를 구한다. 참여자 A는 $[[\frac{\partial \mathcal{L}}{\partial \theta_i^A} + m^A]]_B$와 $[[\mathcal{L}]]_B$를 B에게 보낸다. 전송받은 $[[(\frac{\partial \mathcal{L}}{\partial \theta_i^B})^A]]_A$를 기반으로, 참여자 B는 식 (6.7)을 통해 $[[\frac{\partial \mathcal{L}}{\partial \theta_i^B}]]_A$를 계산한다. 그 후, 참여자 B는 임의의 마스크 $m^B$를 생성한 다음 이것을 $[[\frac{\partial \mathcal{L}}{\partial \theta_i^B}]]_A$

에 더해 $[[\frac{\partial \mathcal{L}}{\partial \theta_i^B} + m^B]]_A$를 구한다. 참여자 B는 $[[\frac{\partial \mathcal{L}}{\partial \theta_i^B} + m^B]]_A$를 A에게 보낸다.

- **4단계:** 참여자 A가 $\frac{\partial \mathcal{L}}{\partial \theta_i^B} + m^B$를 복호화해서 B에게 보낸다. 참여자 B는 $\frac{\partial \mathcal{L}}{\partial \theta_i^A} + m^A$와 $\mathcal{L}$을 복호화한 다음 A에게 보낸다.

- **5단계:** 참여자 A와 B는 임의의 마스크를 제거한 다음 각각 그레이디언트 $\frac{\partial \mathcal{L}}{\partial \theta_i^A}$과 $\frac{\partial \mathcal{L}}{\partial \theta_i^B}$을 구한다. 그런 다음 두 참여자는 복호화된 그레이디언트로 각자의 모델을 업데이트한다.

- **6단계:** 손실 $\mathcal{L}$이 수렴하면 참여자 A가 B에게 종료 신호를 보낸다. 그렇지 않으면 1단계로 가서 훈련 과정을 계속한다.

최근 들어 그레이디언트를 통한 간접적인 프라이버시 유출과 관련된 잠재적 위험을 논의하는 많은 연구가 나왔다[Bonawitz et al., 2016, Hitaj et al., 2017, McSherry, 2017, Phong et al., 2018, Shokri and Shmatikov, 2015]. 두 참여자가 서로의 그레이디언트를 알지 못하도록 A와 B는 암호화된 무작위 값을 이용해 자신의 그레이디언트를 추가로 마스킹한다. 그런 다음 A와 B는 암호화와 마스킹이 된 그레이디언트와 손실을 교환하고 복호화된 값을 얻는다. 여기서 암호화 단계는 악의적인 제3자가 전송을 도청하는 것을 방지하며, 마스킹 단계는 A와 B가 서로의 정확한 그레이디언트값을 알지 못하도록 한다.

### 6.3.3 연합 전이학습의 예측 과정

FTL 모델이 학습되고 나면, 이를 활용해 레이블이 지정되지 않은 참여자 B의 데이터에 대해 예측을 제공할 수 있다. 레이블이 지정되지 않은 각 데이터 포인트에 대한 예측 과정은 다음의 단계로 이뤄진다.

- **1단계:** 참여자 B가 훈련된 신경망 파라미터 $\Theta^B$를 사용해 $u_j^B$를 계산한 다

음, 암호화한 $[[u_j^B]]$를 참여자 A에게 보낸다.

- **2단계**: 참여자 A는 $u_j^B$를 평가하고 그 결과를 무작위 값으로 마스킹한 다음, 암호화한 마스킹된 $[[\varphi(u_j^B) + m^A]]_B$를 B에게 보낸다.

- **3단계**: 참여자 B는 $[[\varphi(u_j^B) + m^A]]_B$를 복호화해서 $\varphi(u_j^B) + m^A$를 다시 A에게 보낸다.

- **4단계**: 참여자 A는 $\varphi(u_j^B)$와 레이블 $y_j^B$를 구한 다음, 레이블 $y_j^B$를 B에게 보낸다.

보안 FTL 과정에서 성능 손실의 유일한 원인은 최종 손실 함수의 이차 테일러 근사이며, 신경망의 각 비선형 계층에서보다 더 성능 손실이 발생한다 [Hesamifard et al., 2017]. 신경망 내부의 계산은 영향을 받지 않는다. 양 리우와 동료들의 연구[Liu et al., 2019]에서 입증한 대로, 여기에서 설명한 방식을 사용하면 정확도 저하와 손실 및 그레이디언트 계산의 오차가 최소화된다. 따라서 이 방식은 확장성이 높으며 신경망 구조의 변화에 유연하다.

### 6.3.4 보안 분석

양 리우와 동료들의 연구[Liu et al., 2019]에서 입증했듯이, FTL의 훈련 과정과 예측 과정은 기반으로 하는 덧셈 동형 암호 체계가 안전하다면 정의 6.1의 보안 정의하에서 안전하다.

훈련 중에 원시 데이터 $\mathcal{D}_A$와 $\mathcal{D}_B$, 그리고 로컬 모델 $Net^A$와 $Net^B$는 절대로 노출되지 않으며 암호화된 은닉 표현만 교환이 이뤄진다. 각 반복 수행 시, 유일하게 암호화되지 않은 채로 참여자 A와 B가 전송받는 값은 모델 파라미터들의 그레이디언트인데, 이 값들은 모든 변수에서 집계된 다음 무작위 수로 마스킹된다. 훈련 과정이 끝날 때 각 참여자(A 또는 B)는 상대방의 데이터 구조를 인지하지 못하며 각자 자신이 보유한 특성들과 연관 있는 모델 파라미터들만 얻게 된다.

추론 시에는 두 참여자가 예측 결과를 계산하기 위해 협력해야 한다.

유의할 점은 이 프로토콜이 악의적인 참여자를 해결하지는 않는다는 점이다. 참여자 A가 자신의 입력을 속여 0이 아닌 입력을 단 하나만 제출하면, 이 입력의 위치에 해당하는 $u_i^B$ 값을 알 수 있다. 물론 $x_i^B$나 $\Theta^B$를 알 수는 없으며, 어느 참여자도 올바른 결과를 얻지 못한다.

## 6.3.5 비밀 공유 기반 FTL

동형 암호 기법은 당사자 간에 공유되는 정보 또는 지식에 대해 높은 수준의 보안을 제공하므로, 각 당사자에 속한 데이터와 모델의 모델의 프라이버시를 보호할 수 있다. 그러나 동형 암호 기법은 일반적으로 계산 자원을 많이 사용하고 대규모 병렬 처리를 필요로 하기 때문에 실시간 처리량이 요구되는 응용에서는 현실적으로 사용하기가 어렵다.

동형 암호를 대체할 보안 프로토콜로 비밀 공유가 있다. 비밀 공유 방식의 가장 큰 장점은 (i) 정확도 손실이 없으며, (ii) 동형 암호 방식보다 훨씬 더 계산 효율적이다. 비밀 공유 방식의 단점은 온라인 계산 이전에 많은 트리플릿$^{triplet}$을 오프라인으로 생성하고 저장해야 한다는 점이다.

비밀 공유 기반 FTL 알고리듬을 설명하기 쉽도록 식 (6.6), (6.7), (6.8)을 다시 쓰면 다음과 같다.

$$\mathcal{L} = \mathcal{L}_A + \mathcal{L}_B + \mathcal{L}_{AB} \tag{6.9}$$

$$\frac{\partial \mathcal{L}}{\partial \theta_\ell^B} = \left( \frac{\partial \mathcal{L}}{\partial \theta_\ell^B} \right)_B + \left( \frac{\partial \mathcal{L}}{\partial \theta_\ell^B} \right)_{AB} \tag{6.10}$$

$$\frac{\partial \mathcal{L}}{\partial \theta_l^A} = \left( \frac{\partial \mathcal{L}}{\partial \theta_l^A} \right)_A + \left( \frac{\partial \mathcal{L}}{\partial \theta_l^A} \right)_{AB} \tag{6.11}$$

여기서 $\mathcal{L}_A$와 $(\frac{\partial \mathcal{L}}{\partial \theta_l^A})_A$는 참여자 A가 단독으로 계산하고, $\mathcal{L}_B$와 $(\frac{\partial \mathcal{L}}{\partial \theta_\ell^B})_B$는 참여자

B가 단독으로 계산한다. $\mathcal{L}_{AB}$와 $(\frac{\partial \mathcal{L}}{\partial \theta_\ell^B})_{AB}$, $(\frac{\partial \mathcal{L}}{\partial \theta_i^A})_{AB}$는 A와 B가 비밀 공유 기법을 통해 공동으로 계산한다.

식 (6.9), (6.10), (6.11)을 계산하는 전체 과정은 비버 트리플을 이용해 비밀 공유를 통해 안전하게 수행할 수 있다. 비밀 공유 기반 FTL 훈련 과정을 요약하면 다음의 단계로 이뤄진다.

- **1단계:** 참여자 A와 B가 독립적인 신경망 $Net^A$와 $Net^B$를 로컬에서 초기화하고 실행해서 은닉 표현 $u_i^A$와 $u_i^B$를 구한다.

- **2단계:** 참여자 A와 B가 비밀 공유를 통해 공동으로 $\mathcal{L}_{AB}$를 계산한다. 참여자 A는 $\mathcal{L}_A$를 계산해 B에게 보낸다. 참여자 B는 $\mathcal{L}_B$를 계산해 A에게 보낸다.

- **3단계:** 참여자 A와 B는 식 (6.9)를 통해 손실 $\mathcal{L}$을 각자 재생성한다.

- **4단계:** 참여자 A와 B가 비밀 공유를 통해 공동으로 $(\frac{\partial \mathcal{L}}{\partial \theta_\ell^A})_{AB}$와 $(\frac{\partial \mathcal{L}}{\partial \theta_\ell^B})_{AB}$를 계산한다.

- **5단계:** 참여자 A는 $\frac{\partial \mathcal{L}}{\partial \theta_\ell^A} = (\frac{\partial \mathcal{L}}{\partial \theta_\ell^A})_A + (\frac{\partial \mathcal{L}}{\partial \theta_\ell^A})_{AB}$를 통해 그레이디언트를 계산해 자신의 로컬 모델 $\theta_\ell^A$를 업데이트한다. 한편으로 이와 동시에 참여자 B도 $\frac{\partial \mathcal{L}}{\partial \theta_\ell^B} = (\frac{\partial \mathcal{L}}{\partial \theta_\ell^B})_B + (\frac{\partial \mathcal{L}}{\partial \theta_\ell^B})_{AB}$을 통해 그레이디언트를 계산해 자신의 로컬 모델 $\theta_\ell^B$를 업데이트한다.

- **6단계:** 손실 $\mathcal{L}$이 수렴되면 참여자 A가 B에게 종료 신호를 보낸다. 그렇지 않으면 1단계로 가서 훈련 과정을 계속한다.

훈련이 완료되면 예측 과정으로 넘어간다. 높은 수준에서 보면, 예측 과정은 매우 간단하다. 예측 과정은 다음 두 단계로 이뤄진다.

- **1단계:** 참여자 A와 B가 훈련된 신경망 $Net^A$와 $Net^B$를 로컬에서 실행해 은닉 표현 $u_i^A$와 $u_i^B$를 구한다.

- **2단계:** $u_i^A$와 $u_i^B$를 기반으로 참여자 A와 B가 비밀 공유를 통해 공동으로 $\varphi(u_j^B)$를 재생성한 다음 레이블 $y_j^B$를 계산한다.

훈련 과정과 예측 과정 모두 어떤 참여자든 상대방의 비공개 값과 관련해서 전송받는 유일한 정보는 비밀 공유 기법을 기반으로 하는 비공개 값 중 일부분뿐이다. 따라서 어떤 참여자든지 학습해서는 안 되는 비공개 값에 대한 정보는 학습하지 못한다.

## 6.4 도전 과제와 향후 전망

기존의 전이학습은 일반적으로 순차적 또는 중앙 집중 방식으로 수행된다. 순차 전이학습[Ruder, 2019]은 먼저 소스 작업에서 전이할 지식을 학습한 다음 대상 도메인에 적용하여 대상 모델의 성능을 향상하는 것을 의미한다. 순차 전이학습은 컴퓨터 비전 분야에서 널리 쓰이고 효과적이며, 일반적으로 이미지넷 ImageNet과 같은 대형 이미지 데이터셋에 대해 사전 훈련된 모델의 형태로 실행된다[Bagdasaryan et al., 2009]. 자연어 처리에서도 일반적으로 언어 단위(단어, 문장, 문서 등)를 분산 표현 형태로 인코딩하는 데 사용된다. 중앙 집중식 전이학습은 전이학습에 관련된 모델과 데이터가 한 위치에 있음을 의미한다. 따라서 기존의 전이학습은 데이터가 여러 참여자 간에 흩어져 있고 데이터의 프라이버시가 중요한 실제 응용에는 적용할 수 없다. FTL은 이러한 문제들을 해결하는 현실적으로 타당하며 유망한 해결책이다.

전이학습을 연합학습 프레임워크에 통합하는 연구가 빠르게 성장하고 있다. 그러나 실제 응용에서 FTL은 여전히 많은 문제에 직면해 있다. 그중 세 가지만 정리하면 다음과 같다.

- 참여자들 간의 불변 성질을 잘 포착할 수 있는 방식으로 전이 가능한 지

식을 학습하는 기법을 개발해야 한다. 전이 지식이 일반적으로 하나의 보편적인 사전 훈련 모델로 표현되는 순차 전이학습이나 중앙 집중식 전이학습과 달리 FTL에서는 전이 지식이 로컬 모델 간에 분산된다. 각 참여자는 로컬 모델의 설계와 훈련에 대해 완전한 제어권을 갖는다. FTL 모델의 자율성과 일반화 성능generalization performance 간에 균형을 맞춰야 한다.

- 모든 참여자가 분산 환경에서 전이 지식의 표현을 배우면서 공유된 표현에 대해서는 프라이버시를 보전하는 방법을 결정해야 한다. 연합학습 프레임워크에서 전이 지식은 분산 방식으로 학습되며, 일반적으로 어떤 참여자에게도 노출되지 않는다. 따라서 각 참여자가 연합학습에서 공유 표현에 기여하는 것이 무엇인지 정확히 파악하고 공유 표현의 프라이버시를 보전하는 방법을 생각해야 한다.

- FTL에 사용할 수 있는 효율적인 보안 프로토콜을 설계해야 한다. FTL에는 일반적으로 통신 빈도 및 전송 데이터 크기 측면에서 참여자 간의 긴밀한 상호작용이 필요하다. 보안과 처리 오버헤드 사이의 균형을 맞추려면 보안 프로토콜을 설계하거나 선택할 때 신중하게 고려해야 한다.

이 밖에도 연구원과 엔지니어가 해결해야 할 도전 과제가 많이 있다. FTL이 가져다주는 실제적인 가치가 높기 때문에 점점 더 많은 기관과 기업이 FTL을 연구하고 구현하는 데 자원과 노력을 투자할 것으로 예상된다.

# 7

# 연합학습을 위한 인센티브 메커니즘 설계

연합학습에서 데이터 소유자가 데이터 연합에 계속 참여하도록 동기를 부여하는 것은 중요한 과제다. 이 목표를 달성하기 위한 핵심은 연합이 창출한 이익을 공정하고 정당한 방식으로 참여자들과 공유하는 인센티브 체계를 고안하는 것이다. 그러려면 먼저 연합 모델에 대한 데이터 소유자의 기여도를 평가하는 메커니즘을 수립해야 한다. 이 문제를 해결한 연구는 아직 나오지 않았지만, 경매 기반의 접근 방식을 이용해 센서들이 더 많은 자원을 투입해 데이터 품질을 개선하도록 동기를 부여하는 분야의 연구는 이미 잘 이뤄져 있는데, 이러한 연구가 이 문제를 해결할 수 있는 실마리가 될 수 있겠다.

7장에서는 데이터 소유자의 기여도를 평가하는 문제를 개관하고, 연합학습에서 데이터 소유자의 기여도를 평가하는 문제의 해결책으로 유망해 보이는 역경매 기반 접근 방식 몇 가지를 주의 깊게 살펴본다. 그런 다음, 이러한 평가 결과를 기반으로 공정성 인지형 이익 공유 프레임워크인 연합학습 인센티브 제공자

이익 배분 기법을 소개한다[Yu et al., 2020]. 이 기법은 연합에서 연합 모델을 사용해 수익을 먼저 창출해야 하기 때문에 데이터 소유자들이 보상을 지연 지급받아야 하는 상황에서 데이터 소유자들로부터 양질의 기여 유도를 더욱 이끌어낼 수 있는 청사진을 제시한다.

## 7.1 기여자 보상

데이터 소유자들이 연합학습 과정에 지속적으로 참여하는 것이(예를 들면, 암호화된 모델 파라미터 공유를 통해) 연합의 장기적인 성공의 열쇠다. 연합에 대한 데이터 소유자들의 기여를 통해 ML 모델을 구축하고 그에 따라 수익을 창출할 수 있다. 연합의 수익 중 일부는 데이터 소유자들과 인센티브 명목으로 나눠 가질 수 있다(그림 7.1). 이와 관련해 어떻게 콘텍스트에 따라 각 데이터 소유자에게 보상 지급을 정량화해서 장기적으로 지속 가능한 운영을 달성할 것인가 하는 연구 문제가 있다.

### 7.1.1 이익 배분 게임

유사한 문제로 비용 배분 게임이라는 문제가 연구된 바 있다. 일반적으로 널리 사용되는 이익 배분 기법에는 세 가지 범주가 있다.

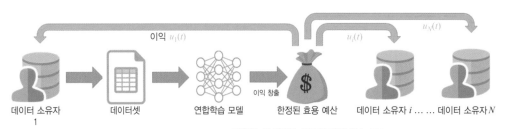

그림 7.1 데이터 연합으로부터 참여자에게 효용 지급

1. 평등주의egalitarian: 데이터 연합에서 창출된 모든 효용을 이익 창출을 도왔던 데이터 소유자들 간에 똑같이 나눈다.

2. 한계 이익marginal gain: 데이터 연합에서 데이터 소유자의 보상은 데이터 소유자가 팀에 합류했을 때 얻은 효용이다.

3. 한계 손실marginal loss: 데이터 연합에서 데이터 소유자의 보상은 데이터 소유자가 팀을 떠날 때 팀이 잃게 될 효용이다.

일반적으로 나타내면, 어떤 이익 배분 라운드 $t$의 전체 예산 $B(t)$에서 참여자 $i$의 보상은 $\hat{u}_i(t)$로 표기하며, 다음과 같이 계산한다.

$$\hat{u}_i(t) = \frac{u_i(t)}{\sum_{i=1}^{N} u_i(t)} B(t) \tag{7.1}$$

여기서 $u_i(t)$는 $B(t)$에서 특정 기법을 따라 계산된 참여자들 중 $i$의 몫이다.

균등 분할은 평등주의적 이익 배분의 한 예다[Yang et al., 2017]. 이 기법에서는 특정 라운드 $t$에서 사용 가능한 예산 $B(t)$를 모든 $N$개 참여자 간에 균등하게 나눈다. 따라서 참여자 $i$의 보상은 다음과 같다.

$$u_i(t) = \frac{1}{N} \tag{7.2}$$

개별 이익 배분 기법Individual profit-sharing[Yang et al., 2017]에서는 각 참여자 $i$의 집단에 대한 기여도를 사용해 이익 중 참여자 $i$의 몫 $u_i(t)$를 다음과 같이 결정한다.

$$u_i(t) = v(\{i\}) \tag{7.3}$$

여기서 $v(X)$는 집단 $X$의 효용을 평가하는 함수다.

노동 조합 게임 이익 배분 기법Labor Union game profit-sharing[Gollapudi et al., 2017]에서는 $B(t)$에서 $i$의 몫을 그 이전 참여자predecessor에 의해 형성된 집단 $F$의 효용에 대한 참여자의 한계 기여도에 따라 다음과 같이 결정한다(즉, 각 참여자의 한계 기여도는 집단에 합류한 그 동일한 순서를 기반으로 계산된다).

$$u_i(t) = v(F \cup \{i\}) - v(F) \tag{7.4}$$

샤플리 게임 이익 배분 기법$^{\text{Shapley game profit-sharing}}$[Augustine et al., 2015] 또한 한계 기여도 기반 기법이다. 노동 조합 게임 이익 배분 기법과 달리 샤플리 게임 이익 배분 기법은 집단에 대한 한계 기여도를 좀 더 공정하게 추정하기 위해 참여자가 다른 순서로 집단에 참여하는 효과를 제거하는 것이 목표다. 따라서 참여자 $i$가 다른 참여자들과 집단에 합류하는 순서의 모든 경우의 수 내에서 각 $i$에 대한 한계 기여도의 평균을 구한다.

$$u_i(t) = \sum_{P \subseteq P_j \setminus \{i\}} \frac{|P|!(|P_j| - |P| - 1)!}{|P_j|} [v(P \cup \{i\}) - v(P)] \tag{7.5}$$

여기서 집단은 $m$개의 참여자 $(P_1, P_2, ..., P_m)$으로 나뉜다.

공정 가치 게임 이익 배분 기법$^{\text{Fair-value game profit-sharing}}$[Gollapudi et al., 2017]은 한계 손실 기반 기법이다. 이 기법에서 수익 중 $i$의 몫은 다음과 같이 결정된다.

$$u_i(t) = v(F) - v(F \setminus \{i\}) \tag{7.6}$$

참여자들이 집단을 떠나는 순서가 참여자의 보상에 상당한 영향을 미친다.

## 7.1.2 역경매

이익 배분 게임 기반 방식 외에 역경매를 이용해 기여받는 데이터의 품질을 높이는 인센티브 체계도 개발됐다. 센서 데이터 분야에서 품질 수준에 맞는 데이터를 제공하는 센서들 중 가장 비용이 낮은 센서 조합을 찾는 역경매 방식의 연구가 있었다[Singla and Krause, 2013]. 이러한 접근 방식은 중앙 개체가 필요한 데이터(예를 들면, 지리적 분포 등)를 알고 있다는 가정을 기반에 두고 있다. 그러나 이러한 접근 방식에서는 일반적으로 데이터 품질이 비용과 독립적이라고 가정한다(역경매에는 동일한 항목이 필요하기 때문에). 또한 보상을 수집하기 위해 정보가 없는 데이터를 제출해 차익 거래를 장려할 여지도 있는데, 이는 원하는 결과가 아니다.

지정한 품질의 데이터를 얻는 또 다른 방법은 보상을 제시하는 방법이다. 이 방식은 보상을 가져가거나 놔두는 방식이다. 연합에서 특정 품질 수준을 만족하는 데이터를 기여하는 데이터 소유자에게 고정된 보상을 제시하는 것이다. 데이터 소유자는 비용이 보상보다 낮으면 연합 모델 훈련에 참여하기로 결정할 수 있다. 비용이 보상보다 너무 높으면 참여하지 않아도 된다. 품질 요구사항을 충족시키기 위해 데이터 소유자의 노력이 필요한 경우, 그에 대한 보상을 설계하는 기법에는 다음과 같이 세 가지 범주가 있다[Faltings and Radanovic, 2017].

1. 산출물 합의 기반 보상[Dasgupta and Ghosh, 2013, Shnayder et al., 2016]

2. 정보 이론적 분석 기반 보상[Kong and Schoenebeck, 2013]

3. 모델 개선 기반 보상[Radanovic et al., 2016]

그레이디언트 기반 연합학습 방식에서는 그레이디언트 정보가 일종의 데이터로 간주된다. 산출물 합의 기반 보상에는 멀티 태스크 환경을 고려한 상호 정보가 필요한데, 이러한 그레이디언트 기반 연합학습의 경우에는 일반적으로 이러한 환경이 존재하지 않기 때문에 산출물 합의 기반 보상을 적용하기는 어렵다. 앞의 세 가지 범주 중에서 연합학습에 대한 보상을 설계하는 가장 적절한 방법은 모델 개선 기반 보상 기법이다. 최근 모델 개선에 초점을 맞춘 두 가지 새로운 연합학습 인센티브 기법 연구가 등장했다.

애덤 리처드슨[Adam Richardson]과 동료들은 모델 업데이트를 통한 한계 개선도[marginal improvement]에 따라 보상을 지급하는 기법을 제안했다[Richardson et al., 2019]. 개선도를 합산하면 기여도가 과대평가될 수 있어서, 제안된 방식에는 과

대평가 문제를 바로잡는 모델도 들어 있다. 이 기법은 보상 지급이 모델 품질 개선에 비례하도록 보장하기 때문에 모델 품질의 목표 수준을 달성하기 위한 예산을 예측할 수 있다. 또한 모델 업데이트를 일찍 제출하는 데이터 소유자가 더 높은 보상을 받도록 보장한다. 이를 통해 데이터 소유자들이 연합 모델 훈련 과정의 초기 단계에도 참여하도록 동기를 부여한다.

루오시 지아[Ruoxi Jia]와 동료들의 연구[Jia et al., 2019]는 방금 설명한 리처드슨의 연구[Richardson et al., 2019]와 비슷하지만, 샤플리값을 계산해 데이터 소유자 간에 보상을 나눈다. 이러한 계산은 일반적으로 값이 비싼데, 이 연구에서는 그 대신 [Radanovic et al., 2016] 등의 연구에서도 채택한 규모 조정 계수[scaling factor]를 이용해 근사함으로써 훨씬 더 효율적으로 계산한다. 이 밖에 동일한 데이터셋은 추가 비용 없이 여러 연합에 기여할 수 있다는 이슈가 있는데, 이러한 이슈가 다뤄지지는 않았다.

이 두 기법은 무임 승차자들을 단념시키기 위해 정보가 없는 데이터는 보상을 받지 못하도록 보장한다.

## 7.2 공정성 인지형 이익 배분 프레임워크

앞서 설명한 기법들을 확장해서, 데이터 소유자들에게 선불로 보상을 지급하는 식이 아니라 연합 모델을 이용해 수익을 창출한 다음에 보상을 지급하도록 할 수 있다. 이 절에서는 공정성 인지형 이익 배분 프레임워크[fairness-aware profit-sharing framework]인 FLI를 소개한다. FLI는 인센티브 메커니즘 설계자들이 지급을 뒤로 늦추는 상황을 감안하며 데이터 소유자들의 장기적인 참여를 유지하기 위해 그러한 경우에 공정성을 고려하는 아키텍처를 제공한다.

### 7.2.1 기여 모델링

FLI의 아키텍처가 그림 7.2에 나와 있다. 이 절에서는 데이터 연합이 일반적으로 연합학습에서 채택하는 동기$^{synchronous}$ 모드로 모델 훈련을 수행하며, 데이터 소유자들이 라운드마다 모델 파라미터를 공유한다고 가정한다[Bonawitz and Eichner et al., 2019]. 라운드 $t$에 데이터 소유자 $i$가 한 데이터셋에 대해 훈련시킨 자신의 로컬 모델을 연합에 기여할 수 있다. 데이터 연합은 $i$가 연합에 기여한 기여도를 7.1절에서 설명한 이익 배분 기법 중 하나를 FLI 기준으로 삼아 평가할 수 있다.

그렇게 하기 위해 연합은 샌드박스 시뮬레이션을 수행해 데이터 소유자의 기여가 모델 성능에 미치는 영향을 추정할 수 있다. 평가 결과는 변수 $q_i(t) \geq 0$으로 기록되며, 이 변수는 연합 모델이 $i$의 최근 기여로부터 얻을 수 있는 예상 한

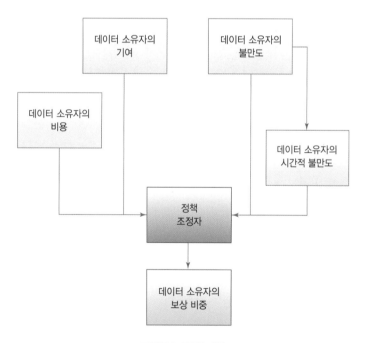

그림 7.2 FLI의 개요

계 수익을 나타낸다. 제안된 인센티브 기법은 그러한 기여도 점수를 산출하는 방식과 완전히 분리돼 있다. 그러므로 여기서는 $q_i(t)$를 산출하는 정확한 메커니즘에는 초점을 맞추지 않고, 이 값이 산출돼 있어서 FLI의 입력으로 사용할 수 있다고 가정하겠다.

## 7.2.2 비용 모델링

$c_i(t)$를 데이터 소유자 $i$가 데이터 $d_i(t)$를 연합에 기여하는 데 드는 비용이라고 하자. $c_i(t)$를 계산하는 방법은 여러 가지가 있다. 시장 조사를 기반으로 계산 모델을 구축할 수도 있지만, 경매 기반 자체 보고가 여전히 더 실용적인 해결책이다. $c_i(t)$가 비공개인 경우에는 낙찰 경매procurement auction[Mishra and Veeramani, 2007] 방식을 사용해 그 비용을 추정할 수 있다. 더 구체적으로 말하면, 연합이 각 데이터 소유자에게 데이터 기여에 대한 보상을 요청하라고 한 다음, 연합에 참여시킬 데이터 소유자를 선택할 수 있다.

이러한 경우 지연 보상 지급 방식과 낙찰 경매는 분리가 가능하며, 여기서 $c_i(t)$는 경매에 의해 결정되는 데이터 소유자 $i$에 대한 보상으로 해석할 수 있다. 이러한 방식으로 경매 단계와 제안된 인센티브 기법이 해결해야 하는 문제를 명확하게 분리할 수 있다. 여기서는 연합학습을 위한 인센티브 설계 프레임워크 개발에 중점을 두고 있으므로 $c_i(t)$를 계산하는 문제에 대해서는 다른 연구들을 참고하기 바라며, 지금은 이 값을 사용할 수 있다고 가정하겠다.

## 7.2.3 불만도 모델링

데이터 연합은 각 데이터 소유자 $i$에 대해 시간이 흐르면서 연합에 데이터를 기여해 얻은 보상을 추적한다. 데이터 소유자가 이제까지 지급받은 보상과 받을 예정인 보상의 차이를 나타내는 값을 유지하는데, 이를 불만도regret라는 용어로 부르고 $Y_i(t)$로 표기한다. $Y_i(t)$의 역학 관계는 다음과 같이 큐잉 시스템으로 간주할 수 있다.

$$Y_i(t+1) \triangleq \max[Y_i(t) + c_i(t) - u_i(t), 0] \tag{7.7}$$

여기서 $u_i(t)$는 연합이 $i$에 지급해야 하는 보상이다. $Y_i(t)$의 값이 크면 $i$가 적절히 보상받지 못했음을 나타낸다.

## 7.2.4 시간적 불만도 모델링

어떤 경우에는 연합의 예산 제한으로 인해 $c_i(t)$가 $u_i(t)$의 단일 지급으로 완전히 충당하기에 너무 클 수도 있다. 이러한 경우에는 연합에서 여러 차례에 걸쳐 데이터 소유자에게 지불할 분납금을 계산해야 한다. 현재 보상 지급 예산 중에 데이터 소유자들의 몫 $B(t)$는 불만도, 그리고 전체 보상 지급을 받기까지 기다린 기간에 따라 결정된다.

이러한 용도로 식 (7.7)을 시간적 큐<sup>temporal queue</sup>를 써서 동적 큐잉을 이용해 보완하면 다음과 같이 정의할 수 있다.

$$Q_i(t+1) \triangleq \max[Q_i(t) + \lambda_i(t) - u_i(t), 0] \tag{7.8}$$

여기서 $\lambda_i(t)$는 다음과 같은 지시 함수<sup>indicator function</sup>다.

$$\lambda_i(t) = \begin{cases} \hat{c}_i, & Y_i(t) > 0\text{인 경우} \\ 0, & \text{그 외} \end{cases} \tag{7.9}$$

이 공식은 $Y_i(t)$가 비어 있지 않은 한, 시간적 큐인 $Q_i(t)$가 증가함을 의미한다. 그 증분은 과거 경험을 통해 데이터 소유자 $i$가 연합에 데이터를 기여하는 데 드는 평균 비용 $\hat{c}_i$을 기반으로 한다. 연합이 $i$에게 보상을 지급하면 두 큐는 동일한 양만큼 줄어든다. 이익 배분 방식을 통해 데이터 소유자가 데이터 기여에 대해 보상을 지급받을 뿐만 아니라 전체 보상 지급을 기다리는 것에 대해서도 보상을

함으로써, '그럴 만한 가치가 있도록' 만들어 데이터 소유자들을 연합에 끌어들일 수 있다.

### 7.2.5 정책 조정자

데이터 소유자가 연합에 계속 참여하도록 만들려면, 연합은 데이터 소유자가 각자의 기여도에 따라 공정하게 대우받도록 해야 한다. 여기서는 장기적으로 연합의 지속 가능한 운영에 중요한 공정성 기준 세 가지를 다음과 같이 정의하겠다.

1. **기여 공정성**<sup>contribution fairness</sup>: 데이터 소유자 $i$의 보상은 연합에 대한 기여 $q_i(t)$와 양의 상관 관계가 있어야 한다.

2. **불만도 분포 공정성**<sup>regret distribution fairness</sup>: 데이터 소유자들 간에 불만도와 시간적 불만도의 차이를 가능한 한 작게 해야 한다.

3. **기대 공정성**<sup>expectation fairness</sup>: 데이터 소유자의 불만도와 시간적 불만도의 변동이 가능한 한 작아야 한다.

세 가지 공정성 기준을 모두 충족하려면 연합은 '지급-잔여보상 추이'<sup>value-minus-regret drift</sup> 목적 함수를 최대화해야 한다. 집단 효용은 데이터 소유자의 기여로부터 유도할 수 있으며 다음의 두 인자와 관련이 있다. (1) 데이터 소유자 $i$의 연합에 대한 기여($q_i(t)$), (2) 기여에 대해 $i$가 연합에서 받는 보상($u_i(t)$). 연합에 많은 기여를 한 데이터 소유자는 높은 보수를 받는 것이 공정하다. 따라서 다음의 식을 얻는다.

$$U = \frac{1}{T} \sum_{t=0}^{T-1} \sum_{i=1}^{N} \{q_i(t)u_i(t)\} \tag{7.10}$$

$U$를 최대화하면 **공정성 기준** (1)이 충족된다.

모든 $i$에 대해 $Y_i(0) = 0$이므로, 시간이 지남에 따라 $Y_i(t)$의 차이를 지속적으로 최소화하려면, 불만도가 무한히 커져서 데이터 소유자를 떠나게 만들어서는 안 된다. 벨몬트 보고서[Belmont Report, 1978]의 권고사항에 따르면, 연합은 데이터 소유자 간의 불만도의 크기와 분포를 함께 고려해야 시간이 지남에 따라 데이터 소유자들을 공정하게 대우할 수 있다[Yu et al., 2018]. $l_2$ 노름$^{norm}$을 이용하면 데이터 소유자들 간의 불만도 크기와 분포를 동시에 담아낼 수 있다. $l_2$ 노름값이 크면 불만도가 영이 아닌 데이터 소유자들이 많고/많거나 매우 불만도가 큰 일부 데이터 소유자가 있음을 뜻한다[Yu et al., 2015, 2016, 2019]. 둘 다 최소화해야 한다.

$l_2$ 노름 기법을 기반으로 FLI의 리아프노프$^{Lyapunov}$ 함수[Neely, 2010] 식을 다음과 같이 표현할 수 있다.

$$L(t) = \frac{1}{2} \sum_{i=1}^{N} \left[ Y_i^2(t) + Q_i^2(t) \right] \tag{7.11}$$

유도를 간단히 하기 위해 표준 $l_2$ 노름을 계산할 때 $\sqrt{\cdot}$ 연산자를 생략하고 전체 항에 $\frac{1}{2}$을 곱하기로 한다. 이렇게 바꾸더라도 우리 식에 대해 $l_2$ 노름의 바람직한 성질은 바뀌지 않는다.

시간이 지남에 따른 데이터 소유자의 불만도 추이는 다음과 같다.

$$
\begin{aligned}
\triangle &= \frac{1}{T} \sum_{t=0}^{T-1} [L(t+1) - L(t)] \\
&= \frac{1}{T} \sum_{t=0}^{T-1} \sum_{i=1}^{N} \left[ \frac{1}{2} Y_i^2(t+1) - \frac{1}{2} Y_i^2(t) + \frac{1}{2} Q_i^2(t+1) - \frac{1}{2} Q_i^2(t) \right] \tag{7.12} \\
&\leq \frac{1}{T} \sum_{t=0}^{T-1} \sum_{i=1}^{N} \left[ Y_i(t)c_i(t) - Y_i(t)u_i(t) + \frac{1}{2} c_i^2(t) - c_i(t)u_i(t) + \frac{1}{2} u_i^2(t) + Q_i(t)\lambda_i(t) \right. \\
&\qquad\qquad\qquad \left. - Q_i(t)u_i(t) + \frac{1}{2} \lambda_i^2(t) - \lambda_i(t)u_i(t) + \frac{1}{2} u_i^2(t) \right]
\end{aligned}
$$

여기서 $u_i(t)$는 통제 변수이므로, 식 (7.13)으로부터 이를 포함하는 항만 추출하면 다음과 같다.

$$\triangle \leq \frac{1}{T} \sum_{t=0}^{T-1} \sum_{i=1}^{N} \{u_i^2(t) - u_i(t)[Y_i(t) + c_i(t) + Q_i(t) + \lambda_i(t)]\} \qquad (7.13)$$

불만도 추이 변수 $\triangle$는 데이터 소유자들 간의 불만도의 분포($Y_i(t)$와 $Q_i(t)$)를 함께 담아낼 뿐만 아니라, 시간이 지남에 따른 불만도의 변동도 담아낸다. $\triangle$를 최소화하면 **공정성 기준 (2)와 (3)**이 충족된다.

집단 효용과 불만도의 분포를 함께 고려함으로써, 주어진 연합의 전체 목적 함수를 다음과 같이 '데이터 소유자의 불만도와 대기 시간의 불평등을 최소화하면서 집단 효용을 최대화하는 것'으로 정의할 수 있다.

$$\omega U - \triangle \qquad (7.14)$$

이것을 최대화해야 한다. 여기서 $\omega$는 연합에서 두 목적 간의 트레이드오프를 조절하기 위한 정칙화 항이다. 따라서 연합의 목적 함수는 다음과 같다.

최대화<sup>maximize</sup>:

$$\frac{1}{T} \sum_{t=0}^{T-1} \sum_{i=1}^{N} \{u_i(t)[\omega q_i(t) + Y_i(t) + c_i(t) + Q_i(t) + \lambda_i(t)] - u_i^2(t)\} \quad (7.15)$$

조건<sup>subject to</sup>:

$$\sum_{i=1}^{N} \hat{u}_i(t) \leq B(t), \forall t \qquad (7.16)$$

$$\hat{u}_i(t) \geq 0, \forall i, t \qquad (7.17)$$

여기서 $\hat{u}_i(t) \leq u_i(t)$는 데이터 소유자 $i$가 라운드 $t$에서 연합으로부터 실제로 지급받는 분납 보상을 나타내는데, 다음 절에서 유도해볼 것이다.

## 7.2.6 보상 비중 계산

식 (7.15)를 최적화하기 위해, 일차 미분해서 0으로 두고 $u_i(t)$에 대해 풀면 다음과 같다.

$$\frac{d}{du_i(t)}[\omega U - \triangle] = 0 \tag{7.18}$$

이 식을 풀면 다음을 얻는다.

$$u_i(t) = \frac{1}{2}[\omega q_i(t) + Y_i(t) + c_i(t) + Q_i(t) + \lambda_i(t)] \tag{7.19}$$

식 (7.15)를 이차 미분하면 다음과 같은데,

$$\frac{d^2}{du_i^2(t)}[\omega U - \triangle] = -1 < 0 \tag{7.20}$$

이는 그 해가 목적 함수를 최대화함을 나타낸다.

라운드 $t$에 품질이 $q_i(t)$인 데이터를 $d_i(t)$만큼 기여할 때, 데이터 소유자 $i$는 $u_i(t) = \frac{1}{2}[\omega q_i(t) + Y_i(t) + c_i(t) + Q_i(t) + \lambda_i(t)]$의 총 보상을 받게 된다. 라운드 $t$에 연합의 예산 $B(t)$가 모든 데이터 소유자에게 보상을 완전히 지급할 만큼 충분하지 않은 경우, 일정 기간에 걸쳐 이를 분할 지급해야 할 수도 있다. 데이터 소유자들 간에 $B(t)$를 나누기 위해, 계산된 $u_i(t)$ 값이 예산 $B(t)$를 나누는 가중치로 사용된다. 라운드 $t$에 $i$에게 실제로 지급되는 분할 보상 $\hat{u}_i(t)$는 다음과 같다.

$$\hat{u}_i(t) = \frac{u_i(t)}{\sum_{i=1}^{N} u_i(t)} B(t) \tag{7.21}$$

FLI 보상 배분 기법이 알고리듬 7.1에 요약돼 있다. 이 알고리듬은 연합에 참여하는 것을 크기와 시간적인 측면 모두에서 고려하고 있다. 많은 양의 고품질 데이터를 제공하고 오랫동안 완전히 보상받지 못한 데이터 소유자는 연합에서

입력: $\omega$와 $B(t)$는 시스템 관리자에 의해 설정된다.

$Y_i(t)$는 라운드 $t$에 모든 데이터 소유자에게서 받는다(연합에 방금 합류한 경우에는 $Y_i(t) = 0$).

$Q_i(t)$는 라운드 $t$에 모든 데이터 소유자에게서 받는다(연합에 방금 합류한 경우에는 $Q_i(t) = 0$).

1:   $S(t) \leftarrow 0$으로 초기화한다. // 모든 $u_i(t)$ 값의 합을 유지하기 위한 변수

2:   **for** $i = 1$ to $N$ **do**

3:     **if** $d_i(t) > 0$ **then**

4:       $c_i(t)$를 계산한다.

5:       $q_i(t)$를 계산한다.

6:     **else**

7:       $c_i(t) = 0$

8:     **end if**

9:     $u_i(t) \leftarrow \frac{1}{2}[\omega q_i(t) + Y_i(t) + c_i(t) + Q_i(t) + \lambda_i(t)];$

10:    $S(t) \leftarrow S(t) + u_i(t)$

11:  **end for**

12:  **for** $i = 1$ to $N$ **do**

13:    $\hat{u}_i(t) \leftarrow \frac{u_i(t)}{S(t)} B(t)$

14:    $Y_i(t + 1) \leftarrow \max[0, Y_i(t) + c_i(t) - \hat{u}_i(t)];$

15:    $Q_i(t + 1) \leftarrow \max[0, Q_i(t) + \lambda_i(t) - \hat{u}_i(t)];$

16:  **end for**

17:  **return** $\{\hat{u}_1(t), \hat{u}_2(t), ..., \hat{u}_N(t)\}$

창출되는 후속 수익에서 더 높은 몫을 향유할 수 있다.

알고리듬 7.1의 계산 복잡도는 $O(N)$이다. $i$에 의해 새로 발생하는 비용 없이 $Y_i(t)$와 $Q_i(t)$가 모두 0에 도달하면, $u_i(t) = \omega q_i(t)$이다. 그때부터 $i$는 기준이 되는 방법 중 한 가지(예를 들면, 샤플리 게임 이익 배분 기법)로 평가된 자신의 연합에 대한 기여도를 기반으로 미래의 보상을 공유할 것이다. 제안된 기법에서는 연합에 대한 기여도를 고려하는 동시에 불만도가 영이 아닌 데이터 소유자를 보상하는 것을 우선시한다.

## 7.3 토의

7장에서는 지금까지 연합학습을 위한 인센티브 메커니즘을 개발하는 데 사용할 수 있는 이익 배분 게임 및 역경매에 대한 기존 문헌을 살펴보고, 최근에 이러한 관련 연구의 일부 요소를 활용해 연합에 품질 높은 기여를 일찍 제공하도록 장려하는 발전사항에 더 초점을 맞춰 알아봤다. 그에 이어, 모델을 먼저 구축해야만 수익을 창출하고 인센티브를 지급할 수 있는 연합학습 비즈니스 모델의 특성을 감안해, 데이터 소유자가 보상을 지연 지급받는 경우에 공정성을 고려해 우선순위를 결정하는 아키텍처 프레임워크를 추가로 제안했다. 이 프레임워크는 인간 관리자가 다양한 고려 요인의 가중치에 쉽게 영향을 주는 수단을 제공한다.

제안된 메커니즘을 운영하기까지는 아직 많은 작업이 남아 있다. 가장 어려운 작업 중 하나는 연합에 가입하는 데 발생하는 데이터 소유자의 비용을 추정하는 것이다. 시장 조사를 기반으로 계산 모델을 구축할 수는 있지만, 아직 경매 기반 자체 보고 방식이 더 유망한 해결책이다. 낙찰 경매는 $c_i(t)$가 비공개인 경우에 비용을 추정하는 데 사용할 수 있다. 더 구체적으로 말하면, 연합이 각 데이터 소유자에게 데이터 기여에 대한 보상을 요청하라고 한 다음, 연합에 참여시킬 데이터 소유자를 선택할 수 있다. 이러한 경우 지연 보상 지급 방식과 낙찰 경매는 분리가 가능하며, 여기서 $c_i(t)$는 경매에 의해 결정되는 데이터 소유자 $i$에 대한 보상으로 해석할 수 있다. 이러한 방식으로 경매 단계와 제안된 인센티브 기법이 해결해야 하는 문제를 명확하게 분리할 수 있다.

또 다른 도전 과제는 데이터 소유자 $i$의 연합에 대한 기여의 영향을 추정하는 방법이다. 연합은 샌드박스 시뮬레이션을 수행해 데이터 소유자의 기여가 모델 성능에 미치는 영향을 추정할 수 있다. 잘 설계된 샌드박스는 데이터 소유자의 기여로 인한 수익의 변화를 시뮬레이션할 수 있어야 한다. 이러한 방식으로 제안된 메커니즘은 기여 점수를 산출하는 방식과는 완전히 분리된다.

# 8

# 컴퓨터 비전, 자연어 처리,
# 추천 시스템을 위한 연합학습

8장에서는 프라이버시 보전 AI 애플리케이션을 가능하게 만드는 컴퓨터 비전, 자연어 처리, 추천 시스템에서 연합학습을 적용하는 기존 연구들을 설명한다.

## 8.1 컴퓨터 비전을 위한 연합학습

컴퓨터 비전$^{CV,\ Computer\ Vision}$은 이미지에서 지식을 학습하도록 기계를 가르치는 과학이다. 컴퓨터와 관련 장비를 이용해 생물학적 시각을 모사해서 수집된 이미지와 영상으로부터 해당 장면의 3D 정보를 학습하는 것이다. 즉, '눈'(카메라)과 '두뇌'(알고리듬)로 컴퓨터를 구성해 컴퓨터가 세상을 인식할 수 있게 한다. 본질적으로 CV의 핵심은 입력 이미지에 대한 정보를 조직하고, 개체와 장면을 감지한 다음, 이러한 이미지의 내용을 해석하는 방법에 관한 연구다. 특정 작업을 해결하는 관점에서 보면, CV 연구를 객체 탐지$^{object\ detection}$, 의미론적 분할$^{semantic}$

segmentation, 모션 추적motion tracking, 3D 재구성, 시각적 질의 응답, 동작 인식 등 여러 범주로 분류할 수 있다.

CV는 1980년대에 공개된 이래, 수작업이 함께 필요한 얕은 모델(예를 들면, 그 레이디언트 히스토그램HOG, Histogram Of Gradient, 크기 불변 특성 변환SIFT, Scale-Invariant Feature Transform 등)에 서 종단 간end-to-end 심층 신경망DNN 모델에 이르기까지 급속도로 발전해왔다. 기 존의 CV 솔루션은 대부분 이미지 전처리, 특성 추출, 모델 훈련, 결과 출력의 과 정을 따른다. 딥러닝DL, Deep Learning에서는 컴퓨터 비전 문제를 원시 데이터의 입력 만 있으면 다른 복잡한 엔지니어링 작업을 기계에 맡기는 종단 간 방식으로 해 결할 수 있다.

## 8.1.1 연합 컴퓨터 비전

최근 컴퓨터 비전 분야가 전례 없는 발전을 이루면서 AI의 혁명을 주도하고 있 는데, 이러한 놀라운 성과는 방대한 양의 이미지 데이터를 활용할 수 있게 된 덕 분이다. 일반적으로 시장에서 가장 성공적인 컴퓨터 비전 응용을 개발한 조직은 충분한 데이터를 수집할 수 있는 자원 또는 사용자 기반이 있는 조직이다.

이러한 자원 중심의 DL 개발 모드는 AI의 연구 개발을 촉진했다. 반면에, 일 반적으로 데이터 자원이 제한적인 대다수의 중소기업에서는 AI 기술의 활용을 저해하는 요인이 된다. 데이터를 확보할 수 있는 한 가지 방법은 데이터 공유를 이용하는 것이다. 그러나 데이터 프라이버시나 규제 위험, 인센티브 부족 등의 이유로 기업들은 데이터를 서로 직접 공유하지 않으려 한다.

예를 들어, 보안 분야에서는 흔히 객체 탐지 기술을 적용해서 버려졌거나 의 심스러운 객체를 탐지한다(그림 8.1). 그렇지만 이러한 객체에 대한 이미지 데이 터는 불균형하며, 일반적으로 비즈니스 목표가 다른 여러 회사가 이러한 데이터 를 수집하고 레이블을 지정한다. 데이터 프라이버시 및 규제 문제로 인해, 회사

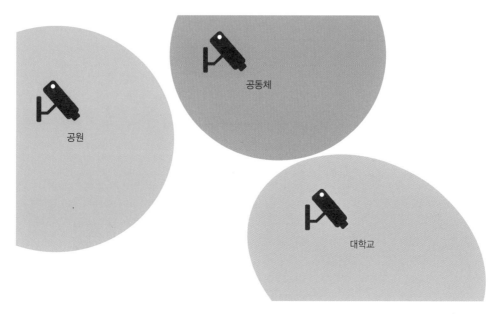

그림 8.1 연합 객체 탐지의 예

들은 자사의 데이터를 공유하지 않는다. 하지만 다른 한편으로는 비즈니스 이윤을 개선할 수 있는 강력한 객체 탐지 모델을 구축하려는 강한 동기를 갖고 있다.

연합학습은 이러한 문제를 동시에 해결할 수 있다. 연합학습을 통해 데이터 프라이버시를 침해하지 않고 여러 기업들이 각 회사의 모든 데이터를 활용해 공유 객체 탐지 모델을 공동으로 구축할 수 있다. 또한 연합학습을 통해 온라인 피드백 루프와 모델 업데이트를 수행해 훈련된 모델이 지체 없이 고객의 요청에 즉시 응답할 수 있다. 연합 객체 탐지 알고리듬의 워크플로가 그림 8.2에 나와 있으며, 세부 단계는 다음과 같다.

- **1단계**: 각 참여 회사(즉, 데이터 소유자)는 서버로부터 현재 공유된 객체 탐지 모델(예: YOLO[Redmon et al., 2016])을 다운로드한다.
- **2단계**: 각 회사는 로컬에 애너테이션돼 있는 데이터로 모델을 세부 조정한다.

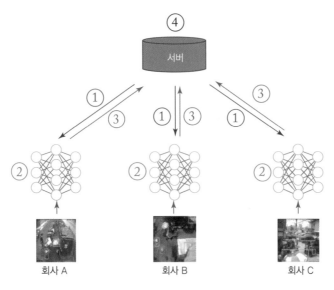

그림 8.2 연합학습 워크플로

- **3단계**: 각 회사는 세부 조정한 모델의 파라미터를 보안 프로토콜을 통해 서버에 업로드한다.
- **4단계**: 서버는 모든 참여자의 모델 파라미터를 집계해 공유 객체 탐지 모델을 업데이트한다.

연합 객체 탐지 알고리듬은 이러한 단계를 수렴될 때까지 반복한다. 그런 다음 로컬 객체 감지 모델을 배포하게 된다. 애너테이션된 새로운 데이터가 지속적으로 추가되면서 전체 훈련 및 배포 과정을 지속적으로 수행할 수 있다.

그림 8.1에서 볼 수 있듯이, 감지 단계에서 공원, 쇼핑몰, 대학교와 같이 인구밀도가 높은 지역에 설치된 카메라에서는 로컬에 배포된 객체 탐지 모델을 사용해 의심스러운 객체를 탐지한다. 로컬 객체 탐지 모델은 지속적인 연합학습 절차를 통해 계속해서 업데이트와 배포가 이뤄진다.

## 8.1.2 관련 연구

컴퓨터 비전 기술은 의료 분야에서 질병을 진단하고 예방하는 데 널리 사용된다. 의료 데이터는 여러 기관에 저장되는 경우도 많으며, 프라이버시 및 법적 문제로 인해 직접 공유하기에는 너무 민감하다. 연합학습은 이 중요한 문제를 해결할 수 있는 실행 가능한 방법을 엔지니어와 연구원들에게 제시하고 있다. 마이카 셸러[Micah J. Sheller]와 동료들의 연구[Sheller et al., 2018]에서는 환자 데이터를 공유하지 않고 공유 모델을 만드는 다중 기관 협업에 연합학습을 처음으로 적용했다. 제안된 연합학습 방식에서 어느 정도 의료 이미지 공유라는 프라이버시 문제를 다루기는 했지만, 여전히 신뢰할 수 있는 개체가 있어야만 로컬 모델의 업데이트를 수집하고 집계할 수 있다. 이러한 중앙 집중 방식은 악의적인 참여자에게 백도어를 제공할 수 있으며 단일 장애 지점이 될 위험이 있다.

이 문제를 해결하고자 중앙 서버에 의존하지 않는 새로운 연합학습 프레임워크인 브레인토런트[BrainTorrent][Roy et al., 2019]가 제안됐다. 중앙 집중식 연합학습과 달리, 브레인토런트에서는 클라이언트를 임시 서버로 선택하고, 이 서버는 나머지 클라이언트에게 핑[ping] 요청을 보내 버전을 확인하고 새 버전의 모델 파라미터를 집계한다. 자기 공명 영상[MRI, Magnetic Resonance Imaging] 스캔을 비롯한 신경 영상 데이터 분석을 위해 산티아고 실바[Santiago Silva]와 동료들은 개별 정보를 공유하지 않고 모든 생체 의료 데이터에 안전하게 접근하고 메타 분석을 할 수 있는 종단 간 연합학습 프레임워크를 내놓았다[Silva et al., 2018]. 또한 이 프레임워크는 그레이디언트 기반 최적화의 잠재적인 병목 현상에 대해 ADMM[Alternating Direction Method of Multipliers](교대 방향 승수 기법)을 통한 분석 기법을 채택해 반복 횟수를 줄였다. 이 프레임워크는 크게 세 가지 단계로 이뤄진다.

(1) 데이터 표준화: 분석의 안정성을 높이고 특성 간 비교를 편리하게 하는 전처리 단계다.

(2) 데이터에 편향 효과가 있는 교란 요인의 정정

(3) 가변성에 대한 다변량 분석: 연합 주성분 분석federated PCA을 통해 고차원의 특성을 저차원 표현으로 변환한다.

현재 컴퓨터 비전 분야에서는 딥러닝이 대세이며, 정교한 이미징 작업을 처리하기 위해 개발된 모델(즉, 심층 CNN 모델)들은 일반적으로 복잡하고 방대하다. 예를 들어, 객체 탐지 모델을 저장하는 데 수백 메가바이트가 소요되기도 한다. 당연히 큰 CNN 모델을 훈련시키는 데 상당한 시간이 걸릴 수도 있다. 훈련 과정을 빠르게 하기 위해 흔히 사전 훈련된 모델을 사용해 수렴 속도를 높인다.

그러나 사전 훈련된 ML 모델은 로컬 모델과 글로벌 모델이 함께 학습되는 기존의 연합학습 시나리오와 호환되지 않는다. 미카일 유로흐킨Mikhail Yurochkin과 동료들은 이 문제를 조사하고 사전 훈련된 신경망 모델을 집계할 수 있는 확률적 연합학습 프레임워크를 개발했다[Yurochkin et al., 2019]. 더 구체적으로 말하면, 제안된 연합학습 아이디어는 클라이언트 전체에서 훈련된 로컬 모델의 파라미터들을 일치시켜 글로벌 모델을 구성하는 것이다. 파라미터 매칭은 베타-베르누이 프로세스BBP, Beta-Bernoulli Process[Thibaux and Jordan, 2007]의 사후 분포를 따르며, 이를 통해 추가적인 데이터나 모델의 사전 훈련에 사용되는 학습 알고리듬에 관한 지식을 몰라도 로컬 파라미터들을 연합 글로벌 모델과 결합할 수 있다. 이 새로운 연합학습 방식이 가져다주는 가장 큰 이점은 글로벌 모델 연합으로부터 로컬 모델의 훈련을 분리한다는 점이다. 이러한 분리 덕분에 모델의 사전 훈련 전략이 연합학습 시나리오와 호환이 가능하고, 로컬 학습 알고리듬에 대한 지식이 필요하지 않게 된다.

### 8.1.3 도전 과제와 향후 전망

연합학습을 적용해 컴퓨터 비전 문제를 해결하는 일련의 새로운 연구가 수행되었지만, 심층 CNN 모델의 크기가 큰 탓에 연합학습이 모바일 기기나 임베디드 장치의 실제 응용에 적용되기가 어렵다. 연합학습은 모델 훈련을 클라이언트 장치에서 하도록 옮긴다. 한편으로는 사용자의 개인 데이터를 중앙 집중화할 필요가 없어진다. 반면에 일반적으로 컴퓨팅 성능이 제한적인 클라이언트 장치에는 큰 문제가 된다. 이러한 도전 과제는 곧 기회가 되어, 애플, 화웨이, 샤오미 등의 모바일 기기 제조업체들은 심층 신경망 훈련을 위한 맞춤형 특수 하드웨어 개발을 추진하고 있으며, 스마트 온디바이스[on-device] 애플리케이션에 대한 수요가 급증하면서 합성곱 신경망 모델의 크기를 크게 줄여 컴퓨팅 자원과 통신 비용을 절약하기 위한 파라미터 가지치기[pruning], 저차원 인수분해[low-rank factorization], 지식 증류 등의 모델 압축 기술의 발전이 일어날 수 있다.

연합학습이 실제로 빛을 발할 수 있는 가장 유망하고 도전적인 응용 중 하나는 다양한 종류의 장치에 흩어져 있는 이질적인 데이터를 기반으로 구축된 컴퓨터 비전 기반 자율주행 시스템일 것이다. 자율주행 자동차 제조업체는 모든 상황에서 운전자의 안전을 보장하기 위해 안정적이고 강건한 방법을 오랫동안 모색해왔다. 그럼에도 불구하고, 몇 개의 스티커만으로도 심층 신경망을 속여 교통 신호를 잘못 분류하게 만들 수 있다는 사실을 들어봤을 것이다. 이러한 신경망의 한계에 관해 우려할지도 모르겠다. 하지만 우리는 자동차가 결정을 내리는 데 기반이 되는 정보 출처를 풍부하게 하면 운전자의 안전에 더욱 도움이 될 것이라고 주장한다. 운전 중에 판단을 할 때 사람은 시각, 촉각, 청각, 심지어 후각까지 모든 신체 감각을 사용한다. 마찬가지로 자율주행 자동차는 차량 자체에 달린 장치들뿐만 아니라 주변 차량의 장치들, 심지어는 도로의 감시기에 이르기까지 모든 종류의 장치(카메라, 레이더[radar], 라이더[lidar])와 협상해 작동해야 한다.

연합학습은 모든 종류의 장치를 통합해서 공유되는 개인화 모델을 공동으로 구축함으로써 자율주행 시스템을 강화할 수 있다. 이러한 모델은 정보가 풍부하며 현명하고 종합적인 결정을 내릴 수 있다. 그러나 이를 하루 안에 달성하지는 못한다. 이질적인 분산 데이터(예: 이미지, 음성 신호, 각종 수치 데이터 등)로부터 패턴을 효과적으로 학습할 수 있는 지능형 알고리듬 말고도 다양한 장치 간의 실시간 상호작용을 지원하기 위한 고급 통신 프로토콜을 개발해야 하며, 운전자 개인 데이터의 프라이버시와 보안을 보장하기 위한 효율적인 보안 프로토콜도 필요하다.

이와 같이, 연합학습이 좀 더 지능적이고 보안성이 높은 AI 애플리케이션을 달성하는 데 유망한 접근 방식이기는 하지만, 이를 실현하는 데까지 상당한 양의 자원과 노력을 기울여야 한다.

## 8.2 자연어 처리를 위한 연합학습

자연어 처리[NLP, Natural Language Processing] 모델은 심층 신경망[DNN]의 발전으로 다양한 작업에서 놀라운 성공을 거뒀다. 이러한 신경망 모델 중 시퀀스의 시간 정보를 효율적으로 처리할 수 있는 순환 신경망[RNN, Recurrent Neural Network]은 언어 모델링의 성능을 크게 향상했다. RNN의 인기 있는 변형으로는 장단기 메모리[LSTM, Long Short-Term Memory][Hochreiter and Schmidhuber, 1997], 게이트 순환 유닛[GRU, Gated Recurrent Unit][Cho et al., 2014] 등이 있다.

하지만 이러한 접근 방식을 적용하려면 많은 사용자가 이용하면서 생성된 훈련 데이터를 중앙 저장소에 모아야 한다. 실제 시나리오에서 사용자의 자연어 데이터는 민감하며, 개인 콘텐츠가 포함될 수 있다. 따라서 강력한 NLP 모델을 구축하는 동시에 사용자의 프라이버시를 보호하기 위해 연합학습 기술이 활용된다.

## 8.2.1 연합 자연어 처리

NLP에서 일반적인 연합학습 응용 중 하나는 모바일 기기 사용자로부터 자주 입력되는 단어를 기반으로 미등재어[OOV, Out-Of-Vocabulary]를 학습하는 것이다[Chen et al., 2019]. OOV는 사용자의 모바일 기기의 어휘에 포함되지 않은 단어를 의미한다. 어휘에 없는 단어는 키보드 제안, 자동 수정, 제스처 입력 등으로 예측할 수 없다. 각 사용자의 모바일 기기는 일반적으로 제한된 크기의 어휘만 저장하고 있기 때문에, 단일 사용자의 모바일 기기에서 OOV 생성 모델을 학습하는 것은 비현실적이다. OOV 단어에는 일반적으로 민감한 사용자 콘텐츠가 포함돼 있기 때문에 OOV 생성 모델을 훈련시키기 위해 모든 사용자의 데이터를 수집하는 것도 불가능하다. 이러한 시나리오에서 연합학습은 민감한 콘텐츠를 중앙 서버로 전송할 필요 없이 모든 모바일 사용자의 데이터를 기반으로 공유 OOV 생성 모델을 학습할 수 있어서 특히 유용하다.

LSTM, GRU, 웨이브넷[WaveNet][van den Oord et al., 2016] 등 임의의 시퀀스 모델을 사용해 OOV 단어를 학습할 수 있다. 연합 OOV 알고리듬은 8.1절에서 설명한 것과 유사한 워크플로를 따라 수행된다. 공유 OOV 생성 모델을 학습하기 위해 수렴될 때까지 다음 단계를 반복적으로 수행한다.

- **1단계**: 각 모바일 기기는 서버에서 공유 모델을 다운로드한다.

- **2단계**: 각 모바일 기기는 사용자가 입력한 콘텐츠를 기반으로 공유 모델을 학습한다.

- **3단계**: 각 모바일 기기는 변경사항을 작은 주요 업데이트로 요약한 다음, 보안 프로토콜을 통해 이 업데이트를 서버에 업로드한다.

- **4단계**: 서버는 모바일 기기로부터 업데이트를 수집하고 이러한 업데이트를 집계하고 집계된 업데이트로 공유 모델을 개선한다.

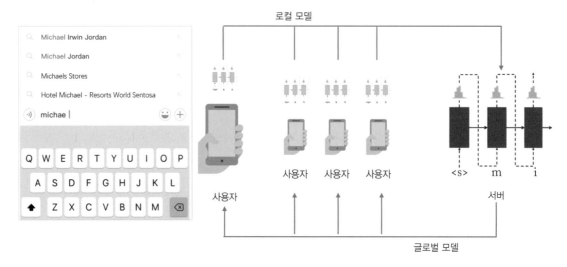

그림 8.3  OOV 생성을 위한 연합학습

연합학습 과정에서 각 사용자의 모바일 기기에 있는 OOV 생성 모델은 지속적으로 업데이트되며, 훈련 데이터는 해당 기기에 남아 있다. 결과적으로 각 모바일 기기는 강력한 OOV 생성 모델을 가지며 끝난다. 그림 8.3과 같이 모든 사용자의 입력 정보를 인코딩하는 연합 OOV 생성 모델을 탑재하면, 각 사용자의 모바일 기기에서 사용자에게 풍부하고 다양한 질의 제안을 제공할 수 있다. 사용자는 연합학습에 가입하거나 탈퇴할 시기를 결정하는 데 있어 완전한 통제권을 갖는다. 따라서 서버에는 훈련 라운드당 연합학습 과정에 합류하거나 떠나는 기기의 수 등과 같이 기기의 상태 통계를 모니터링하는 분석 메커니즘이 있어야 한다. 확장성 높은 연합학습 시스템을 설계하는 데 관심 있다면 [Bonawitz and Eichner et al., 2019]에서 더 자세한 내용을 참고하기 바란다.

## 8.2.2 관련 연구

연합 OOV 생성 모델의 학습 이외에, 연합학습을 음성 인식 장치의 깨우기 단어 wake-word(웨이크 워드) 감지에 적용할 수 있다. 깨우기 단어 감지의 예로 아이폰에

"Hello Siri!"라고 말해서 음성 인식 및 언어 이해 모듈을 깨우는 것을 들 수 있다. 깨우기 단어 감지는 스마트 기기에서 음성 기반으로 사용자 상호작용을 가능하게 하는 핵심 구성요소다. 이러한 스마트 기기는 특성상 항상 켜져 있기 때문에 깨우기 단어 감지 응용에서는 매우 제한된 전력 예산만 필요해야 하며 일반적으로 제한된 메모리와 컴퓨팅 자원을 가진 마이크로컨트롤러에서 실행해야 한다. 또한 온갖 복잡한 상황에서 동작의 일관성을 유지해야 하며 배경 소음에도 강건해야 한다. 또한 명령을 알아듣는 재현율[recall]이 높아야 하며 경보 오류율이 낮아야 한다.

데이비드 르로이[David Leroy]와 동료들은 최근 i.i.d.가 아닌 실세계의 불균형 데이터셋을 고도로 분산된 환경에서 시뮬레이션한 크라우드 소싱 데이터셋을 기반으로 연합학습을 사용해 자원에 제약이 있는 깨우기 단어 감자기를 훈련시키는 스닙스[Snips][Leroy et al., 2019]라는 연구를 발표했다. 이 연구에서는 애덤[Adam]에게서 영감을 받아 적응형 평균화 전략을 이용해 연합 평균화 알고리듬을 최적화한다. 이러한 최적화의 결과로, 이 연합학습 알고리듬에서는 클라이언트당 통신비용이 8MB에 불과하며 100회의 통신 라운드 이내에 수렴이 이뤄진다.

어텐션[attention] 메커니즘은 언어 번역이나 이미지 자막 생성과 같은 시퀀스 투 시퀀스[sequence-to-sequence] 자연어 처리 작업에서 널리 사용돼왔다. 최근 연구[Ji et al., 2018]에서는 연합 환경에서 모바일 키보드를 제안하는 데 어텐션 메커니즘을 적용한 연합 어텐션 집계[FedAtt, Attentive Federated Aggregation] 방식을 제안했다. 데이터 흐름에 적용되는 기존의 어텐션 메커니즘과 달리, FedAtt에서는 서버 파라미터를 질의로, 클라이언트 파라미터를 키로 사용하고, 클라이언트별로 GRU 신경망의 각 계층에서 어텐션 가중치를 계산한다. 그런 다음 클라이언트 모델의 동일한 계층으로부터 어텐션 가중치 파라미터들을 집계해 서버 모델의 각 계층을 업데이트한다. FedAtt가 제공하는 가장 큰 이점은 클라이언트 모델들로부터 세분화된 파라미터를 집계해서 글로벌 서버 모델을 세부 조정할 수 있다는 점이다.

## 8.2.3 도전 과제와 향후 전망

NLP 분야에서 가장 많이 쓰이는 접근 방식은 지도학습이다. 모델이 이전에 접하지 못한 데이터에 대해 꽤 좋은 성능을 얻으려면, 지도학습 시 모든 새로운 시나리오에 대해 레이블이 지정된 훈련 데이터가 충분히 많이 필요하다. 각각의 훈련 데이터마다 수동으로 레이블을 붙이는 작업에는 시간과 노동력이 매우 많이 소요된다. 연합학습을 이용하면 많은 참여자의 데이터를 활용해 이 문제를 어느 정도 해결할 수 있다. 그러나 레이블이 지정된 데이터가 극도로 부족한 시나리오의 경우에는 사용 가능한 모든 데이터(레이블이 있는 데이터와 레이블이 없는 데이터 모두)를 활용해 NLP 모델을 훈련해야 한다.

연합학습에 비지도학습이나 준지도학습, 전이학습을 결합해 데이터 부족 문제를 해결하기 위한 유망한 연구 방향이다. 특히 NLP 분야에서는 레이블이 지정돼 있지 않은 데이터가 대부분이다. 이러한 데이터를 어떻게 효과적으로 활용할 것인가 하는 주제도 흥미롭고 도전적인 연구 주제다. 교차 언어 학습[Ruder et al., 2017], 멀티 태스크 학습multi-task learning[Augenstein et al., 2018], 다중 소스 도메인 적용multi-source domain adaptation[Chen and Cardie, 2018] 등 비연합학습 환경에서 수행됐던 혁신적인 많은 연구가 있다. 연합학습 환경에서는 레이블이 지정되지 않은 데이터를 효과적으로 활용하기가 훨씬 더 어렵다. 예를 들면, 분산 환경에서 참여자의 프라이버시를 보호하면서 레이블이 지정되지 않은 데이터로부터 전송 가능한 표현 또는 추출한 표현을 학습시키는 방법을 구해야 한다. 또한 보안 프로토콜을 신중하게 설계하거나 선택해 보안과 효율성 간의 균형을 이뤄야 한다. 이 밖에도 연합학습이 발전해나가는 과정에서 마주하게 될 수많은 문제와 어려움이 분명히 있다. 그럼에도 불구하고 연합 환경에서 NLP의 발전으로 인해 인공지능 응용이 다양한 산업에 훨씬 더 많이 퍼져 나갈 것이다.

## 8.3 추천 시스템을 위한 연합학습

쇼핑은 일상생활에 꼭 필요한 활동이다. 우리는 오프라인 상점에서 물건을 구입하고 친구나 가족, 가게 주인처럼 믿을 만한 사람들과 상의했었다. 인터넷은 우리가 쇼핑하는 방식을 혁신했다. 요즘에는 온라인 쇼핑이 너무 당연한 일이다. 검색 버튼을 클릭하면 수천 개의 관련 제품이 곧바로 나타난다. 그러는 과정에서 우리가 알아채든 그렇지 않든 추천 시스템[recommendation system, recommender system]이 사용된다. 사실, 추천 시스템은 온갖 곳에 쓰인다. 아마존[Amazon]에서 책을 찾거나, 익스피디아[Expedia]에서 호텔을 검색할 때, 인스타그램[Instagram]에서 사진을 검색할 때, 우리는 추천 시스템을 활용하는 동시에 추천 시스템에 기여하고 있는 것이다.

추천 시스템이란 무엇일까? 간단히 말하면, 추천 시스템은 커뮤니티 전체의 사용자 프로파일과 습관을 활용해 특정 사용자가 흥미로워할 만한 가장 관련성이 높은 항목을 제시하는 정보 필터링 도구다. 효과적인 추천 시스템은 다음의 세 가지 주요 기능을 갖고 있다.

- **정보 과잉 문제 극복**: 인터넷상의 정보가 폭발적으로 증가해 사용자가 모든 콘텐츠를 살펴보는 것은 불가능하다. 추천 시스템은 가치가 낮은 정보를 필터링해 사용자의 시간을 절약해줄 수 있다.

- **개인화 추천 제공**: 선호도가 매우 구체적인 사용자는 좋아하는 항목을 찾는 데 어려움을 겪는 경우가 많다. 추천 시스템은 사용자가 자신의 취향에 맞춰 정말로 관심이 있는 것을 더 잘 찾을 수 있도록 도와야 한다.

- **합리적인 자원 사용**: 롱테일 효과[long tail effect]에 따라 가장 인기 있는 항목이 가장 많은 관심을 받는 반면, 덜 인기 있는 항목은 제공되는 항목의 대다수를 차지하지만 거의 방문을 받지 못한다. 이것은 엄청난 자원 낭비다. 추천 시스템은 인기와 활용성 간의 균형을 맞춰야 하며, 덜 인기 있는 항목을 더 많이 노출해야 한다.

효과적인 추천 시스템은 플랫폼과 회사 모두에게 이익이 된다. 사용자는 선호도에 따라 추천된 항목을 클릭하거나 구매하고, 자신의 습관을 더 잘 알고 있는 웹 사이트를 다시 방문할 가능성이 높다. 전반적으로 추천 시스템은 다양한 정보 검색 시스템에서 비즈니스를 활성화하고 의사 결정을 용이하게 하는 데 중요한 역할을 해왔다[Zhang et al., 2019].

그러나 추천 시스템에는 아직도 해결되지 않은 문제가 많다. 콜드 스타트[cold start] 문제와 사용자 데이터 프라이버시 문제라는 두 가지 중요한 문제가 있다. 연합학습은 이 두 가지 문제를 동시에 해결하는 데 유망하다. 연합학습을 통해 여러 참여자의 데이터를 사용해 글로벌 모델을 구축한다고 상상해보자. 콜드 스타트 문제의 경우, 관련 정보를 갖고 있는 다른 참여자들로부터 지식을 빌려 새로운 항목을 평가하거나 새로운 사용자를 예측할 수 있다. 데이터 프라이버시 문제의 경우, 사용자의 개인 데이터는 클라이언트 장치에 유지되며 모델 업데이트만 보안 프로토콜을 통해 업로드된다. 또한 연합학습은 모델 학습 과정을 클라이언트 측으로 분산시켜 중앙 서버의 계산 부담을 크게 줄인다.

## 8.3.1 추천 모델

연합 추천 시스템으로 들어가기 전에 먼저 현재의 추천 모델을 소개하겠다. 일반적으로 추천 모델은 (1) 협업 필터링, (2) 콘텐츠 기반 추천, (3) 모델 기반 추천, (4) 혼합형 추천 시스템의 네 가지 범주로 분류할 수 있다[Adomavicius and Tuzhilin, 2005].

1. 협업 필터링[CF, Collaborative Filtering]은 명시적 피드백(예: 과거의 평점)과 암묵적 피드백(예: 검색 및 구매 내역)을 비롯해 사용자의 과거 상호작용을 모델링해 추천하는 방식이다. 즉, CF에서는 유사한 사용자가 구매한 상품 혹은 사용자가 유사한 상품을 구매한 경우에 새로운 상품을 추천한다. 그러나

실제로는 각 사용자가 아주 적은 수의 상품과 상호작용을 하는 경우가 많아, 사용자-상품 상호작용을 나타내는 행렬이 매우 희소$^{sparse}$하다. 이러한 희소성 문제를 해결하는 데 저차원 행렬 분해$^{low-rank\ matrix\ factorization}$ 방식이 효과적인 것으로 입증됐다[Zhou et al., 2008].

2. 콘텐츠 기반 추천은 상품의 설명 내용과 사용자 프로파일 간의 비교에 근거하는 방식이다. 핵심 아이디어는 사용자가 어떤 상품을 좋아하면 비슷한 상품도 좋아하리라는 것이다. 콘텐츠 기반 추천 시스템에서는 상품의 레이블은 여러 키워드로 지정되며 사용자 프로파일은 사용자가 선호하는 상품 유형을 설명하는 키워드로 이뤄진다. 이러한 모델에서는 키워드 배치 정렬을 통해 설명 내용이 사용자의 프로파일과 일치하는 제품을 추천한다.

3. 모델 기반 추천 시스템은 ML 및 DL 기술을 사용해 사용자-상품 관계를 직접 모델링한다. 이 방식은 다음과 같은 장점이 있다.

(1) 앞서 설명한 두 선형 접근 방식에 비해 비선형 관계를 모델링할 수 있다.

(2) DL 모델은 텍스트, 이미지, 오디오 같은 이질적인 정보의 잠재 표현$^{latent\ representation}$을 학습할 수 있어서, 더 나은 추천 모델을 만들 수 있다.

(3) 순환 신경망$^{RNN}$ 같은 DL 모델은 다음 항목 예측과 같은 순차적 패턴 마이닝 작업에 적합하도록 순차적 데이터를 처리할 수 있다.

4. 혼합형 추천 시스템은 두 가지 종류 이상의 추천 전략을 통합한 모델을 말하며, 일반적으로 더 효과적이라고 여겨진다. 간단한 혼합형 방식으로는 협업 필터링과 콘텐츠 기반 추천을 각각 수행한 다음 그 결과를 결합하는 방식이 있다. 영화 추천을 예로 들어보자. 사용자와 유사한 사용자들의 영화 시청 및 검색 기록을 기반으로 추천하는 방식(협업 필터링)과

사용자가 좋아하는 영화들과 비슷한 영화들을 추천하는 방식(콘텐츠 기반 추천)을 함께 혼합형 모델로 이용해 추천을 제시할 수 있다.

## 8.3.2 연합 추천 시스템

이 절에서는 연합 추천 시스템이 어떻게 작동하는지 연합 협업 필터링을 예로 들어 간략하게 설명한다. 더 자세한 내용은 무하마드 아마드우딘<sup>Muhammad Ammad-ud-din</sup>과 동료들의 연구[Ammad-ud-din et al., 2019]를 참고하기 바란다.

전자상거래 회사에서 인기도와 개인의 선호도에 따라 사용자에게 원하는 항목을 찾아주는 협업 필터링<sup>CF</sup> 모델을 훈련시키려 한다고 가정해보자. 데이터 프라이버시와 보안상의 이유로 사용자의 원시 데이터를 직접 수집하지는 못하기 때문에, 연합학습을 활용해 CF 모델을 훈련시킬 수 있다. 일반적으로 CF 모델을 형식화해서 표현하면, 사용자를 나타내는 사용자 요인 벡터들로 이뤄진 사용자 요인 행렬<sup>user factor matrix</sup>, 상품을 나타내는 상품 요인 벡터들로 이뤄진 상품 요인 행렬<sup>item factor matrix</sup>, 이 두 행렬의 결합으로 표현할 수 있다. 연합 CF는 모든 클라이언트가 공동으로 이 두 행렬을 학습하는 것이며(그림 8.4 참고), 다음의 다섯 단계를 거치게 된다.

- **1단계**: 각 클라이언트(즉, 사용자의 로컬 장치)는 중앙 서버에서 글로벌 상품 요인 행렬을 다운로드한다. 이 행렬은 무작위로 초기화한 행렬이거나 사전 훈련된 행렬일 수 있다.

- **2단계**: 각 클라이언트는 명시적 데이터와 암시적 데이터를 모두 수집한다. 명시적 데이터에는 제품에 대한 평점이나 댓글과 같은 사용자 피드백이 포함된다. 암시적 데이터는 사용자의 주문 내역, 장바구니 목록, 검색 내역, 클릭 내역, 검색 로그 등으로 이뤄진다.

- **3단계**: 각 클라이언트는 로컬 데이터와 글로벌 상품 요인 행렬을 이용해

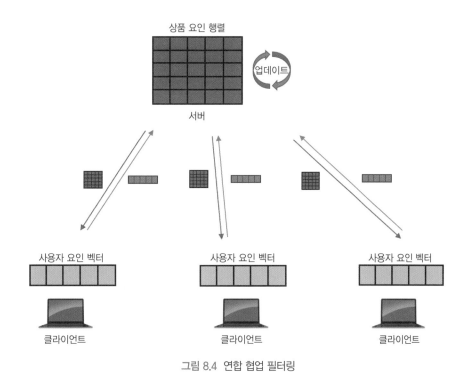

그림 8.4 연합 협업 필터링

로컬 사용자 요인 벡터를 업데이트한다.

- **4단계**: 각 클라이언트는 자신의 로컬 데이터와 로컬 사용자 요인 벡터를 이용해 글로벌 상품 요인 행렬에 대한 로컬 업데이트를 계산한 다음, 계산한 업데이트를 보안 프로토콜을 통해 중앙 서버에 업로드한다.

- **5단계**: 중앙 서버가 연합 가중치 알고리듬(예를 들면, 연합 평균화 알고리듬 [McMahan et al., 2016b])을 통해 계산한 로컬 업데이트 집계 값을 기반으로 글로벌 상품 요인 행렬을 업데이트한다. 그런 다음 서버는 글로벌 상품 요인 행렬을 각 클라이언트에게 보낸다.

방금 설명한 절차는 연합 협업 필터링의 일반적인 경우에 수행되는 절차다. 성능을 더욱 향상하기 위해 CF 모델을 더 강력한 모델(예: DeepFM 모델[Guo et al., 2017])로 교체할 수도 있다. 추천을 개인화하는 작업 외에, 연합 추천 시스템은 이질적인 데이터셋의 결합, 즉 여러 참여자의 각기 다른 특성 차원들을 결합해 추천 정확도를 높이는 측면에서 회사에 도움이 되기도 한다.

### 8.3.3 관련 연구

연합학습은 새로운 연구 분야이지만, 연구자들은 연합학습을 추천 시스템과 통합하는 데 어느 정도 진전을 보이며 유망한 성과를 내고 있다.

유진 카리토노프Eugene Kharitonov는 연합학습을 온라인 학습 환경FOLtR, Federated Online Learning to Rank에 적용했다[Kharitonov, 2019]. 그는 진화 전략 최적화와 차분 프라이버시에 기반한 프라이버시 보전 절차를 결합했다. 실험을 통해 FOLtR-ES가 비교 대상 기준인 RankingSVM 및 MSE와 비슷한 성능을 내면서 프라이버시 보전으로 인한 노이즈에 강건함을 보였다.

페이 첸Fei Chen과 동료들의 연구[Chen et al., 2018]에서는 추천을 위해 알고리듬 수준에서 사용자 정보를 공유하는 연합 메타학습 프레임워크를 제안했다. 이 시스템은 고수준의 파라미터화된 알고리듬을 활용해 파라미터화된 추천 모델을 훈련한다(즉, 알고리듬과 모델 모두 파라미터화하고 최적화해야 함). 또한 사용자마다 고유한 로컬 모델을 가지며, 자원 소비를 줄이기 위해 로컬 모델을 작은 규모로 유지할 수 있다. 실험을 통해 제안한 연합 메타학습 추천 모델이 기준 비교 대상들과 비교했을 때 가장 높은 예측 정확도를 보이고, 소수의 업데이트 단계를 거쳐 새로운 사용자를 빠르게 반영할 수 있음을 보였다.

얀 트리인Jan Trienes과 동료들은 연합학습을 선거 조작을 위한 대규모 사용자 감시 및 사용자 데이터 오용 같은 문제를 해결할 수 있는 탈중앙화 네트워크로 간주했다[Trienes et al., 2018]. 이들은 추천 알고리듬을 탈중앙화 소셜 네트워크에 적용하는 방법을 탐구하고, 마스토돈Mastodon이라는 연합 소셜 네트워크로부터 수집한 편향되지 않은 대규모 샘플을 기반으로 협업 필터링 추천 시스템과 토폴로지 기반 추천 시스템을 구현했다. 실험을 통해 협업 필터링 방식이 토폴로지 기반 방식보다 더 성능이 좋음을 보였다.

### 8.3.4 도전 과제와 향후 전망

지금까지 살펴본 대로 연구자들은 연합학습을 추천 시스템과 결합하는 몇 가지 혁신적인 연구를 수행했다. 하지만 이 분야에는 아직 간극을 메워야 할 부분이 많이 있다. 해결해야 할 문제를 일반적으로 적으면 다음과 같다. 프라이버시를 보전하는 실용적인 보안 추천 시스템을 구축하려면 무엇이 필요하고 어떻게 구축할 수 있을까? 좀 더 세분화하면 다음의 세 가지 질문으로 나눌 수 있다. (1) 어떻게 데이터 보안과 프라이버시를 유지하면서 높은 정확도와 낮은 통신 비용을 달성할 수 있을까? (2) 어떤 보안 프로토콜을 선택해야 할까? (3) 연합학습과 함께 쓸 때에는 어떤 추천 알고리듬이 더 알맞을까?

해볼 만한 향후 연구 방향 몇 가지를 소개하면 다음과 같다. 첫째, 불완전한 데이터가 추천 시스템의 성능에 어느 정도 영향을 미칠까? 즉, 정확한 추천 시스템을 구축하기 위해 사용자로부터 수집해야 하는 최소 데이터양은 얼마일까? 둘째, 기존의 추천 시스템은 사용자의 소셜 데이터, 시공간 데이터 등을 활용한다. 하지만 이러한 데이터 중 어느 부분이 더 유용한지는 여전히 불분명하다. 셋째, 연합학습 프레임워크는 기존의 추천 시스템 환경과는 매우 다른데, 연합학습에서 더 적합하거나 강건한 추천 알고리듬은 어떤 알고리듬일까?

# CHAPTER
# 9

# 연합 강화학습

9장에서는 연합 강화학습[FRL, Federated Reinforcement Learning]에 대해 소개하겠다. 강화학습, 분산 강화학습, 수평 FRL와 수직 FRL의 기본 내용을 설명하고 FRL의 응용 사례를 소개한다.

## 9.1 강화학습 소개

강화학습[RL, reinforcement learning]은 주로 순차적 의사 결정을 다루는 ML의 한 분야다 [Sutton and Barto, 1998]. RL 문제는 일반적으로 동적 환경, 그리고 이 환경과 상호작용하는 에이전트(들)로 구성된다. 에이전트가 환경의 현재 상태를 기반으로 행동을 선택하고 나면 에이전트의 성과를 평가하는 보상을 주는 방식으로 환경은 진화한다. 에이전트는 순차적인 의사 결정을 내려 이 환경에서 목표를 달성하려고 한다. 전통적인 RL 문제는 마르코프 결정 과정[MDP, Markov Decision Process]으로

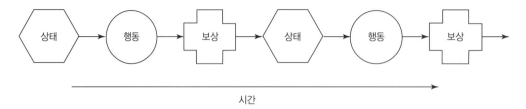

그림 9.1 상태-행동-보상-상태(SARS) 주기

형식화할 수 있다. 에이전트는 가치 함수$^{value\ function}$, 즉 할인된 보상의 예상 합계 또는 보상 기댓값을 최대화하는 순차적인 의사 결정 문제를 해결해야 한다.

그림 9.1과 같이 에이전트는 환경의 상태를 관찰한 후, 상태에 따라 동작을 선택한다. 에이전트는 선택한 작업을 기반으로 환경으로부터 보상을 받게 될 것이다. MDP에서 환경의 다음 상태는 직전 상태와 에이전트가 선택한 행동에 따라 달라진다. '가장 높은 기대 보상'을 가져오는 행동은 일반적으로 에이전트를 미래에 보상을 얻을 가능성이 가장 높은 상태에 두는 행동을 말한다. 에이전트는 상태-행동-보상-상태$^{SARS,\ State-Action-Reward-State}$ 주기로 동작한다.

이 문제가 어려운 이유는 다음과 같은 이슈들 때문이다.

- 에이전트는 주어진 환경 상태에서의 최적의 행동에 대해 제한적인 지식만 갖고 있다. 연속적인 행동 공간을 갖는 RL 문제에서 일회성 의사 결정 과정을 고려해보면, 에이전트는 연속 공간을 갖는 최적화 문제를 해결해야 하는데 이는 엄청난 양의 계산이 필요할 수 있다.

- 에이전트의 행동이 환경의 미래 상태에 영향을 미치므로 그에 따라 미래에 에이전트가 선택 가능한 옵션과 기회가 달라질 수 있다. 그러므로 순차적인 의사 결정 문제를 다룰 때, 각 에이전트는 이러한 행동이 단기적으로는 좋은 보상을 얻는다 하더라도 탐욕적으로$^{greedy}$ 행동을 선택해서는 안 된다. 즉, 에이전트는 현재의 보상과 미래의 보상 기댓값 사이에서 트

레이드오프를 조정해야 한다.

- 최적의 행동을 선택하려면 행동으로 인해 발생하는 간접적이고 지연된 결과까지 고려해야 하므로, 예측이나 계획이 필요할 수 있다.

에이전트와 환경 말고도, RL 시스템을 구성하는 네 가지 주요 하위 요소로 정책, 보상 신호, 가치 함수, 그리고 부가적으로 환경 모델을 꼽을 수 있다.

## 9.1.1 정책

정책은 어떤 주어진 상태에서 행동을 선택하기 위한 에이전트의 의사 결정을 정의한다. 대략적으로 말하면, 환경의 현재 상태를 입력으로 받아 최적(또는 차선)의 행동을 반환하는 매핑 함수(또는 조건부 분포)다. 정책은 환경의 상태를 에이전트의 행동으로 어떻게 매핑할지 결정하므로 RL 에이전트의 핵심이라 할 수 있다. 이러한 매핑은 결정론적 또는 확률적으로 이뤄진다.

## 9.1.2 보상

보상은 RL 문제에서 환경이 에이전트에게 보내는 즉각적인 피드백을 정의한다. 각 시간 단계에서 에이전트가 현재 정책에 따라 행동을 하고 나면, 환경은 에이전트의 행동 성과에 걸맞은 보상을 제공한다. 에이전트의 유일한 목표는 장기적으로 총 보상을 최대화하는 것이다. 보상 신호는 정책을 조정하는 기본 근거가 된다.

## 9.1.3 가치 함수

보상 신호가 즉각적인 의미에서 무엇이 좋은지 에이전트에게 피드백을 준다면, 가치 함수는 에이전트가 현재 상태부터 누적할 수 있는 예상 미래 보상을 예측

한다. 대략적으로 말하면, 가치 함수는 주어진 상태에서 행동의 성과를 측정하는 수단이다. 가치를 추정하는 목적은 더 높은 보상을 축적하기 위해서다. 전통적인 가치 기반 RL 방법에서는 가치 함수가 장기적으로 보상 기댓값을 평가하기 때문에, 최대 보상이라기보다는 최대 가치를 기반으로 행동을 선택했다. 기본적으로 보상은 환경에 의해 직접 제공되지만, 가치는 에이전트가 전체 수명 동안 관측하는 순서에 따라 추정하고 재추정해야 한다.

## 9.1.4 환경 모델

일부 강화학습 시스템에는 환경 모델이 있는 경우가 있다. 환경 모델이란 환경의 행동을 모방하는 가상 모델이다. 예를 들어 상태-행동 쌍이 주어지면 환경 모델은 그 결과로 나올 다음 상태와 다음 보상을 예측할 수 있으며, 이러한 예측을 통해 실제로 일어나기 전에 발생 가능한 미래 상황을 고려할 수 있다. 모델을 사용해 강화학습 문제를 해결하는 방법을 모델 기반 방법[model-based method]이라고 부른다. 그러나 대부분의 다른 알고리듬에서는 모델을 모른다고 가정하고 시행착오 방식으로 정책과 가치 함수를 추정한다. 이러한 방법을 모델 무관 방법[model-free method]이라고 한다.

## 9.1.5 강화학습 사례

이어서 구체적으로 RL을 이해하기 위한 기초적인 사례로서, 화력 발전소에서 석탄 연소 보일러의 최적 제어를 예로 들어 설명하겠다. 석탄 연소 보일러 시스템은 먼저 에너지를 증기열로 변환한 다음 전기로 변환하는 역할을 하는데, 전기는 매우 동적인 성질을 지닌다. 수요량, 장비 상태, 석탄의 발열량 등의 예상치 못한 변화에서 확률적 요인이 생길 수 있다. 그림 9.2에 석탄 연소 보일러 시스템의 최적 제어에 RL 방법을 적용하기 위한 기본 프레임워크가 나와 있다.

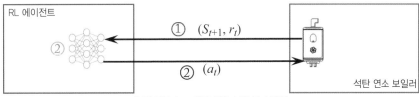

$a_t$ = (석탄 공급 속도, 일차 풍량, 이차 공기 유량)
$S_t$ = (보일러 온도, 연도 가스 산소 함량, 증기 압력)
$r_t$ = 전력 효율, 온도 안전성 등

그림 9.2 석탄 연소 보일러 제어를 위한 강화학습 프레임워크

그림 9.2에서 볼 수 있듯이, 석탄 연소 보일러를 최적으로 제어하기 위해 RL 에이전트를 훈련시키려면 다음과 같은 상호작용을 수행해야 한다.

1. RL 에이전트가 관측치를 받는다. RL 에이전트는 보일러 온도, 연도 가스 산소 함량, 증기 압력 같은 석탄 연소 보일러의 관측치를 얻을 수 있다.

2. RL 에이전트가 행동을 취한다. 그런 다음 RL 에이전트가 학습한 지식을 바탕으로 석탄 연소 보일러의 제어 시스템에 어떤 행동을 할지 제시한다. 이러한 행동에는 석탄 공급 속도, 일차 풍량, 이차 공기 유량 등이 포함된다.

3. 석탄 연소 보일러가 진화한다. 마지막으로 석탄 연소 보일러가 에이전트의 행동을 받아들이고 다른 상태로 진화한다.

## 9.2 강화학습 알고리듬

핵심 요소의 차이에 따라 RL 알고리듬의 범주를 다음과 같이 나눌 수 있다.

- **모델 기반 방법 vs. 모델 무관 방법**: 모델 기반 방법은 먼저 가상의 환경 모델을 구축한 다음 가상 모델에서 구한 최상의 정책에 따라 행동한다. 모델 무관 방법의 경우에는 환경 모델을 구축할 수 없다고 가정하고, 시행착오

를 통해 정책과 가치 함수를 추정한다.

- **가치 기반 방법 vs. 정책 기반 방법**: 가치 기반 방법은 가치 함수를 학습하고 그로부터 최적의 정책을 추론하려고 시도한다. 정책 기반 방법은 최적의 정책을 찾기 위해 정책 파라미터 공간을 직접 탐색한다.

- **몬테카를로 업데이트 방법 vs. 시간차 업데이트 방법**: 몬테카를로 업데이트<sup>Monte Carlo Update</sup> 방법은 전체 에피소드에 걸쳐 누적된 보상을 사용해 정책을 평가한다. 구현이 간단하지만 수렴할 때까지 반복 횟수가 많고 가치 함수를 추정할 때 분산이 크다. 총 누적 보상 대신 사용할 수 있는 시간차 업데이트<sup>Temporal Difference Update</sup> 방법은 시간적 오차, 즉 가치 함수의 새 추정치와 이전 추정치의 차이를 계산해 정책을 업데이트한다. 이러한 유형의 업데이트 방법에서는 가장 최근의 반복만 필요하며 분산이 줄어든다. 그러나 전체 에피소드를 전역적인 관점에서 고려하지 않으므로 추정하는 동안 편향이 증가한다.

- **정책 적용 방법 vs. 정책 비적용 방법**: 정책 적용 방법은 현재의 정책을 사용해 행동을 생성하고 그에 따라 현재 정책을 업데이트한다. 정책 비적용 방법은 다른 탐색적 정책을 사용해 행동을 생성한 다음 이러한 행동을 기반으로 대상 정책을 업데이트한다.

표 9.1에 많이 쓰이는 몇 가지 RL 알고리듬과 그 범주가 요약 정리돼 있다. RL 문제를 해결하는 데 널리 쓰이는 시간차 알고리듬으로는 SARSA와 Q 학습이 있다.

SARSA<sup>State-Action-Reward-State-Action</sup>는 정책 적용, 시간차 알고리듬이다[Rummery and Niranjan, 1994]. 다음 행동을 찾는 데 같은 정책을 따르므로 정책 적용 방법이다. SARSA에서는 가치 함수 대신 행동-가치 함수를 학습한다. 정책 평가 단계

표 9.1 주요 강화학습 알고리듬의 분류

| | 모델 무관 | 모델 기반 | 정책 기반 | 가치 기반 | 몬테카를로 업데이트 | 시간차 업데이트 | 정책 적용 | 정책 비적용 |
|---|---|---|---|---|---|---|---|---|
| Q 학습 | ✓ | ✓ | | ✓ | | ✓ | | ✓ |
| SARSA | ✓ | ✓ | | ✓ | | ✓ | ✓ | |
| 정책 그레이디언트(policy gradients) | ✓ | ✓ | ✓ | | ✓ | | | |
| 행위자-비평가(actor-critic) | | | ✓ | ✓ | | | | |
| 몬테카를로 학습 | | | | | ✓ | | | |
| SARSA 람다 | | | | | | | ✓ | |
| 심층 Q 신경망(DQN) | | | | | | | | ✓ |

에서 가치 함수와 유사하게 행동-가치 함수에 관한 시간적 오차를 사용한다.

**Q 학습**Q-Learning은 정책 비적용, 시간차 알고리듬이다[Watkins and Dayan, 1992]. 같은 정책을 따르지 않고 탐욕적인greedy 방식으로 다음 행동을 선택하므로 정책 비적용 방법이다. 현재의 Q 함수에 대해 직접 탐욕적인 정책으로 Q 함수를 업데이트한다.

## 9.3 분산 강화학습

RL 알고리듬은 게임을 많이 해서 수많은 시행착오를 통해 학습하는 것으로 해석할 수 있다. 이러한 방식에서 하나의 에이전트만으로 거대한 상태-행동 공간을 탐색하면 매우 시간이 많이 걸린다. 에이전트와 환경의 복사본이 여러 벌 있으면 분산 방식으로 문제를 좀 더 효율적으로 해결할 수 있다. 분산 RL 패러다임에는 비동기 방식과 동기 방식이 있다.

### 9.3.1 비동기 분산 강화학습

비동기 시나리오에서는 여러 에이전트가 자신의 환경을 개별적으로 탐색하며, 전역 파라미터 집합은 비동기식으로 업데이트된다. 이를 통해 다수의 행위자가 공동으로 학습할 수 있다. 그러나 이 알고리듬은 일부 에이전트가 지연되는 경우, 그레이디언트 시간 경과 문제를 겪을 수 있다.

**비동기 어드밴티지 행위자-비평가**[A3C, Asynchronous Advantage Actor-Critic][Mnih et al., 2016]는 2016년 구글 딥마인드[DeepMind]에서 제안한 알고리듬이다. 아타리[Atari] 벤치마크 게임을 학습할 때 단일 CPU에 에이전트와 환경의 복사본을 16개(또는 32개)까지 생성한다. 알고리듬이 고도로 병렬화돼 있기 때문에, 저가의 CPU 하드웨어상에서 다수의 아타리 벤치마크 게임을 매우 빠르게 학습할 수 있다.

**일반 강화학습 아키텍처**[Gorila, General Reinforcement Learning Architecture][Nair et al., 2015]는 대규모 분산 강화학습을 위한 또 다른 비동기 프레임워크다. 여러 에이전트를 생성할 수 있으며 이들은 행위자와 학습자 등 여러 역할로 분리된다. 행위자는 환경에서 행동하는 방식으로만 경험을 생성한다. 수집한 경험은 공유 재현 메모리[replay memory]에 저장된다. 학습자는 재현 메모리에서 샘플링하는 방식으로만 훈련한다.

### 9.3.2 동기 분산 강화학습

**동기 확률적 최적화**[Sync-Opt][Chen et al., 2017]는 동기식 강화학습을 느리게 하는 낙오자 에이전트[straggler agent] 문제를 해결하고자 했다. 이러한 문제를 피하기 위해 훈련 과정에서 사전 설정된 수의 에이전트가 반환될 때까지만 기다리고 가장 느린 에이전트 몇 개는 제외한다.

**어드밴티지 행위자-비평가**[A2C, Advantage Actor-Critic][Clemente et al., 2017]는 유명한 A3C

알고리듬을 변형한 버전이다. 라운드 간에 모든 에이전트를 동기화한다는 점을 빼고는 동일한 방식으로 작동한다. 오픈AI<sup>OpenAI</sup> 회사의 블로그 게시물에서는 동기식 A2C가 A3C보다 더 좋은 성능을 보인다고 주장한다[Mnih et al., 2016].

# 9.4 연합 강화학습

분산 RL은 구현 시에 많은 기술적, 비기술적 문제를 안고 있다. 가장 중요한 문제 중 하나는 분산 RL 시 어떻게 정보 누출을 방지하고 에이전트의 프라이버시를 보호할 것인가 하는 문제다. 이러한 문제로 인해 프라이버시를 보전하는 RL 방법인 연합 강화학습<sup>FRL, Federated Reinforcement Learning</sup>이 나오게 된다. 이 책에서는 FRL 연구를 수평 연합 강화학습<sup>HFRL, Horizontal Federated Reinforcement Learning</sup>과 수직 연합 강화학습<sup>VFRL, Vertical Federated Reinforcement Learning</sup>으로 분류한다.

이 절에서는 HFRL과 VFRL의 배경을 설명한다. 9.1.5절에서 설명했던 실제 산업 시스템의 배경 사례를 통해 HRFL과 VFRL에 대한 자세한 배경, 문제 설정, 가능한 프레임워크에 중점을 두며 설명하겠다.

### 연합 강화학습의 배경

RL 연구에서 널리 연구되고 있는 주제 중 하나는 적응형 제어와 최적 제어의 특성을 결합해 이산 시간 및 연속 시간 동적 시스템을 위한 피드백 컨트롤러를 설계하는 것이다. 이러한 피드백 제어 문제에는 자율주행 시스템, 자율 헬리콥터 제어, 산업 시스템의 최적 제어 등이 포함된다.

다음과 같은 실제 FRL 사례가 문헌에 제시돼 있다[Zhuo et al., 2019].

1. 제조 분야에서는 각기 다른 구성요소를 여러 공장에서 생산한다. 의사 결정 정책은 비공개이며 서로 공유되지 않는다. 반면에 비즈니스상의 제한

과 보상 신호의 부족(일부 에이전트의 경우)으로 인해, 질이 높은 개별 의사 결정 정책을 구축하기 어려운 경우가 많다. 따라서 공장들은 비공개 데이터를 제공하지 않는 조건하에서 협력적으로 의사 결정 정책을 학습하는 편이 이익이 된다.

2. 또 다른 사례는 병원 환자를 위한 진료 정책을 구축하는 것이다. 일부 병원에서는 진료에 대한 피드백을 제공하지 않고 환자를 진료할 것이다(즉, 이러한 진료 의사 결정 정책에 대한 보상 신호가 없다). 또한 환자에 대한 기록은 비공개이며 병원 간에 공유할 수 없다. 따라서 병원의 진료 정책을 학습하려면 연합 분산 강화학습을 사용해야 한다.

이어서 일관성 있게 앞서 살펴본 석탄 연소 보일러 시스템을 바탕으로 HFRL과 VFRL의 세부 배경, 문제 정의, 프레임워크를 설명하겠다.

## 수평 연합 강화학습

병렬 RL[Kretchmar, 2002, Grounds and Kudenko, 2005]은 RL 연구 커뮤니티에서 오랫동안 연구해온 분야로, 병렬 RL에서는 여러 에이전트가 동일한 작업(상태와 행동에 따른 보상이 동일함)을 수행한다고 가정한다. 에이전트들은 각기 다른 환경에서 학습을 수행할 수도 있다. 병렬 RL을 채택하는 경우는 에이전트의 경험이나 그레이디언트를 전달하는 연산을 수행하는 경우가 대부분이다. 프라이버시 보전 문제를 고려해보면 이런 연산을 쉽게 수행하지 못하는 것은 당연하다. 이에 따라 프라이버시 보전 문제에 대해 자연히 HFRL을 채택하게 된다. HFRL 커뮤니티에서는 프라이버시 보전 목표를 추가적인 제약 조건(서버와 에이전트 모두에 대해)으로 설정한 상황을 병렬 RL의 기본 상황으로 삼고 있다. HFRL을 수행하는 기본 프레임워크가 그림 9.3에 나와 있다.

그림 9.3을 보면, HFRL에는 각기 다른 석탄 연소 보일러 시스템을 위한 여러

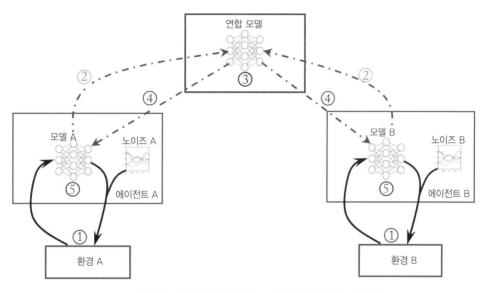

그림 9.3 수평 연합 강화학습 프레임워크의 예시 아키텍처

병렬 RL 에이전트가 있으며(설명을 간략히 하기 위해 에이전트가 둘이라 하겠다) 에이전트들은 지리적으로 분산돼 있을 수 있다. RL 에이전트는 동일하게 자신이 맡은 석탄 연소 보일러 시스템을 최적으로 제어하는 작업을 수행한다. 연합 서버는 여러 RL 에이전트의 모델을 집계하는 역할을 한다. HFRL을 수행하는 기본 단계를 정리하면 다음과 같다.

- **1단계**: 모든 참여자 RL 에이전트는 그림 9.2와 같이 로컬에서 독립적으로 자신의 RL 모델을 훈련시킨다. 데이터 경험, 파라미터 그레이디언트, 손실을 서로 교환하지 않는다.
- **2단계**: RL 에이전트들은 마스킹된 모델 파라미터들을 서버로 보낸다.
- **3단계**: 연합 서버는 동일하지 않은 RL 에이전트들로부터 온 모델을 암호화하고 집계 연산을 수행해 연합 모델을 구한다.

- **4단계**: 연합 서버가 연합 모델을 RL 에이전트들에게 보낸다.

- **5단계**: RL 에이전트들은 로컬 모델을 업데이트한다.

연구 문헌 동향을 살펴보면, 연구자들이 HFRL 연구에 관심을 갖기 시작하고 있다. 보이 리우[Boyi Liu]와 동료들의 연구[Liu et al., 2019]에서는 자율 내비게이션 상황에서의 평생 연합 강화학습[LFRL, Lifelong Federated Reinforcement Learning]을 제안했는데, LFRL에서의 주요 작업은 로봇들이 경험을 공유해 사전지식을 효과적으로 사용하고 새로운 환경 변화에 빠르게 적응할 수 있도록 만드는 것이다. 이 연구의 핵심 아이디어를 다음의 세 단계로 요약할 수 있다.

1. **독립적인 학습**: 각 로봇은 자신의 환경에서 자체 내비게이션 작업을 수행한다. 환경은 서로 다를 수 있으며, 관련이 있을 수도, 없을 수도 있다. 기본 아이디어는 로컬에서 평생 학습을 수행해서 다양한 유형의 장애물을 피하는 방법을 배우는 것이다.

2. **지식 융합**: 정의된 환경 또는 정의되지 않은 환경에서 로봇에 의해 추출된 지식과 기술은 지식 융합 프로세스를 통해 재생산되고, 최종 모델이 생성된다.

3. **에이전트 네트워크 업데이트**: 에이전트 네트워크의 파라미터는 정기적으로 업데이트된다. 따라서 이러한 파라미터를 통해 다른 에이전트가 얻은 지식을 공유할 수 있다.

지안지 렌[Jianji Ren]과 동료들의 연구[Ren et al., 2019]에서는 여러 에지[edge] 노드 상에 배포한 여러 심층 강화학습 에이전트들을 기반으로 IoT 장치들의 의사 결정을 표시하는 프레임워크를 제안했다. IoT 장치와 에지 노드 간의 전송 비용을 줄여 지식을 집계하기 더 좋도록, 저자들은 연합학습을 채택해 심층 강화학습 에이전트들을 분산 방식으로 훈련시켰다.

저자들은 광범위한 실험을 통해 제안한 HFRL 방식이 분산 IoT 장치들에 대해 효과적이라는 사실을 입증했다.

체탄 나디거$^{Chetan\,Nadiger}$와 동료들의 연구[Nadiger et al., 2019]에서는 HFRL의 전체 아키텍처를 상세히 기술했는데, 여기에는 그룹화 정책, 학습 정책, 참여자 RL 에이전트에 대한 연합 정책 등이 포함된다. 또한 저자들은 제안한 아키텍처가 효과적임을 아타리 게임 퐁$^{Pong}$을 바탕으로 입증했다. 저자들은 제안한 방식으로 개인화 시간의 중앙값$^{median}$이 17% 향상됨을 보였다.

프라이버시 보전이라는 목표를 이루려면 해결해야 할 과제들이 더 많이 있기는 하지만, HFRL을 통해 다음과 같은 방식으로 이점을 얻을 수 있다.

- **i.i.d.가 아닌 샘플 회피**: 단일 작업 에이전트가 학습 과정에서 i.i.d.가 아닌 샘플을 만나게 되는 것은 일반적인 일이다. 주된 이유 중 하나는 단일 에이전트 상황의 RL 작업에서는 나중에 얻은 경험이 이전 경험과 밀접하게 관련되어, i.i.d. 데이터 가정이 깨질 수 있기 때문이다. HFRL을 이용하면 더 정확하고 안정적인 강화학습 시스템을 구축할 수 있다.

- **샘플 효율성 향상**: 기존 RL 방법의 또 다른 단점은 제한된 샘플을 사용해 안정적이고 정확한 모델을 신속하게 구축하는 능력이 나쁘다는 점이다(샘플 저효율 문제$^{low\,sample\,efficiency\,problem}$라고 함). 이로 인해 기존 RL 방법들은 실제 응용에 적용되지 못했다. HFRL에서는 동일하지 않은 환경에서 서로 다른 에이전트가 추출한 지식을 집계해 샘플 저효율 문제를 해결할 수 있다.

- **학습 과정 가속화**: 이 이점은 사실 위의 두 가지 이점으로 인한 부산물로 얻을 수 있다. 동일하지 않은 에이전트가 학습한 각기 다른 지식을 집계하는 강력한 FL 프레임워크를 결합하면, i.i.d.가 아닌 더 많은 샘플로부터 얻은 경험을 통해 RL 학습을 가속화하고 더 좋은 결과를 얻을 수 있다.

## 수직 연합 강화학습

석탄 연소 보일러 시스템의 최적 제어 문제를 되짚어보면, 보일러의 작동 조건이 제어 가능한 요소뿐만 아니라 구하지 못하는(또는 예측할 수 없는) 요소에 따라서도 달라진다는 사실은 명백하다. 예를 들어, 기상 조건은 석탄 연소 보일러의 연소 효율과 증기 출력에 큰 영향을 미칠 수 있다. 좀 더 합리적이고 강건한 RL 에이전트를 훈련시키려면 기상 데이터로부터 지식을 추출하는 것이 당연하다. 불행히도 로컬 기상 데이터를 실시간으로 정확하게 측정하는 전문 장비를 소규모 발전소에서 사용하기에는 비용이 만만치 않을 것이다. 게다가 발전소의 소유주가 관심이 있는 것은 원시 기상 데이터가 아니라 거기에서 추출한 값일 것이다. 그러므로 더 강건한 RL 에이전트를 훈련시키려면 발전소 소유주는 당연히 기상 자료 관리 부서와 협력해야 한다. 그 대가로 기상 데이터 관리 부서 측에서는 실시간 기상 데이터를 직접 공개하지 않고 수익을 얻을 수 있다. 이러한 협력 프레임워크는 수직 연합 강화학습<sup>VFRL</sup>의 범주에 속한다.

VFRL에는 같은 환경의 동일하지 않은 관측치를 유지하는 여러 RL 에이전트가 있다. 각 RL 에이전트는 각각의 행동 정책을 유지 관리한다(행동 정책이 없는 에이전트도 있을 수 있다). VFRL의 주된 목표는 여러 협력 에이전트의 관측치로부터 추출한 혼합 지식을 사용해 좀 더 효과적인 RL 에이전트를 훈련시키는 것이다. 훈련 과정이나 추론 과정 도중에 원시 데이터의 직접적인 변환은 금지된다. 지금부터는 VFRL을 수행할 수 있는 프레임워크인 연합 심층 Q 신경망<sup>federated</sup> <sup>DQN</sup>을 설명하겠다.

그림 9.4에 나와 있듯이, 환경으로부터 보상을 받는 RL 에이전트를 Q 신경망 에이전트<sup>Q-network agent</sup>(그림 9.4의 에이전트 A), 그 외의 모든 에이전트를 협력적 RL 에이전트<sup>cooperative RL agent</sup>라고 부르겠다.

- **1단계:** 모든 참여자 RL 에이전트는 현재 환경 관측치와 추출된 지식에 따

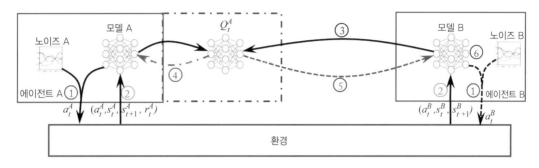

그림 9.4 연합 DQN 프레임워크

라 행동을 취한다. 일부 에이전트는 행동을 취하지 않고 환경에 대한 자체 관측치만 유지할 수도 있다.

- **2단계**: RL 에이전트들은 현재 환경 관측치, 보상 등 상응하는 환경의 피드백을 얻는다.

- **3단계**: RL 에이전트들은 얻은 관측치를 자신의 신경망에 공급해 중간 산물을 계산한 다음, 마스킹된 중간 산물을 Q 신경망 에이전트에게 보낸다.

- **4단계**: Q 신경망 에이전트는 모든 중간 산물을 암호화하고 역전파를 통해 현재 손실로 Q 신경망을 훈련시킨다.

- **5단계**: Q 신경망 에이전트는 마스킹된 가중치 그레이디언트를 협력 에이전트들에게 다시 보낸다.

- **6단계**: 각 협력 에이전트는 그레이디언트를 암호화하고 자신의 네트워크를 업데이트한다.

문헌을 살펴보면, VFRL 범주에 속하는 기존 연구로는 행크즈 한쿠이 주오 <sub>Hankz Hankui Zhuo</sub>와 동료들의 연구[Zhuo et al., 2019]가 있는데, 이들은 에이전트 데이터와 그레이디언트, 모델에 대해 프라이버시 보전 요구사항을 고려할 때 협력하는 방식으로 작동하는 다중 에이전트 RL 시스템의 문제를 연구했다. 이 연구의 FRL 프레임워크는 앞에서 설명한 VFRL 아키텍처(이후 VFRL로 명명됨)에 해당한다. 저자들은 VFRL이 의미를 갖는 상세한 실제 시스템을 제시했다.

협력 에이전트나 적대 에이전트가 여럿 있는 시스템에서 행동을 모델링하고 활용하는 것은 오랫동안 RL 커뮤니티에게 흥미로운 도전 과제였다[Mao et al., 2019, Foerster et al., 2016]. FL 분야에서 에이전트는 상태나 행동, 보상이 서로 다른 이질적인 작업을 수행할 수 있다(일부는 보상이나 행동이 없을 수도 있다). 각 VFRL 에이전트의 주된 목표는 경험(상태, 행동, 보상 포함)이나 각자의 그레이디언트를 직접적으로 교환하지 않으면서 안정적이고 정확한 RL 모델을 협력 또는 경쟁적으로 만드는 것이다. 다중 에이전트 RL과 비교할 때 VFRL의 장점을 요약하면 다음과 같다.

- **에이전트 및 사용자 정보 유출 방지**: 석탄 연소 보일러 시스템에서 기상 데이터 관리 부서에 제공되는 직접적인 이점은 원시 실시간 기상 데이터의 유출 없이 생산 효율성을 개선할 수 있다는 점이다. 이를 모든 잠재적인 외부 사용자에게 게시할 수 있는 서비스로 바꿀 수 있다.
- **RL 성능 향상**: 적절한 지식 추출 방법을 이용하면, 더 합리적이고 강건한 RL 에이전트를 훈련시켜 효율성을 높일 수 있다. VFRL은 프라이버시를 보전하면서 이러한 정보를 활용하는 학습 시스템을 만들 수 있다는 이점이 있다.

## 9.5 도전 과제와 향후 전망

여러 참여자의 프라이버시를 보호하고 훈련 과정과 추론 과정에서 정보 유출을 방지하기 위한 새로운 프레임워크로서, 연합학습은 지난 몇 년 동안 점점 더 많은 관심을 모으고 있다. FRL에 관한 도전 과제와 향후 연구 방향을 정리하면 다음과 같다.

- **새로운 프라이버시 보호 패러다임**: 앞에서 인용한 FRL 연구는 파라미터 교환이나 가우시안 노이즈를 사용하는 아이디어를 채택했는데, 이는 적대적인 (속이는) 에이전트 또는 공격자에 직면하게 되면 매우 취약하다. 차분 프라이버시, 다자간 보안 계산, 동형 암호 등과 같이 더 신뢰성 있는 패러다임을 FRL에 융합시켜야 한다.

- **전이 FRL**: 전이 FRL이라는 범주를 따로 만들지는 않았지만 여전히 우리에게 중요하고 의미 있는 연구 방향이다. 기존의 RL 연구에서 이미 학습된 작업의 경험, 지식, 파라미터, 그레이디언트 등을 새로운 작업으로 전이시키는 연구는 개척 중인 새로운 영역이다. RL 커뮤니티에서는 일반적으로 사전지식에서 학습하는 것을 그냥 샘플에서 학습하는 것보다 훨씬 더 어려운 목표로 보고 있다.

- **FRL 메커니즘**: 앞에서 인용한 연구를 간추려보면 기존의 모든 FRL 연구가 심층 강화학습의 범주에 속한다는 사실을 쉽게 알 수 있다. FL 분야의 제약 조건을 고려하는 새로운 RL 메커니즘(기존의 방법이나 DL 방법을 이용)을 제시하는 것도 큰 의미가 있으며, 개척해야 할 새로운 연구 분야라 하겠다.

# 응용 분야

연합학습은 사용자 프라이버시와 보안을 침해하지 않으면서 여러 당사자에게 흩어져 있는 탈중앙화된 데이터에 대해 개인화된 공유 모델을 구축할 수 있는 혁신적인 모델링 메커니즘으로서, 영업, 금융, 의료, 교육, 어반 컴퓨팅, 에지 컴퓨팅, 블록체인 등 수많은 중요한 분야에서 다양한 이유로 ML 모델을 훈련할 때 데이터를 직접 모으지 못하는 경우에 적용돼 쓰일 것으로 기대된다. 10장에서는 현재의 지평을 넘어 연합학습을 이용해 실현할 수 있는 응용 중에서 선별해 진행 중이거나 잠재적인 응용 몇 가지를 개괄적으로 설명하겠다.

## 10.1 금융

금융 산업은 많은 측면에서 정부 규제의 영향을 받는데, 이는 관리 소홀과 사기로부터 투자자를 보호하고, 금융 부문의 안정성을 유지하며, 사용자 데이터의 프라이버시와 보안을 보호하는 등의 다양한 이유 때문이다. 정부 규제로 인한 비용과 업무량을 줄이기 위해 많은 금융 회사와 은행에서는 AI, 클라우드 서비스, 모바일 인터넷 기술과 같은 최신 기술을 활용해 엄격한 정부 규제를 준수하면서 금융 서비스를 효율적이고 효과적으로 제공하고 있다.

스마트 소비자 금융을 예로 들어보겠다. 스마트 소비자 금융의 목적은 ML 기술을 활용해 신용도가 높은 소비자에게 개인화된 금융 서비스를 제공함으로써 소비를 촉진하는 것이다. 소비자 금융과 관련된 데이터 특성에는 상품의 특성 외에도 소비자의 자격 심사 정보, 구매력, 구매 선호도 등이 있다. 실제 응용에서는 이러한 데이터 특성들을 여러 부서나 회사에서 수집할 가능성이 높다. 예를 들어(그림 10.1) 소비자의 자격 심사 정보와 구매력은 은행 잔고로 추론할 수 있고, 다양한 제품이나 서비스에 대한 구매 선호도는 소비자의 소셜 네트워크를 분석해 추론할 수 있다. 제품의 특성은 전자 쇼핑몰에 기록돼 있다. 이 시나리오에서 우리는 두 가지 문제를 마주하게 된다. 첫째, 사용자 프라이버시와 데이터 보안을 지켜야 하기 때문에, 은행과 SNS, 전자 쇼핑몰 사이트 간의 데이터 장벽

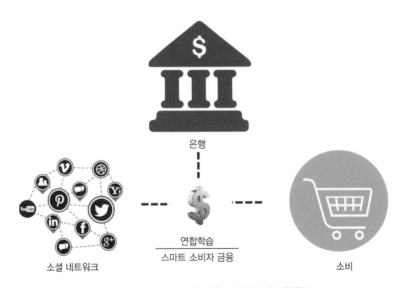

그림 10.1 스마트 소비자 금융 분야에서의 연합학습

을 허물기 어렵다. 결과적으로 데이터를 직접 모을 수 없다. 둘째, 세 당사자가 저장한 데이터는 일반적으로 이질적인 데이터인 경우가 많은데, 기존의 ML 모델은 이질적인 데이터에 대해 곧바로 작동하지 않는다. 현재로서는 이러한 문제가 기존 ML 방법으로 효율적으로 해결되지 않았다.

이러한 문제를 해결하는 열쇠가 연합학습과 전이학습이다. 우선, 연합학습을 기반으로 데이터를 노출하지 않고 세 당사자의 로컬 개인화 모델을 구축할 수 있다. 그러면서 전이학습을 활용해 데이터 이질성 문제를 해결하고 기존 AI 기술의 한계를 극복할 수 있다. 따라서 연합학습은 기업 간, 데이터 간, 도메인 간 빅데이터 및 AI 생태계를 구축할 수 있는 훌륭한 기반 기술의 역할을 할 수 있다.


## 10.2 헬스케어

AI 기술이 발전하면서 인건비와 인적 오류를 줄이려는 요량으로 의료 분야에서 많은 AI 애플리케이션이 개발됐다. 예를 들어, 초기 단계에 심장병을 진단하고 암세포를 식별하는 데 도움을 주는 AI 프로그램들이 순환기내과와 방사선과를 위해 개발됐다. 헬스케어 분야의 유망한 AI 애플리케이션들이 나타나면서 점점 더 많은 헬스케어 제공 업체들이 효율성을 높이고 환자 치료를 개선하는 데 AI를 활용하고 있다(그림 10.2).

그러나 의료 산업에서 AI 기술 적용은 아직 걸음마 단계에 있다. 기존의 지능형 의료 시스템은 진정한 '지능'과는 거리가 멀고, 일각에서는 안전하지 않은 잘못된 처방안을 제공하는 것에 대해 의구심을 품고 있다[Chen, 2018, Marian, 2018]. 기존의 지능형 의료 시스템이 불완전한 요인은 여러 가지가 있다. 결정적인 요인은 환자의 증상을 종합적으로 나타낼 수 있는 풍부한 특성을 갖는 데이

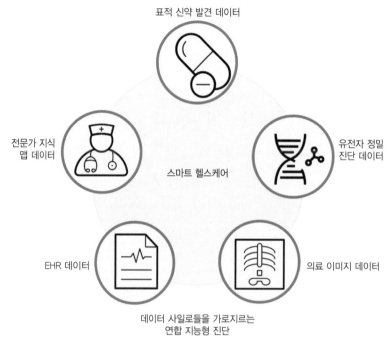

그림 10.2 지능형 진단 분야에서의 연합학습

터를 충분히 많이 수집하기가 어렵다는 점이다. 예를 들어 질병을 정확하게 진단하기 위해서는 질병의 증상, 유전자 염기서열, 의료 보고서, 검사 결과, 학술 논문 등 다양한 출처에서 나온 특성들이 필요할 것이다. 그러나 이러한 모든 특성값을 채울 수 있는 안정적인 데이터 소스는 없다. 게다가 대다수의 훈련 데이터는 레이블이 없다. 연구자들은 의료 AI 개발에 유용한 데이터셋을 수집하려면 10,000명의 전문가를 투입해도 10년은 걸릴 것으로 추정한다. ML 모델의 성능 저하를 초래하는 데이터와 레이블의 부족 현상은 지능형 의료 시스템의 병목 현상이 되고 있다.

이러한 병목 현상을 극복하기 위해 의료 기관들은 프라이버시 보호 규정에 따라 데이터를 공유하는 방식으로 연합할 수 있다. 그런 다음 단일 의료 기관의 데이터로 훈련시킨 모델보다 훨씬 더 성능이 좋은 모델을 훈련할 수 있을 만큼 충분히 큰 데이터셋을 확보할 수 있다. 이러한 목표를 달성하는 데 연합학습과 전이학습을 결합하는 방식이 유망한 해결책이 된다. 첫째, 의료 기관의 데이터는 프라이버시와 보안 문제에 민감하다. 이러한 데이터를 한곳에 직접 모으는 것은 현실적으로 불가능하다. 연합학습을 이용하면 모든 참여자가 각자의 비공개 환자 데이터를 교환하거나 노출하지 않고 공유 모델을 공동으로 훈련시킬 수 있다. 둘째, 전이학습 기법은 훈련 데이터의 샘플 공간과 특성 공간을 확장해 공유 모델의 성능을 개선하는 데 도움이 될 수 있다. 이에 따라 연합 전이학습이 지능형 의료 시스템 개발에 중요한 역할을 할 수 있다. 향후에 상당수의 의료 기관이 연합학습을 통해 데이터 제휴를 맺는다면, 헬스케어 AI는 더 많은 환자에게 큰 혜택을 가져다줄 것이다.

## 10.3 교육

교육자들은 여러 교과목(예를 들면 과학, 기술, 공학, 수학$^{STEM}$ 과목 간, STEM과 인문학 간)을 융합하는 교육 시스템을 오랫동안 부르짖어 왔다. 그러나 교육 시스템에서는 이러한 통합 학습 경험을 제공하는 데 필요한 선수 기술이나 지식 베이스, 경험 등을 거의 관리하지 못했다. 전형적인 적응형 교육 시스템$^{AIS, Adaptive Instructional}$ $^{System}$은 한 과목씩만 다루고 자체적인 콘텐츠 지식 베이스, 적응형 엔진, 데이터 관리 방법을 사용하는 경우가 많다. 예를 들어 수학 AIS 지식 베이스는 일반적으로 수학의 세분화된 학습 목표들을 연결한 지식 그래프로 구성되는데, 이러한 수학의 학습 목표들은 물리학이나 화학의 여러 목표들과 다양한 연결 관계가 있다. 예를 들어, 학생이 미적분 지식이 있다면 그와 연결되는 물리학이나 화학의 학습 경험에 관한 정보를 제공할 수 있다. 이와 같이 여러 교육 시스템을 넘어

지식 베이스를 통합하면 여러 AIS의 범위를 확장할 뿐만 아니라 학생들에게 좀 더 풍부하고 융합적인 적응형 학습 경험을 지원할 수 있다.

이를 통합하기 위해 각 AIS의 지식 그래프를 표현력이 높다고 증명된 그래프 신경망<sup>graph neural network</sup>으로 인코딩할 수 있다. 그런 다음, 연합학습 기반 방식을 사용해 다양한 AIS의 지식 신경 그래프를 통합하는 종합적인 모델을 구축하면, 교과 과정 지식, 학습자 모델, 데이터를 한 AIS에서 여러 AIS의 범위까지 확장할 수 있다. 이런 방식으로 각 AIS는 자체 지식 베이스와 적응형 엔진, 데이터를 유지하는 동시에 연합 시스템의 데이터 동기화, 지연 시간 감소, 보안 기능의 이점을 얻을 수 있다.

교육 자원의 통합 외에도 연합학습은 교육의 개인화를 달성하는 데도 유용하다(그림 10.3). 더 구체적으로 말하면, 교육 기관에서는 연합학습을 활용해 스마트폰, 아이패드, 노트북 컴퓨터와 같은 학생의 개인 모바일 기기에 저장된 데이터를 기반으로 일반 학습 계획 수립 모델을 공동으로 구축할 수 있다. 일반 모델을

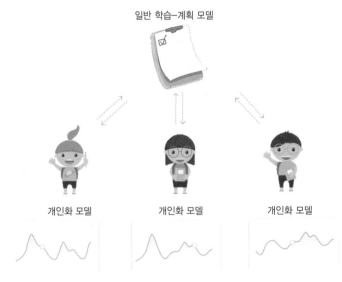

그림 10.3 교육 분야에서의 연합학습

통해 배경지식이 비슷한 학생들에게 표준화된 학습 계획을 세워줄 수 있다. 이러한 일반 모델에 학생의 강점, 필요, 기술, 관심을 기반으로 각 학생에 맞게 학습 지침을 제공할 수 있는 개인화된 모델을 구축할 수 있다.

## 10.4 어반 컴퓨팅과 스마트 시티

유 정[Yu Zheng]과 동료들의 연구[Zheng et al., 2013]에 따르면, 어반 컴퓨팅[urban computing]은 대기 오염, 에너지 소비 증가 및 교통 혼잡과 같은 도시가 직면한 주요 문제를 해결하기 위해 센서, 장치, 차량, 건물, 인간과 같은 도시 공간의 다양한 소스에서 생성되는 이질적인 대규모 데이터를 수집, 통합, 분석하는 과정이다. 어반 컴퓨팅은 시민의 요구에 민첩하게 대응하는 스마트 시티를 구현하는 기술이다.

클라우드 서비스, 빅데이터, AI, 사물인터넷[IoT, Internet of Things], 5G 기술이 발전하면서 스마트 시티가 많은 개발도상국과 선진국에서 점점 더 빠른 속도로 건설되고 있다. 그러나 일시적인 폭증 이후, 스마트 시티 개발은 여러 도시에서 많은 어려움에 부딪히면서 더 느리게 진행되는 단계에 들어섰다.

아이리서치[iResearch]는 스마트 시티를 건설하면서 연구자와 엔지니어, 공무원이 직면한 네 가지 과제를 다음과 같이 정리했다[iResearch, 2019].

- **참여를 무시한 기술 강조**: 정보화와 대기업 · 기관 간 플랫폼 구축은 강조하면서 대다수인 중소기업의 참여는 신경 쓰지 않는다.
- **데이터 사일로와 데이터 단편화**: 도시 관리에 관한 데이터와 응용, 부서별 담당 업무가 제대로 통합돼 있지 않은 채로 남아 있다.
- **지능형 시스템의 보안 위험**: 정보 보안, 운영 보안, 네트워크 보안에 대한 관심이 부족해 도시 관리 비용과 위험이 커진다.

- **지속 가능한 운영 모델의 부재**: 종합적인 시장 참여 메커니즘이 없다. 시장의 규칙에 의해 조정이 이뤄지는 지속 가능하고 정당한 이익 공유 및 보상 메커니즘이 구축돼야 한다.

연합학습은 프라이버시를 보전하고 협력적으로 작동하는 특성이 있어 이러한 문제를 해결하는 데 유망한 방법이 된다(그림 10.4). 연합학습은 스마트 시티 기술의 협력적인 구축을 통해 소규모 비즈니스에 더 큰 기회와 혜택을 제공한다. 연합학습을 통해 작은 기업들은 프라이버시와 보안을 침해하지 않으면서 모든 참여자의 데이터를 활용해 지능형 애플리케이션을 공동으로 구축할 수 있다. 예를 들어 승차 공유 회사들은 연합학습을 적용해 차량 경로 문제를 해결하는 최적의 모델을 공동으로 구축할 수 있으며, 직접적인 수익 증가와 고객 만족도 향상 이외에 교통 혼잡이 분산되고 줄어드는 데서 오는 부수적인 이익도 얻을 수 있다.

그림 10.4  어반 컴퓨팅과 스마티 시티 분야에서의 연합학습

연합학습을 이용하면 데이터 사일로 문제를 어느 정도 해결할 수 있다. 데이터 사일로를 형성하게 되는 여러 요인으로는 규제 위험, 프라이버시 문제, 부적절한 인센티브, 이질적인 데이터 통합에 드는 높은 비용 등이 있다. 프라이버시 문제를 해결하고 참여자들에게 이익을 제공하는 것 외에도 연합학습을 이용해 각기 다른 특성을 갖는 이질적인 데이터를 통합할 수 있다. 예를 들면, 현재의 대기질 예측 모델을 수립할 때는 곳곳에 흩어져 있는 대기질 측정소에서 나온 측정 지표들과 기상 조건에 따른 대기질 지수$^{AQI, Air Quality Index}$에 의지하는 것이 일반적이며, 좀 더 정밀한 산업 배기 가스와 차량 배기 가스 데이터는 AQI와 특성 공간이 많이 달라서 활용하지 않는다. 수직 연합학습을 이용하면 특성이 서로 다른 이질적인 데이터에 대해 가상의 공유 모델을 훈련시킬 수 있으므로 이 문제를 해결할 수 있다.

장기적으로 데이터 연합을 안정성 있게 유지하고 시간이 흐름에 따라 고품질 데이터 소유자들이 참여하도록 유도하려면, 연합에서 발생하는 이익을 참여자와 공정하고 정당하게 공유하는 인센티브 제도가 필요하다. 이러한 기능을 위해 제안된 것이 연합학습 인센티브 제공자$^{FLI, Federate Learning Incentivizer}$다. 더 자세한 내용을 알고 싶다면 7장을 참고하기 바란다. 이 이익 공유 방식의 핵심은 연합에 참여한 데이터 소유자 간의 불평등을 최소화하면서 지속 가능한 운영 목표를 공동으로 최대화함으로써 주어진 예산을 데이터 소유자 간에 동적으로 나누는 것이다. FLI를 통해 점점 더 많은 데이터 소유자들이 데이터 연합에 고품질 데이터를 제공하도록 동기 부여를 받아 스마트 시티 개발을 촉진하게 될 것으로 전망하고 있다.

## 10.5 에지 컴퓨팅과 사물인터넷

네티즌 수가 급증하고[CNNIC, 2018, eMarketer, 2017] 모바일 인터넷과 휴대폰이 대중화되면서 모바일 에지 컴퓨팅Mobile Edge Computing이 발전하게 됐다. 모바일 에지 컴퓨팅을 이용하면 데이터를 클라우드 서버로 보내는 대신 데이터가 생성되는 곳(즉, IoT 장치)에서 컴퓨팅을 처리할 수 있다. IoT 장치, 특히 모바일 기기를 배포한 기업이나 기관이라면 모바일 에지 컴퓨팅을 적용할 수 있다.

휴대폰에 AI 기술을 활용하는 다양한 애플리케이션(예: 얼굴 인식, 음성 비서, 자동 배경 블러blur 효과 등)의 설치가 가능하다. AI 애플리케이션에서 거대한 모델을 훈련시키기 위해 현재 일반적으로 사용하는 방식은 사용자 데이터를 클라우드 서버에 업로드하는 방식이다. 그러나 이는 프라이버시 침해와 보안 위반을 야기할 수 있다. 또한 중앙 집중적인 현재 AI 알고리듬의 특성상, 사용자가 AI 앱을 사용하는 동안 지연 시간이 길어지는 문제를 겪을 수 있으며, 특히 연결 강도가 약한 경우에는 문제가 더 심해질 것이다.

연합학습을 통해 로컬 데이터의 프라이버시와 보안을 유지하면서 좀 더 지능적인 모델을 구축할 수 있다. 연합학습에서 제공하는 학습 프로토콜이 코디네이션과 보안을 지원하므로, 연합학습은 에지 컴퓨팅을 위한 운영체제 역할을 할 수 있다(그림 10.5). 더 구체적으로, 연합학습을 사용하면 에지 컴퓨팅 장치들이 데이터를 클라우드로 보내지 않고도 공동으로 ML 모델을 훈련할 수 있게 된다. 연합학습이 프라이버시 보전이라는 이점을 가져다주지만, 그 외에 사용자에게 즉시 응답할 수 있는 개인화된 모델이 각 모바일 기기에 생긴다는 이점도 있다. 구글은 안드로이드 스마트폰의 지보드Gboard 애플리케이션에서 연합학습을 테스트할 준비를 마쳤다[McMahan and Ramage, 2017]. 구글의 연합학습 알고리듬은 기기에 저장된 사용자 입력 제안의 클릭 이력을 활용해 지보드의 입력 제안 모델을 개선하는 과정을 반복한다.

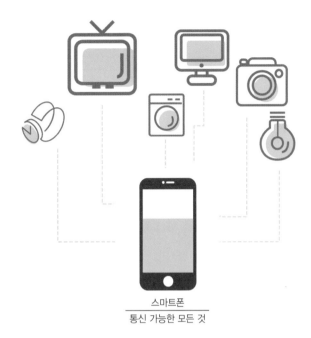

스마트폰
통신 가능한 모든 것

그림 10.5 에지 컴퓨팅 분야에서의 연합학습

연합학습이 가져온 변화는 모바일 기기를 넘어 스마트홈 단말기에도 영향을 미치고 있다. 연합학습을 사용하면 다양한 스마트홈 기기에서 수집된 데이터의 이질적인 특성들을 최대한 활용할 수 있어 더 스마트한 애플리케이션을 구축할 수 있다. 연합학습 모델은 TV나 전등에도 적합하고, 스마트 스피커나 도어 락과 결합해 연결 기능을 개발해 더 복잡하고 새로운 유형의 스마트홈 동작을 지원하는 데도 적합하다.

연합학습을 통해 모델 훈련을 에지에서 수행하도록 옮겨오면 이로 인해 많은 알고리듬 및 기술 문제가 발생하게 된다. 그중 하나는 복잡한 로컬 모델을 훈련하려면 더 강력한 프로세서를 가진 에지 장치가 필요하다는 점이다. 이러한 요구사항으로 인해 애플, 화웨이, 샤오미를 비롯한 단말기 제조업체들은 심층 신경망과 같은 최신 AI 기술에 특화된 특수 하드웨어(예: 신경망 처리 장치[NPU, Neural Processing]

Unit)를 개발하는 방향으로 나아가고 있다. AI와 IoT 기술의 발전에 따라 AI 기술과 에지 컴퓨팅은 개별적으로 발전하는 것이 아니라 통합적으로 발전하게 될 것이다.

## 10.6 블록체인

연합학습은 참여자들에게 강력한 ML 모델을 공동으로 구축할 수 있게 해주고 프라이버시 보전 메커니즘을 이용해 데이터의 프라이버시를 보호해준다. 그러나 연합학습은 백도어 공격에 취약하다는 논란이 있어왔다[Bagdasaryan et al., 2019]. 예를 들어, 악의적인 참여자가 악의적인 훈련 샘플로 머신러닝 모델을 중독시키고 모델 교체 기법을 사용해 최종 모델의 효과를 나쁘게 만들 수 있다. 악의적인 공격(예: 방어적 증류<sup>defensive distillation</sup>, 적대적 훈련 정칙화 등)을 막기 위해 많은 보안 프로토콜이 개발됐다. 그러나 단순히 수동적인 방어 대신 연합학습을 악의적인 공격으로부터 능동적으로 보호하려면 악의적인 공격을 효과적으로 탐지하고 악의적인 참여자를 콕 집어낼 수 있는 메커니즘이 필요하다.

블록체인<sup>blockchain</sup>은 불변성과 추적성을 지니고 있어 연합학습에서 악의적인 공격을 방지하는 효과적인 도구가 될 수 있다[Preuveneers et al., 2018]. 더 구체적으로 말하면, 각 참여자가 로컬 모델에 대해 수행한 즉각적인 업데이트들이 블록체인의 분산 원장에 체인 형태로 기록되면 이러한 모델 업데이트를 감사<sup>audit</sup>할 수 있다. 또한 로컬 가중치나 그레이디언트 같은 모든 모델 업데이트를 추적해 이와 연관된 개별 참여자를 알아낼 수 있어서, 변조 시도나 악의적인 모델 대체를 감지할 수 있다. 또한 무결성과 기밀성을 보장하도록 모델 업데이트를 암호화해서 체인으로 저장할 수 있다.

## 10.7 5G 모바일 네트워크

ML과 무선 네트워크가 만나는 분야에서도 연합학습은 활발한 연구 주제가 됐으며[Habachi et al., 2019, Zhou et al., 2019, Zhu et al., 2018, Samarakoon et al., 2018, Jeong et al., 2018], 특히 5G 모바일 네트워크 또는 그 이상과 관련한 연구도 활발하게 이뤄지고 있다[Niknam et al., 2019, Letaief et al., 2019, Bennis, 2019, Park et al., 2019]. 예를 들어, 무선 네트워크에서는 일반적으로 데이터가 사용자에게 있거나 네트워크 에지에 있기 때문에, 중앙 집중식 데이터 수집을 기반으로 하는 기존 ML은 무선 네트워크에 적용할 수가 없다. 연합학습은 데이터 프라이버시 문제뿐만 아니라 통신 대역폭과 신뢰성, 지연 시간 문제 등을 해결할 수 있는 대책이 된다[Bonawitz and Eichner et al., 2019]. 또한 연합학습은 더 나은 무선 네트워크를 구축하는 데도 도움이 될 수 있다. 일례로, 솔마즈 니크남[Solmaz Niknam]과 동료들의 연구[Niknam et al., 2019]에서는 연합학습을 활용해 주요 문제를 해결하고 5G 모바일 네트워크의 성능을 개선하는 방법에 대한 개괄적인 내용을 제시했다.

# 요약과 전망

이 책에서는 연합학습에 대해 전반적으로 알아보고, 프라이버시 보전 머신러닝과 분산 머신러닝, 수평 연합학습, 수직 연합학습, 연합 전이학습, 인센티브 메커니즘, 컴퓨터 비전과 자연어 처리 및 추천 시스템에서의 연합학습, 연합 강화학습, 다양한 산업 부문의 연합학습 응용에 대한 배경지식을 살펴봤다.

연합학습이 탄생한 계기는 데이터 단편화, 데이터 사일로, 사용자 프라이버시 유출, 머신러닝 데이터 부족 등의 문제가 불거지면서였다. 우리 사회는 대기업에 의한 심각한 사용자 프라이버시 침해의 영향을 인식하고 있으며, 여러 규제 기관에서는 GDPR의 가장 엄격한 데이터 보안 요구사항[DLA Piper, 2019]과 같이 개인 데이터 공유에 관한 법률을 강화하고 있다. 중앙 집중식 데이터 수집을 기반으로 하는 기존의 머신러닝 접근 방식은 엄격한 데이터 보호법을 준수하지 않기 때문에 AI 분야가 계속 발전하려면 데이터 프라이버시를 보호할 수 있는 혁신적인 솔루션이 절실히 필요하다.

연합학습을 이용하면 여러 당사자가 각자의 데이터를 비공개로 유지하면서 머신러닝 모델을 공동으로 안전하게 구축할 수 있다. 연합학습에서는 데이터가 데이터 소유자 외부로 나가지 않으므로 프라이버시를 잘 보호할 수 있다. 이 책에서는 수평 연합학습과 수직 연합학습, 연합 전이학습을 비롯해 연합 머신러닝 모델을 구축하는 여러 방식에 관해 논의했다. 또한 연합 강화학습, 그리고 컴퓨터 비전과 자연어 처리 및 추천 시스템에서의 연합학습을 살펴봤다. 사회가 발전해나가면서 이러한 기술들이 비밀리에 프라이버시를 보전하면서 협력적으로 모델을 구축하는 다음 AI 단계로 나아가는 데 중요한 역할을 할 것이다. 이러한 사례 중 하나가 구글의 지보드[Gboard] 시스템[Bonawitz and Eichner et al., 2019]이다. 이 책 앞부분에서 연합학습이 단순히 하나의 기술일 수도 있지만 FedAI 생태계와 같은 프라이버시 보전 생태계이기도 함을 언급한 바 있다[WeBank FedAI, 2019]. 연합학습 생태계를 구축하는 것은 인센티브 메커니즘을 신중하게 설계해 이익이 공정하고 투명하게 공유될 수 있도록 보장해야 하는 경제적 문제이기도 하다. 이는 다양한 당사자가 지속 가능한 방식으로 연합에 합류하고 싶도록 만들기 위한 것이다. 또한 이러한 인센티브 메커니즘은 연합이 악의적인 참여자들을 단념하게 해야 한다.

연합학습 응용 시나리오가 점점 더 많이 발견되고 있으며, 응용 분야가 훨씬 더 넓어지고 있다. 응용 분야는 머신러닝, 통계, 정보 보안, 암호화 및 모델 압축, 게임 이론과 경제 원리, 인센티브 메커니즘 설계 등에 이르고 있다.

향후에 연합학습 생태계는 확장될 가능성이 높다. FATE[WeBank FATE, 2019], 파이시프트[PySyft, 2019]와 같은 더 많은 오픈소스 소프트웨어가 등장할 것이다. 실무자들은 사회에서 기대하는 모든 필수 요소를 갖춘 솔루션을 구축하는 데 능숙해질 것이며, 연합학습은 '사회적 이익을 위한 AI'의 대표적인 예가 될 것이다.

# 데이터 보호에 관한 법률

데이터와 머신러닝 모델을 공유함으로써 우리 사회가 얻는 이점이 많지만, 부적절한 데이터 공유는 심각한 프라이버시 침해로 이어질 수 있다. 부록 A에서는 데이터 프라이버시 문제를 해결하기 위해 법률을 제정한 사례 세 가지를 설명한다. 유럽 연합, 미국, 중국의 최신 규정을 살펴볼 것이다. 이 내용은 데이터 보호 법률 및 규정에 관한 추가 정보를 제공하기 위한 것이며, 법적인 조언을 하기 위한 것이 아님을 밝힌다.

## A.1 유럽 연합에서의 데이터 보호

빅데이터와 AI 시대를 맞아 누구나 사용자 프라이버시와 데이터 기밀 유지에 관해 우려가 생긴다. 점점 더 심각한 데이터 유출 및 프라이버시 침해 사례가 발생하면서[Mancuso et al., 2019], 데이터 보호에 대한 사회적 관심과 대중의 목소리가 높아지고 있다. 2016년에 유럽 연합<sup>EU, European Union</sup>에서 채택해 2018년에 발효된 일반 데이터 보호 규정<sup>GDPR, General Data Protection Regulation</sup>은 현재 가장 포괄적이고 널리 채택된 데이터 보호법이다. GDPR은 디지털 시대에 EU 역내에 거주하는 사람들을 사용자 프라이버시와 데이터 보안 침해로부터 보호하기 위해 제정됐다. 이는 거의 20년 만에 생긴 EU 사용자 개인정보 보호법에 대한 가장 큰 변화로 간주되고 있다[GDPR Info, 2019, GDPR.ORG, 2019, GDPR overview, 2019].

GDPR은 데이터 보호 지침<sup>DPD, Data Protection Directive</sup> 95/46/EC[GDPR Info, 2019, GDPR.ORG, 2019, GDPR overview, 2019]를 2016년에 대체했다. EU는 회원국이 GDPR을 준수할 수 있도록 2년의 유예 기간을 줬으며, 2018년 5월 25일에 공식적으로 발효됐다.

GDPR은 99개 조항<sup>article</sup>을 분류한 11개 장<sup>chapter</sup>의 본문과 추가 설명을 담은 173개의 전문<sup>recital</sup>으로 이뤄져 있다. GDPR의 개요는 다음과 같다.

- 1장은 일반 조항으로 4개 조항(제1~4조)으로 명시돼 있다.

- 2장은 데이터 보호 원칙의 요점을 설명하며, 7개 조항(제5~11조)으로 명시돼 있다.

- 3장은 데이터 주체의 권리를 정의하며, 5개 절<sup>section</sup> 12개 조항(제12~23조)으로 명시돼 있다.

- 4장은 정보 처리자<sup>controller</sup>와 수탁 처리자<sup>processor</sup>의 권리와 의무를 정의하며, 5개 절 20개 조항(제24~43조)으로 명시돼 있다.

- 5장은 제3국 또는 국제 기구로의 개인 데이터 이전에 관한 규정을 정의하며, 7개 조항(제44~50조)으로 명시돼 있다.

- 6장은 독립적인 감독 기관의 역할을 정의하며, 2개 절 9개 조항(제51~59조)으로 명시돼 있다.

- 7장은 협력과 일관성에 관한 규정을 정의하며, 3개 절 17개 조항(제60~76조)으로 명시돼 있다.

- 8장은 구제책, 책임, 처벌을 정의하며, 8개 조항(제77~84조)으로 명시돼 있다.

- 9장은 특정 정보 처리 상황과 관련된 규정을 정의하며, 7개 조항(제85~91조)으로 명시돼 있다.

- 10장은 위임 법률과 시행 법률을 정의하며, 2개 조항(제92~93조)으로 명시돼 있다.

- 11장은 최종 규정을 정의하며, 6개 조항(제94~99조)으로 명시돼 있다.

공식 GDPR 문서와 상세 내용은 [GDPR document, 2016]에서 볼 수 있다.

## A.1.1 GDPR의 용어

GDPR 제4조에 GDPR에서 사용하는 용어가 명확히 정의돼 있다. 여기서는 가장 중요한 몇 가지만 살펴보겠다.

- **개인 데이터**personal data: 식별되거나 식별 가능한 자연인('데이터 주체')과 관련된 모든 정보. 해당 데이터 주체의 신체적, 생리적, 유전적, 정신적, 경제적, 문화적, 사회적 식별 정보 등

- **처리**processing: 자동화된 수단의 이용 여부에 관계없이 개인 데이터 또는 개인 데이터셋에 대해 수행되는 모든 작업 또는 작업의 집합. 자동화된 수단의 이용 여부에 관계가 없으며, 수집, 기록, 조직, 구조화, 저장, 수정 또는 변경, 조회, 참조, 사용, 전송을 통한 노출, 유포 또는 다른 방식으로 제공, 배치 정렬 또는 결합, 제한, 삭제, 파기 등

- **국경을 넘는 처리**cross-border processing: 개인 데이터 처리가 둘 이상의 EU 회원국

에서 이뤄지는 경우

- **프로파일링**<sup>profiling</sup>: 자연인과 관련된 어떤 개인의 측면을 평가하기 위해 개인 데이터를 이용하는 모든 형태의 개인 데이터 자동화 처리

- **가명화**<sup>pseudonymisation</sup>: 추가 정보를 사용하지 않고는 개인 데이터를 더 이상 특정 데이터 주체와 연관시킬 수 없도록 하는 방식의 개인 데이터 처리. 단, 이러한 추가 정보는 별도로 보관되며 개인 데이터를 식별되거나 식별 가능한 자연인과 연관시키지 못하도록 하는 기술적 및 조직적 조치가 적용됨

- **정보 처리자**<sup>controller</sup>: 개인 데이터 처리의 목적과 수단을 단독 또는 다른 주체와 공동으로 결정하는 자연인 또는 법인, 공공 기관, 대행사, 기타 기관

- **수탁 처리자**<sup>processor</sup>: 정보 처리자를 대신해 개인 데이터를 처리하는 자연인 또는 법인, 공공 기관, 대행사, 기타 기관

- **데이터 주체의 동의**<sup>consent of the data subject</sup>: 데이터 주체가 진술이나 분명한 적극적인 행동에 의해 자신과 관련된 개인 데이터 처리에 대해 동의함을 자유롭게, 구체적으로, 정보를 충분히 제공받고, 모호하지 않게 나타내는 모든 의사 표시

- **개인 데이터 침해**<sup>personal data breach</sup>: 전송, 저장, 처리되는 개인 데이터의 우발적·불법적 파기, 손실, 변경, 무단 공개 및 열람을 초래하는 보안 위반

## A.1.2 GDPR의 주요 내용

GDPR은 데이터 처리와 관련해 강력한 프라이버시 보호 규칙을 시행하는데, 여기서 몇 가지 중요한 핵심사항을 제공한다.

- **주요 내용 I: 확대된 영토 범위(GDPR 제3조)**

확대된 영토 범위 확대는 영토 외 적용 가능 범위라고도 하는데, 확대된 영토 범위는 DPD 95/46/EC와 비교했을 때 GDPR에서 크게 달라진 변경사항 중 하나다. 구체적으로 GDPR은 다음의 경우에 적용된다[DLA Piper, 2019, GDPR document, 2016, TechRepublic, 2019].

(i)  EU 역내에 설립된 조직에 의한 개인 데이터 처리에 적용되며, 이때 처리가 EU 역내에서 발생하는지 여부는 관계없다.

(ii)  EU 역내에 설립되지 않은 조직이 EU에 거주하는 데이터 주체의 개인 데이터를 처리할 때, 이러한 처리가 EU 역내의 데이터 주체에게 재화나 용역을 제공하는 것과 관련되거나 EU 역내에서 일어나는 데이터 주체의 행태를 모니터링하는 경우에 적용된다.

(iii)  EU 역내에 설립되지 않은 조직이 EU 역내 데이터 주체의 개인 데이터를 처리할 때, 이러한 처리가 EU 역내 데이터 주체의 행태를 모니터링하는 것과 관련된 경우에 적용된다.

(iv)  EU 역내에 설립되지 않았지만 국제 공법에 따라 EU 회원국 법률이 적용되는 조직에 의한 개인 데이터 처리에 적용된다.

- **주요 내용 II: 개인 데이터 처리 기본 원칙(GDPR 제5조)**

GDPR에서는 개인 데이터 처리와 관련된 7가지 기본 원칙을 제시하고 있다 [GDPR document, 2016, GDPR Info, 2019, GDPR overview, 2019, Kotsios et al., 2019, University of Groningen, 2019].

(i)  적법성, 공정성, 투명성: 개인 데이터는 데이터 주체에 대해 적법하고, 공정하며, 투명한 방식으로 처리돼야 한다. 투명성은 개인 데이터 처리와 관련된 모든 정보 제공과 의사소통이 용이하고 이해하기 쉬워야 함을 의미한다. 이와 관련해 명확하고 평이한 언어를 사용해야 한다. 이

원칙은 데이터 주체가 정보 처리자의 신원과 개인 데이터 처리 목적에 대한 정보를 받도록 보장한다.

(ii)  목적 제한: 개인 데이터는 구체적이고 명시적이며 합법적인 목적으로 수집돼야 하며, 해당 목적과 양립하지 못하는 방식으로 추가 처리될 수 없다.[1]

(iii) 데이터 최소화: 개인 데이터는 처리 목적과 관련해 적절하고 관련성이 있으며 필요한 정도로만 제한돼야 한다.

(iv)  정확성: 개인 데이터는 정확해야 하며, 필요한 경우 최신 상태로 유지돼야 한다. 처리 목적과 관련해 부정확한 개인 데이터는 지체 없이 삭제 또는 정정되도록 모든 합당한 조치가 취해져야 한다.

(v)   저장 제한: 개인 데이터는 처리 목적에 필요한 기간 동안만 데이터 주체를 식별할 수 있는 형태로 보관돼야 한다.

(vi)  무결성과 기밀성: 개인 데이터는 적절한 보안을 보장하는 방식으로 처리돼야 하며, 무단 또는 불법 처리, 우발적 손실, 파기 또는 손상 등에 대해 적절한 기술적 또는 조직적 조치를 이용한 보호가 그러한 보장 방식에 해당한다.

(vii) 책임성: 정보 처리자는 여섯 가지 데이터 보호 원칙 (i)~(vi)를 준수할 책임이 있으며, 이를 입증할 수 있어야 한다.

- **주요 내용 III: 데이터 주체의 권리(GDPR 제13~22조)**

GDPR은 데이터 주체에 대한 여덟 가지 권리를 정의하고 있다[GDPR document, 2016, GDPR Info, 2019, GDPR overview, 2019, Kotsios et al.,

---

1  공익이나 과학적 또는 역사적 연구, 통계적 목적을 위한 추가 처리는 본래의 목적과 양립되지 않는 것으로 보지 않으므로 허용된다[GDPR overview, 2019, Kotsios et al., 2019, University of Groningen, 2019].

2019].

(i) 정보를 제공받을 권리: 정보를 제공받을 권리에는 일반적으로 프라이버시 보호 고지를 통해 '공정한 처리 정보'를 제공해야 하는 의무가 포함된다. 개인 데이터 사용 방식에 대한 투명성을 강조한다.

(ii) 열람권: 데이터 주체는 자신의 개인 데이터에 대해 접근을 요청할 권리가 있으며 수집된 데이터가 회사에서 어떻게 사용되는지 물을 권리가 있다. 요청을 받은 경우, 회사는 개인 데이터 사본을 전자 형식으로 무료로 제공해야 한다.

(iii) 정정권: 데이터 주체는 개인 데이터가 부정확하거나 불완전한 경우에 정정을 요청할 권리가 있다.

(iv) 삭제권(잊힐 권리): 데이터 주체는 개인 데이터를 계속 처리해야 할 특별한 이유가 없는 경우 개인 데이터의 삭제 또는 제거를 요청할 권리가 있다.

(v) 처리에 대한 제한권: 데이터 주체는 자신의 데이터가 처리에 사용되지 않도록 요청할 수 있다. 데이터 기록이 그대로 남아 있을 수는 있지만, 이를 사용할 수는 없다.

(vi) 데이터 이동권: 개인은 한 서비스 제공자에서 다른 서비스 제공자에게 자신의 데이터를 전송할 권리가 있다. 데이터 전송은 보편적으로 사용되며 기계가 읽을 수 있는 형식으로 이뤄져야 한다.

(vii) 반대할 권리: 데이터 주체는 직접 마케팅 목적의 데이터 처리를 중단할 권리가 있다. 이 규칙에는 예외가 없으며 어떠한 처리든 요청을 받는 즉시 중지돼야 한다. 또한 이 권리는 모든 의사소통 시 맨 처음에 데이터 주체에게 명확히 통지돼야 한다.

(viii) 자동화된 의사 결정과 프로파일링에 관한 권리: 데이터 주체는 본인에 대해 법적 효력을 일으키거나 이와 유사하게 중대한 영향을 미치는 자동화 처리 기반 의사 결정을 적용받지 않을 권리가 있다.

• **주요 내용 IV: 설계 및 기본 설정에 의한 데이터 보호(GDPR 제25조)**

GDPR에 따라, 정보 처리자는 데이터 보호를 고려해 처리 활동에 통합했음을 보여주기 위해 기술적, 조직적 조치(예: 가명화, 데이터 최소화)를 구현할 일반적인 의무가 있다. 정보 처리자는 기본적으로 처리 각각의 특정한 목적에 필요한 개인 데이터만 처리되도록 보장하기 위해 적절한 기술적, 조직적 조치를 구현해야 한다.

• **주요 내용 V: 침해 통지(GDPR 제33조)**

GDPR에서는 모든 조직이 특정 유형의 데이터 침해를 관련 감독 기관에 보고하고, 경우에 따라 영향을 받는 개인에게 보고하도록 요구한다. GDPR에 따라, 이제 모든 회원국에서 '개인의 권리와 자유에 대한 위험을 초래할' 가능성이 있는 데이터 침해에 대해 의무적으로 침해 통지를 해야 한다. 통지는 위반 사실을 처음 알게 된 후 72시간 이내에 이뤄져야 한다. 또한 데이터 처리자는 데이터 침해를 처음 인지한 후 '과도한 지연 없이' 고객인 정보 처리자에게 통지해야 한다.

• **주요 내용 VI: GDPR 위반과 관련된 행정 과태료 부과(GDPR 제83조)**

GDPR에 따라, 특정 중요 조항을 위반한 경우 최대 2천만 유로 또는 전 세계 연간 매출의 4%에 해당하는 금액 중 더 높은 금액의 과태료 처분을 받을 수 있다. 그 외의 조항을 위반한 경우에는 최대 1천만 유로 또는 전 세계 연간 매출의 2%에 해당하는 금액 중 더 높은 금액의 과태료 처분을 받을 수 있다. GDPR에 따른 과태료는 현행법에 따라 부과될 수 있는 과태료보다 훨씬 높다(예를 들면, 현행 영국법에 따른 과태료는 최대 550,000파운드다).

가장 심각한 위반(예를 들면 데이터 처리에 대한 충분한 고객 동의를 받지 않거나, '프라이버시 보호 설계<sup>Privacy by Design</sup>' 개념의 핵심을 위반한 경우)에 대해서는 최대 과태료가 부과된다. 과태료는 등급에 따라 나뉘는 방식이다. 예를 들어 회사에서 처리 활동 기록을 정리하지 않거나(GDPR 제28조 참고), 위반에 대해 감독 기관과 데이터 주체에 알리지 않거나, 영향력 평가를 수행하지 않은 경우, 전 세계 연간 매출의 2%에 해당하는 과태료를 부과받을 수 있다. 이러한 규칙은 정보 처리자와 수탁 처리자 모두에게 적용된다. 즉, '클라우드'도 GDPR 시행에서 면제되지 않는다.

## A.1.3 GDPR의 영향

GDPR은 고객, 계약자, 피고용자에게 데이터에 관해 더 많은 권한을 부여하고, 이러한 데이터를 수집해 사용하는 조직에는 더 적은 권한을 부여한다. GDPR에 따라, 조직은 데이터 주체가 인간의 개입을 통해 자율적인 의사 결정을 내릴 수 있도록 보장할 뿐만 아니라 자동화된 의사 결정에 대해 설명을 얻고 이에 대해 이의를 제기할 수 있도록 보장해야 한다. GDPR의 영향은 광범위하다. 전반적으로 GDPR은 개별 데이터 소유자에게 매우 유리하다. 구현된 새로운 규정을 통해 사용자는 자신의 데이터를 누가 갖고 있는지, 왜 갖고 있는지, 어디에 저장하고 있는지, 누가 열람했는지 알 수 있게 됐다[McGavisk, 2019].

GDPR의 긍정적인 영향은 다음과 같다[McGavisk, 2019].

- **사이버 보안 강화**: GDPR은 사용자 프라이버시 보호와 데이터 보안에 직접적인 영향을 미치지만, 조직들이 사이버 보안 수단을 개발하고 더 개선해 잠재적인 데이터 유출 위험을 낮추도록 장려한다.

- **데이터 보호 표준화**: GDPR은 조직이 GDPR을 준수하면 각 회원국의 개별

데이터 보호법에 대해 조치할 필요 없이 EU 전역에서 자유롭게 운영할 수 있도록 해준다.

- **브랜드 안전성**: 조직이 GDPR을 준수하는 신뢰할 수 있는 정보 보유자가 되면, 고객과 장기간 지속되는 충성스러운 관계를 구축할 수 있는 더 좋은 기회를 얻을 수 있다.

GDPR의 부정적인 영향으로는 다음과 같은 것들이 일어날 수 있다[McGavisk, 2019].

- **미준수로 인한 불이익**: GDPR을 준수하지 않은 결과가 압도적이다. 이로 인해 결국 조직들은 EU 내에서 데이터 보호 의무에 신경을 써 더 많은 노력을 기울이게 된다.

- **규정 준수 비용**: 대부분의 조직은 데이터 보호 이사<sup>Data Protection Officer</sup>를 임명해 내부 정책을 업데이트하고 필요한 프로세스를 구현하기 시작했다.

- **과잉 규제**: 더블 옵트인<sup>double opt-in2</sup>을 양식에 사용하면 고객에게 끝없는 동의 메시지가 날아간다. 계속 옵트인이 존재하면 일부 고객들은 본인이 정말로 동의할 만큼 관심이 있는지 확신을 가질 때까지 옵트인 요구사항을 미루고 등록을 꺼리기도 한다.

GDPR이 AI 산업에 미치는 영향은 지대하다. 머신러닝 모델을 구축하다 보면 데이터가 격리된 사일로에 저장돼 있는 문제 상황을 접하게 되는데, 이를 처리하려고 데이터를 수집하고 전송할 수 없는 경우도 많다[Yang et al., 2019]. 즉, GDPR은 데이터 수집을 불가능한 정도까지는 아니더라도 더 어렵게 만든다. 대출 신청이나 직장 모니터링처럼 고객에게 직접적인 법적 영향을 미치는 데이터

---

2   옵트인(opt-in)은 고객에게 데이터 수집 동의를 받는 방식을 말하며, 더블 옵트인(double opt-in)은 고객의 이메일 주소를 받은 다음에 확인 이메일을 전송하는 방식으로 두 단계에 걸쳐 고객 확인 절차를 거치는 방법을 말한다.

처리와 관련된 AI 애플리케이션의 경우, GDPR은 이러한 목적으로 AI를 사용하는 데 제한을 줄 것이다. 예를 들어, 제22조와 전문 제71항에 따라 기업은 일반적으로 모든 관련 고객으로부터 명시적인 동의를 구하고 이를 기록하는 시간 소모적인 과정을 거쳐야 할 것이다[Roe, 2018]. 연합학습을 이용하더라도 연합 모델 훈련을 수행하기 전에 사용자의 명시적인 동의를 얻어야 하며, GDPR을 준수하기 위해 데이터가 사용되는 용도를 명확하게 설명해야 한다.

## A.2 미국에서의 데이터 보호

EU와 달리, 미국에는 일반 데이터 보호에 대한 단일 법률이나 규정이 없다. 미국에는 여러 가지 부문별 혹은 기관별 국가 사용자 프라이버시 보호 및 데이터 보안 법률이 있어서, 금융 기관, 통신 회사, 개인 건강 정보, 신용 정보, 아동 정보, 텔레마케팅, 직접 마케팅 등에 적용되는 법률과 규정이 따로 있다[DLA Piper, 2019, Pierce, 2018]. 또한 미국에는 데이터 보호, 데이터 폐기, 프라이버시 보호 정책, 사회보장번호의 적절한 사용과 데이터 침해 통지 등을 포함해 50개 주와 영토에 걸쳐 수백 가지의 사용자 프라이버시 보호 및 데이터 보안 법률이 있다.

미국의 개인정보 보호법은 특정 부문이나 문제를 다루는 여러 국가 개인정보 보호 법률과 규정, 프라이버시의 보호와 보안을 다루는 주법, 불공정하거나 기만적인 데이터 사용에 대한 연방 금지법과 주 금지법 등을 이어 붙인 복잡한 형태다[DLA Piper, 2019].

대표적인 예로 캘리포니아주를 들 수 있다. 캘리포니아주에는 2018년에 제정돼 2020년 1월 1일에 발효된 캘리포니아 소비자 개인정보 보호법<sup>CCPA, California Consumer Privacy Act</sup>[CCPA, 2019]을 비롯해 주 사용자 프라이버시 및 데이터 보안법만 25가지가 넘는다. 여러 부문에 걸쳐 적용되는 CCPA는 포괄적인 정의와 광범위한 개인 권리를 내세우고 있으며, 개인정보의 수집, 사용, 공개에 대한 실질적인 요구사항과 제한사항을 부과하고 있다. CCPA는 소비자에게 어떤 정보가 수집되고 누구와 공유되는지 알 권리를 허용한다. 소비자는 기술 회사들이 자신의 데이터를 판매하는 것을 막을 수 있는 선택권을 갖는다[CCPA, 2019].

미국 연방 거래 위원회[FTC, Federal Trade Commission]는 대부분의 상업 기관에 대한 관할권을 가지며, 텔레마케팅, 상용 이메일, 아동 프라이버시 보호와 같은 특정 영역의 프라이버시 보호 규정을 제정하고 시행할 권한을 갖고 있다. FTC는 상당히 불공정한 프라이버시 보호와 데이터 보안 관행을 포함해 불공정하거나 기만적인 거래 관행으로부터 소비자를 보호하기 위한 조치를 시행할 수 있다. 또한 의료, 금융 서비스, 통신, 보험 등 다양한 부문별 규제 기관에서 관할하고 있는 부문의 기관에 대해 사용자 프라이버시 및 데이터 보안 규정을 발의하고 시행할 권한을 갖고 있다[DLA Piper, 2019].

## A.3 중국에서의 데이터 보호

중국에서는 지난 몇 년 동안 AI 연구 및 상용화 붐이 일어났는데, 이는 중국 중앙 정부의 강력한 지원 덕분인 측면도 있다. 중국 정부는 AI 발전을 장려하는 데 많은 노력을 기울이면서 새로운 데이터 보호 법률과 규정도 제정했다. 중국 국가인터넷정보판공실[CAC, Cyberspace Administration of China]은 현재 중화인민공화국의 주요 데이터 보호 기관으로 볼 수 있으며, 공안부 같은 집행 규제 기관도 있고, 은행 및 금융 기관을 규제하는 중국 인민 은행 및 중국 은행 규제 위원회와 같이 부문별로 데이터 보호 문제를 모니터링하고 법률을 시행할 수 있는 규제 기관도 있다[DLA Piper, 2019].

미국과 마찬가지로 중국에는 포괄적인 데이터 보호법이 없다. 중화인민공화국 민법 총칙은 데이터 보호 권리를 일반적으로 명예권 또는 사생활 보호권으로 해석한다[DLA Piper, 2019]. 데이터 보호와 데이터 보안에 관한 규칙 및 규정은 복잡한 틀의 일부분으로서 다양한 법률과 규정에서 발견된다[DLA Piper, 2019]. 다음은 그러한 몇 가지 예다.

2014년 3월 15일부터 발효된 중국 소비자 권리 보호법(소비자 보호법이라고도 함)에는 모든 유형의 기업은 아니지만 소비자의 개인 데이터를 취급하는 대부분의 기업에 적용되는 데이터 보호 의무가 포함돼 있다. 소비자 보호법은 2015년 3월 15일부터 발효된 중국 소비자 권익 침해행위 처벌 방안을 통해 더 보완됐다. 또한 2016년 8월 5일에 발표된 중국 소비자 보호법 시행 규정 초안에서는 소비자의 프라이버시와 관련해 일부 데이터 보호 의무를 되풀이해서 명확히 하고 있다[DLA Piper, 2019].

2017년 6월 1일에 제정된 중국 사이버 보안법은 국가 수준에서 사이버 보안과 데이터 보호를 다룬 최초의 법률이다. 인터넷 기업은 수집한 개인정보를 유출하거나 변조해서는 안 되며, 제3자와 데이터 거래를 수행할 때는 계약 제안이 법적 데이터 보호 의무를 준수하도록 보장해야 한다[DLA Piper, 2019, Yang et al., 2019].

중국 사이버 보안법을 시행하기 위해 2018년 1월 2일에 중국은 프라이버시 보호 국가 표준(GB/T 35273-2017 정보 기술 — 프라이버시 보안 명세서)을 발표했는데, 이를 줄여서 PIS 명세서Personal Information Security Specification[Mancuso et al., 2019, GB688, 2019]라고도 하며, 2018년 5월 1일에 발효됐다. 이 표준은 (법적 구속력은 없지만) 회사를 감사하고 중국의 기존 데이터 보호 규칙을 시행하는 규제 기관이 기대하는 모범 사례를 제시하고 있다[Mancuso et al., 2019, Pierce, 2018].

2018년 8월에 통과돼 2019년 1월 1일부터 발효된 중국 전자상거래법은 전자상거래 환경에서의 프라이버시 보호 요건을 강제한다. 위조 상품과 모방 상품의 주요 공급원이라는 중국의 오명을 청산하는 것을 목표로 삼고 있는 새 전자상거래법은 허위 광고, 소비자 보호, 데이터 보호, 사이버 보안 등 전자상거래의 중요한 여러 측면까지 다루고 있다. 이 새로운 법의 체계는 포괄적이다. 예를 들면, 여러 장과 조항을 할애해 데이터 보호, 소비자 보호 장려, 그리고 데이터 보안 위반에 대한 상당한 민형사상 처벌 규정을 다루고 있다. 이 전자상거래법으로 인해 전자상거래 기업들이 수집한 고객의 개인 데이터에서 부가가치를 이끌어내기가 더 어려워질 것이다.

중국 국가보건위원회는 2018년 9월 14일 국가 보건 의료 빅데이터의 표준, 보안 및 서비스에 관한 행정조치를 발의했다. 이 행정조치에서 말하는 보건 의료 빅데이터란 질병 관리와 예방 또는 건강 관리 과정에서 생성되는 보건 의료 관련 데이터를 의미한다. 의료 기관 및 관련 기관들이 보건 의료 데이터의 보안과 응용 관리의 책임을 맡는다. 보건 의료 데이터는 중국 영토 내의 신뢰할 수 있는 서버에 안전하게 저장돼야 한다. 보건 의료 데이터를 해외로 이전해야 하는 경우, 담당 기관은 용역 대행 기관을 선정할 때 보안 평가 절차를 수행해야 한다. 책임 조직은 대행 기관이 관련 요구사항을 준수하고 선택한 대행 업체와 함께 공동으로 책임을 져야 한다. 또한 중국은 개인정보 및 중요 데이터의 국경 간 전송 보안 평가 조치 초안, 국경 간 데이터 전송 보안 가이드라인 초안을 통해 개인정보 및 중요 데이터의 국경 간 전송에 대한 규칙을 수립하는 중이다[Shah et al., 2019].

마지막으로, AI가 중국에서 빠르게 발전함에 따라 새로운 데이터 보호 법률 및 규정도 계속해서 생겨나고 있다. 예를 들어 2019년 5월 28일, CAC는 대중의 의견을 수렴하기 위해 데이터 보안 관리를 위한 조치 초안을 발표했다. 의견 수렴 기간은 2019년 6월 28일에 종료됐다. 이렇게 조치 초안을 발표한 것은 중국 사이버 보안법에 의해 부과된 데이터 보호 요구사항을 시행하려는 중국의 지속적인 노력을 보여준다[Covington and Burling, 2019]. 이 새로운 조치 초안에는 표준 및 초안 수정안(즉, GB/T 35273-2017)에 명시된 개인정보 보호 요구사항 중 일부가 반영되고, '중요 데이터' 보호를 위한 여러 가지 새로운 요구사항이 도입됐다. 이때의 중요 데이터란 '유출될 경우 중국의 국가 안보, 경제 안보, 사회 안정, 공중 보건 및 보안에 직접적인 영향을 미칠 수 있는 데이터'로 정의된다. 이 조치 초안은 중국 사이버 보안법을 강화하는 역할을 한다.

J. Ren, H. Wang, T. Hou, et al., Federated learning-based computation offloading optimization in edge computing-supported Internet of things, *IEEE Access*, 7:69194–69201, June 2019. `https://ieeexplore.ieee.org/stamp/stamp.jsp?arnumber=8728285` DOI: 10.1109/access.2019.2919736.

C. Nadiger, A. Kumar, and S. Abdelhak, Federated reinforcement learning for fast personalization, In *Proc. of IEEE 2nd International Conference on Artificial Intelligence and Knowledge Engineering (AIKE)*, August 2019. DOI: 10.1109/aike.2019.00031.

Carnegie Mellon University, LEAF: A benchmark for federated settings, July 2019. `https://leaf.cmu.edu/` and `https://github.com/TalwalkarLab/leaf`

S. Caldas, P. Wu, T. Li, et al., LEAF: A benchmark for federated settings, January 2019. `https://arxiv.org/abs/1812.01097`

T. Li, A. K. Sahu, M. Zaheer, et al., Federated optimization for heterogeneous networks, July 2019. `https://arxiv.org/abs/1812.06127`

D. Song, Decentralized federated learning, June 2019. `https://drive.google.com/file/d/1Bk3ldYJcYo405uwATsqC8ZD1_UcLGlRL/view`

N. Hynes, R. Cheng, and D. Song, Efficient deep learning on multi-source private data, July 2018. `https://arxiv.org/abs/1807.06689`

N. Agarwal, A. T. Suresh, F. Yu, et al., cpSGD: Communication-efficient and differentially-private distributed SGD, May 2018. `https://arxiv.org/abs/1805.10559`

K. Pillutla, S. M. Kakade, and Z. Harchaoui, Robust aggregation for federated learning, May 2019. `https://krishnap25.github.io/papers/2019_rfa.pdf`

L. Melis, C. Song, E. D. Cristofaro, et al., Exploiting unintended feature leakage in collaborative learning, November 2018. `https://arxiv.org/abs/1805.04049` DOI: 10.1109/sp.2019.00029.

M. Mohri, G. Sivek, and A. T. Suresh, Agnostic federated learning, February 2019. `https://arxiv.org/abs/1902.00146`

Y. Ma, X. Zhu, and J. Hsu, Data poisoning against differentially-private learners: Attacks and defenses, March 2019. `https://arxiv.org/abs/1903.09860` DOI: 10.24963/ijcai.2019/657.

T. D. Nguyen, S. Marchal, M. Miettinen, et al., DÏoT: A federated self-learning anomaly detection system for IoT, May 2019. `https://arxiv.org/abs/1804.07474`

C. Xie, S. Koyejo, and I. Gupta, Asynchronous federated optimization, May 2019. `https://arxiv.org/abs/1903.03934`

J. Wang and G. Joshi, Adaptive communication strategies to achieve the best error-runtime trade-off in local-update SGD, March 2019. `https://arxiv.org/abs/1810.08313`

V. Zantedeschi, A. Bellet, and M. Tommasi, Fully decentralized joint learning of personalized models and collaboration graphs, June 2019. `https://arxiv.org/abs/1901.08460`

Google Workshop on Federated Learning and Analytics, June 2019. `https://sites.google.com/view/federated-learning-2019/home`

N. Srivastava, G. Hinton, A. Krizhevsky, et al., Dropout: A simple way to prevent neural networks from overfitting, *Journal of Machine Learning Research*, 15:1929–1958, June 2014.

O. Gupta and R. Raskar, Distributed learning of deep neural network over multiple agents, *Journal of Network and Computer Applications*, 116:1–8, August 2018. `https://arxiv.org/abs/1810.06060v1` DOI: 10.1016/j.jnca.2018.05.003.

A. W. Trask, *Grokking Deep Learning*, Manning Publications, February 2019.

P. Vepakomma, O. Gupta, T. Swedish, et al., Split learning for health: Distributed deep learning without sharing raw patient data, In *ICLR Workshop on AI for Social Good*, May 2019. `https://splitlearning.github.io/`

T.-Y. Liu, W. Chen, and T. Wang, Distributed machine learning: Foundations, trends, and practices, In *Proc. of the 26th International Conference on World Wide Web Companion (WWW Companion)*, April 2017. DOI: 10.1145/3041021.3051099.

E. Hesamifard, H. Takabi, and M. Ghasemi, CryptoDL: Deep neural networks over encrypted data, *ArXiv Preprint ArXiv:1711.05189*, November 2017. `https://arxiv.org/abs/1711.05189`

R. Thibaux and M. I. Jordan, Hierarchical beta processes and the Indian buffet process, In *Proc. of 11th International Workshop on Artificial Intelligence and Statistics*, pp. 564–571, 2007.

M. Yurochkin, M. Agarwal, S. Ghosh, et al., Bayesian nonparametric federated learning of neural networks, *ArXiv Preprint ArXiv:1905.12022*, May 2019. `https://arxiv.org/abs/1905.12022`

A. G. Roy, S. Siddiqui, S. Pölsterl, et al., Braintorrent: A peer-to-peer environment for decentralized federated learning, *ArXiv Preprint ArXiv:1905.06731*, May 2019. `https://arxiv.org/abs/1905.06731`

M. J. Sheller, G. A. Reina, B. Edwards, et al., Multi-institutional deep learning modeling without sharing patient data: A feasibility study on brain tumor segmentation, In *International MICCAI Brainlesion Workshop*, pp. 92–104, Springer, 2018. DOI: 10.1007/978-3-030-11723-8_9.

S. Silva, B. Gutman, E. Romero, et al., Federated learning in distributed medical databases: Meta-analysis of large-scale subcortical brain data, *ArXiv Preprint ArXiv:1801.08553*, October 2018. `https://arxiv.org/abs/1810.08553` DOI: 10.1109/isbi.2019.8759317.

I. Augenstein, S. Ruder, and A. Søgaard, Multi-task learning of pairwise sequence classification tasks over disparate label spaces, *ArXiv Preprint ArXiv:1802.09913*, February 2018. `https://arxiv.org/abs/1802.09913` DOI: 10.18653/v1/n18-1172.

X. Chen and C. Cardie, Multinomial adversarial networks for multi-domain text classification, *ArXiv Preprint ArXiv:1802.05694*, February 2018. `https://arxiv.org/abs/1802.05694` DOI: 10.18653/v1/n18-1111.

K. Cho, B. van Merriënboer, C. Gulcehre, et al., Learning phrase representations using RNN encoder-decoder for statistical machine translation, *ArXiv Preprint ArXiv:1406.1078*, June 2014. `https://arxiv.org/abs/1406.1078` DOI: 10.3115/v1/d14-1179.

S. Hochreiter and J. Schmidhuber, Long short-term memory, *Neural Computation*, 9(8):1735–1780, November 1997. DOI: 10.1162/neco.1997.9.8.1735.

S. Ji, S. Pan, G. Long, et al., Learning private neural language modeling with attentive aggregation, *ArXiv Preprint ArXiv:1812.07108*, December 2018. `https://arxiv.org/abs/1812.07108` DOI: 10.1109/ijcnn.2019.8852464.

D. Leroy, A. Coucke, T. Lavril, et al., Federated learning for keyword spotting, In *IEEE International Conference on Acoustics, Speech and Signal Processing (ICASSP)*, pp. 6341–6345, 2019. DOI: 10.1109/icassp.2019.8683546. 113

H. B. McMahan, D. Ramage, K. Talwar, et al., Learning differentially private recurrent language models, *ArXiv Preprint ArXiv:1710.06963*, October 2017. `https://arxiv.org/abs/1710.06963`

S. Ruder and B. Plank, Strong baselines for neural semi-supervised learning under domain shift, *ArXiv Preprint ArXiv:1804.09530*, April 2018. `https://arxiv.org/abs/1804.09530` DOI: 10.18653/v1/p18-1096.

S. Ruder, I. Vulić, and A. Søgaard, A survey of cross-lingual word embedding models, *ArXiv Preprint ArXiv:1706.04902*, June 2017. https://arxiv.org/abs/1706.04902 DOI: 10.1613/jair.1.11640.

S. Zhang, L. Yao, A. Sun, et al., Deep learning based recommender system: A survey and new perspectives, *ACM Computing Surveys*, 52(1):5:1–5:38, 2019. DOI: 10.1145/3285029.

G. Adomavicius and A. Tuzhilin, Toward the next generation of recommender systems: A survey of the state-of-the-art and possible extensions, *IEEE Transactions on Knowledge and Data Engineering*, 17(6):734–749, 2005. DOI: 10.1109/tkde.2005.99.

Y. Zhou, D. M. Wilkinson, R. Schreiber, et al., Large-scale parallel collaborative filtering for the netflix prize, In *Proc. of 4th International Conference Algorithmic Aspects in Information and Management (AAIM)*, pp. 337–348, June 2018. DOI: 10.1007/978-3-540-68880-8_32.

E. Kharitonov, Federated online learning to rank with eution strategies, In *Proc. of the 12th ACM International Conference on Web Search and Data Mining*, (9):249–257, February 2019. DOI: 10.1145/3289600.3290968.

M. Ammad-ud-din, E. Ivannikova, S. A. Khan, et al., Federated collaborative filtering for privacy-preserving personalized recommendation system, *ArXiv Preprint ArXiv:1901.09888*, January 2019. http://arxiv.org/abs/1901.09888

J. Trienes, A. T. Cano and D. Hiemstra, Recommending users: Whom to follow on federated social networks, *ArXiv Preprint ArXiv:1811.09292*, November 2018. http://arxiv.org/abs/1811.09292

H. Mao, Z. Zhang, Z. Xiao, et al., Modelling the dynamic joint policy of teammates with attention multi-agent DDPG, In *Proc. of the 18th International Conference on Autonomous Agents and MultiAgent Systems*, pp. 1108–1116, July 2019.

J. Foerster, I. A. Assael, N. de Freitas, et al., Learning to communicate with deep multi-agent reinforcement learning, In *Advances in Neural Information Processing Systems*, pp. 2137–2145, 2016.

G. Barth-Maron, M. W. Hoffman, D. Budden, et al., Distributed distributional deterministic policy gradients, *ArXiv Preprint ArXiv:1804.08617*, April 2018. http://arxiv.org/abs/1804.08617

L. Espeholt, H. Soyer, R. Munos, et al., Impala: Scalable distributed deep-RL with importance weighted actor-learner architectures, *ArXiv Preprint ArXiv:1802.01561*, February 2018. http://arxiv.org/abs/1802.01561

R. M. Kretchmar, Parallel reinforcement learning, In *The 6th World Conference on Systemics, Cybernetics, and Informatics*, 2002.

M. Grounds and D. Kudenko, Parallel reinforcement learning with linear function approximation, In *Proc. of the 5th, 6th, and 7th European Conference on Adaptive and Learning Agents and Multi-agent Systems: Adaptation and Multi-agent Learning*, pp. 60–74, Springer-Verlag, 2008. DOI: 10.1007/978-3-540-77949-0_5.

V. Mnih, K. Kavukcuoglu, D. Silver, et al., Human-level control through deep reinforcement learning, *Nature*, 518:529–533, February 2015. DOI: 10.1038/nature14236.

B. Liu, L. Wang, M. Liu, et al., Lifelong federated reinforcement learning: A learning architecture for navigation in cloud robotic systems, *ArXiv Preprint ArXiv:1901.06455*, January 2019. http://arxiv.org/abs/1901.06455 DOI: 10.1109/lra.2019.2931179.

H. Zhu and Y. Jin, Multi-objective eutionary federated learning, *ArXiv Preprint ArXiv:1812.07478v2*, December 2018. http://arxiv.org/abs/1812.07478v2

R. Cramer, I. Damgård, and J. B. Nielsen, Multiparty computation from threshold homomorphic encryption, B. Pfitzmann, Ed., *EUROCRYPT 2001 (LNCS)*, 2045:280—299, Springer, Heidelberg, 2001. DOI: 10.1007/3-540-44987-6_18.

M. Keller, E. Orsini, and P. Scholl, Mascot: Faster malicious arithmetic secure computation with oblivious transfer, In *Proc. of the ACM SIGSAC Conference on Computer and Communications Security (CSS)*, pp. 830–842, October 2016. DOI: 10.1145/2976749.2978357.

M. Keller, V. Pastro, and D. Rotaru, Overdrive: Making SPDZ great again, In J.B. Nielsen and V. Rijmen, Eds., *Advances in Cryptology—EUROCRYPT*, pp. 158–189, Cham, Springer International Publishing, 2018. DOI: 10.1007/978-3-319-78372-7.

I. Damgård, D. Escudero, T. Frederiksen, et al., New primitives for actively-secure MPC over rings with applications to private machine learning, *IACR Cryptology ePrint Archive*, 2019. DOI: 10.1109/sp.2019.00078.

M. Abadi, A. Chu, I. Goodfellow, et al., Deep learning with differential privacy, In *Proc. of the ACM SIGSAC Conference on Computer and Communications Security*, pp. 308–318, 2016. DOI: 10.1145/2976749.2978318.

Y. Aono, T. Hayashi, L. Trieu Phong, et al., Scalable and secure logistic regression via homomorphic encryption, In *Proc. of the 6th ACM Conference on Data and Application Security and Privacy*, pp. 142–144, 2016. DOI: 10.1145/2857705.2857731.

H. Bae, J. Jang, D. Jung, et al., Security and privacy issues in deep learning, December 2018. https://arxiv.org/abs/1807.11655

K. Bonawitz, V. Ivanov, B. Kreuter, et al., Practical secure aggregation for federated learning on user-held data, *ArXiv Preprint ArXiv:1611.04482*, November 2016. http://arxiv.org/abs/1611.04482

K. Chaudhuri and C. Monteleoni, Privacy-preserving logistic regression, In *Advances in neural information processing systems*, pp. 289–296, 2009.

W. Du and Z. Zhan, Building decision tree classifier on private data, In *Proc. of the IEEE International Conference on Privacy, Security and Data Mining-Ume 14*, pp. 1–8, Australian Computer Society, Inc., 2002.

C. Dwork, Differential privacy: A survey of results, In *Theory and Applications of Models of Computation, 5th International Conference, TAMC, Proceedings*, pp. 1–19, Xi'an, China, April 2008. DOI: 10.1007/978-3-540-79228-4_1.

C. Dwork, A firm foundation for private data analysis, *Communications of the ACM*, 54(1):86–95, 2011. DOI: 10.1145/1866739.1866758.

C. Dwork and A. Roth, The algorithmic foundations of differential privacy, *Foundations and Trends® in Theoretical Computer Science*, 9(3–4):211–407, 2014. DOI: 10.1561/0400000042.

W. Fang and B. Yang, Privacy preserving decision tree learning over vertically partitioned data, In *IEEE International Conference on Computer Science and Software Engineering*, 3:1049–1052, 2008. DOI: 10.1109/csse.2008.731.

S. E. Fienberg, W. J. Fulp, A. B. Slavkovic, et al., Secure log-linear and logistic regression analysis of distributed databases, In *Proc. of International Conference on Privacy in Statistical Databases*, pp. 277–290, Springer, 2006. DOI: 10.1007/11930242_24.

G. Jagannathan, K. Pillaipakkamnatt, and R. N. Wright, A practical differentially private random decision tree classifier, In *Proc. of IEEE International Conference on Data Mining Workshops*, pp. 114–121, 2009. DOI: 10.1109/icdmw.2009.93.

X. Lin, C. Clifton, and M. Zhu, Privacy-preserving clustering with distributed EM mixture modeling, *Knowledge and Information Systems*, 8(1):68–81, 2005. DOI: 10.1007/s10115-004-0148-7.

Y. Lindell and B. Pinkas, Privacy preserving data mining, *Journal of Cryptology*, 15(3), 2002. DOI: 10.1007/s00145-001-0019-2.

M. Liu, H. Jiang, J. Chen, et al., A collaborative privacy-preserving deep learning system in distributed mobile environment, In *International Conference on Computational Science and Computational Intelligence (CSCI)*, pp. 192–197, 2016. DOI: 10.1109/csci.2016.0043.

O. L. Mangasarian, E. W. Wild, and G. M. Fung, Privacy-preserving classification of vertically partitioned data via random kernels, *ACM Transactions on Knowledge Discovery from Data (TKDD)*, 2(3):12, 2008. DOI: 10.1145/1409620.1409622.

R. Mendes and J. P. Vilela, Privacy-preserving data mining: Methods, metrics, and applications, *IEEE Access*, 5:10562–10582, 2017. DOI: 10.1109/access.2017.2706947.

P. Mohassel and Y. Zhang, SecureML: A system for scalable privacy-preserving machine learning, In *Proc. of Symposium on Security and Privacy (SP)*, pp. 19–38, 2017. DOI: 10.1109/sp.2017.12.

N. Papernot, M. Abadi, U. Erlingsson, et al., Semi-supervised knowledge transfer for deep learning from private training data, *ArXiv Preprint ArXiv:1610.05755*, October 2016. `http://arxiv.org/abs/1610.05755`

N. Papernot, S. Song, I. Mironov, et al., Scalable private learning with pate, *ArXiv Preprint ArXiv:1802.08908*, February 2018. `http://arxiv.org/abs/1802.08908`

M. Park, J. Foulds, K. Chaudhuri, et al., DP-EM: Differentially private expectation maximization, *ArXiv Preprint ArXiv:1605.06995*, May 2016. `http://arxiv.org/abs/1605.06995`

J. Quinlan, Induction of decision trees, *Machine Learning*, pp. 81–106, March 1986. DOI: 10.1007/bf00116251.

R. L. Rivest, L. Adleman, and M. L. Dertouzos, On data banks and privacy homomorphisms, *Foundations of Secure Computation*, 4(11):169–180, 1978.

A. Shamir, How to share a secret, *Communications of the ACM*, 22(11):612–613, 1979. DOI: 10.1145/359168.359176.

A. B. Slavkovic, Y. Nardi, and M. M. Tibbits, Secure logistic regression of horizontally and vertically partitioned distributed databases, In *7th International Conference on Data Mining Workshops (ICDMW)*, pp. 723–728, 2007. DOI: 10.1109/icdmw.2007.114.

S. Song, K. Chaudhuri, and A. D. Sarwate, Stochastic gradient descent with differentially private updates, In *Global Conference on Signal and Information Processing*, pp. 245–248, 2013. DOI: 10.1109/globalsip.2013.6736861.

J. Vaidya and C. Clifton, Privacy preserving naive Bayes classifier for vertically partitioned data, In *Proc. of the SIAM International Conference on Data Mining*, pp. 522–526, 2004. DOI: 10.1137/1.9781611972740.59.

P. Vepakomma, T. Swedish, R. Raskar, et al., No peek: A survey of private distributed deep learning, *ArXiv Preprint ArXiv:1812.03288*, December 2018. vailable: `http://arxiv.org/abs/1812.03288`

K. Wang, Y. Xu, R. She, et al., Classification spanning private databases, In *Proc. of the National Conference on Artificial Intelligence*, 21:293, Menlo Park, CA, Cambridge, MA, London, AAAI Press, MIT Press, 1999, 2006.

E. Wild and O. Mangasarian, Privacy-preserving classification of horizontally partitioned data via random kernels, *Technical Report*, 2007.

K. Xu, H. Yue, L. Guo, et al., Privacy-preserving machine learning algorithms for big data systems, In *Proc. of 35th International Conference on Distributed Computing Systems*, pp. 318–327, 2015. DOI: 10.1109/icdcs.2015.40.

S. Yakoubov, A gentle introduction to Yao's garbled circuits, 2017. `http://web.mit.edu/so nka89/www/papers/2017ygc.pdf`

A. C. Yao, Protocols for secure computations, In *FOCS*, 82:160–164, 1982. DOI: 10.1109/sfcs.1982.38.

A. C.-C. Yao, How to generate and exchange secrets, In *Proc. of 27th Annual Symposium on Foundations of Computer Science*, pp. 162–167, 1986. DOI: 10.1109/sfcs.1986.25.

H. Yu, X. Jiang, and J. Vaidya, Privacy-preserving SVM using nonlinear kernels on horizontally partitioned data, In *Proc. of the ACM Symposium on Applied Computing*, pp. 603–610, 2006. DOI: 10.1145/1141277.1141415.

J. Zhan and S. Matwin, Privacy-preserving support vector machine classification, *International Journal of Intelligent Information and Database Systems*, 1(3–4):356–385, 2007. DOI: 10.1504/ijiids.2007.016686.

D. Zhang, X. Chen, D. Wang, et al., A survey on collaborative deep learning and privacy-preserving, In *3rd International Conference on Data Science in Cyberspace (DSC)*, pp. 652–658, 2018. DOI: 10.1109/dsc.2018.00104.

L. Song, J. Mao, Y. Zhuo, et al., HyPar: Towards hybrid parallelism for deep learning accelerator array, In *Proc. of 25th International Symposium on High-Performance Computer Architecture*, February 2019. `https://arxiv.org/abs/1901.02067` DOI: 10.1109/hpca.2019.00027.

A. Krizhevsky, One weird trick for parallelizing conutional neural networks, *ArXiv Preprint ArXiv:1404.5997*, April 2014. `https://arxiv.org/abs/1404.5997`

M. Wang, C.-C. Huang, and J. Li, Unifying data, model and hybrid parallelism in deep learning via tensor tiling, *ArXiv Preprint ArXiv:1805.04170*, May 2018. `https://arxiv.org/abs/1805.04170`

N. Pansare, M. Dusenberry, N. Jindal, et al., Deep learning with Apache SystemML, *ArXiv Preprint ArXiv:1802.04647*, February 2018. `https://arxiv.org/abs/1802.04647`

D. Shrivastava, S. Chaudhury, and Dr. Jayadeva, A data and model-parallel, distributed and scalable framework for training of deep networks in Apache Spark, *ArXiv Preprint ArXiv:1708.05840*, August 2017. `https://arxiv.org/abs/1708.05840`

M. Boehm, S. Tatikonda, B. Reinwald, et al., Hybrid parallelization strategies for large-scale machine learning in SystemML, In *Proc. of the VLDB Endowment*, pp. 553–564, March 2016. DOI: 10.14778/2732286.2732292.

Apache Hadoop MapReduce, June 2019. `https://hadoop.apache.org/docs/r2.8.0/hadoop-mapreduce-client/hadoop-mapreduce-client-core/MapReduceTutorial.html`

Apache Hadoop YARN, June 2019. `https://hadoop.apache.org/docs/current/hadoop-yarn/hadoop-yarn-site/YARN.html`

Apache Storm, June 2019. `https://storm.apache.org/`

Y. Feunteun, Parallel and distributed deep learning: A survey, April 2019. `https://towardsdatascience.com/parallel-and-distributed-deep-learning-a-survey-97137ff94e4c`

X. Tian, B. Xie, and J. Zhan, Cymbalo: An efficient graph processing framework for machine learning, In *Proc. of IEEE International Conference on Parallel and Distributed Processing*, December 2018. DOI: 10.1109/bdcloud.2018.00090.

Z. Zhang, P. Cui, and W. Zhu, Deep learning on graphs: A survey, *ArXiv Preprint ArXiv:1812.04202*, December 2018. `https://arxiv.org/abs/1812.04202`

W. Xiao, J. Xue, Y. Miao, et al., Tux$^2$: Distributed graph computation for machine learning, In *Proc. of the 14th USENIX Symposium on Networked Systems Design and Implementation (NSDI)*, March 2017.

Apache DeepSpark, June 2019. `http://deepspark.snu.ac.kr/`

H. Kim, J. Park, J. Jang, et al., Deepspark: Spark-based deep learning supporting asynchronous updates and Caffe compatibility, *ArXiv Preprint ArXiv:1602.08191*, October 2016. `https://arxiv.org/abs/1602.08191`

Z. Jia, S. Lin, C. R. Qi, et al., Exploring hidden dimensions in accelerating conutional neural networks, In *Proc. of the 35th International Conference on Machine Learning (ICML)*, July 2018. `https://cs.stanford.edu/zhihao/papers/icml18full.pdf`

Z. Jia, M. Zaharia, and A. Aiken, Beyond data and model parallelism for deep neural networks, In *Proc. of the Conference on Systems and Machine Learning (SysML)*, April 2019.

A. L. Gaunt, M. A. Johnson, A. Lawrence, et al., AMPNet: Asynchronous model-parallel training for dynamic neural networks, In *Proc. of the 6th International Conference on Learning Representations*, May 2018.

T. Chilimbi, Y. Suzue, J. Apacible, et al., Project Adam: Building an efficient and scalable deep learning training system, In *Proc. of the 11th USENIX Conference on Operating Systems Design and Implementation (OSDI)*, pp. 571–582, October 2014.

J. Dean, G. Corrado, R. Monga, et al., Large scale distributed deep networks, In *Proc. of the 25th International Conference on Neural Information Processing Systems (NIPS)*, pp. 1223–1231, December 2012.

K. Fukuda, Technologies behind distributed deep learning: AllReduce, July 2018. `https://preferredresearch.jp/2018/07/10/technologies-behind-distributed-deep-learning-allreduce/`

M. Li, D. G. Andersen, J. W. Park, et al., Scaling distributed machine learning with the parameter server, In *Proc. of the 11th USENIX Conference on Operating Systems Design and Implementation (OSDI)*, pp. 583–598, October 2014. DOI: 10.1145/2640087.2644155.

A. Das, Distributed training of deep learning models with PyTorch, April 2019. `https://medium.com/intel-student-ambassadors/distributed-training-of-deep-learning-models-with-pytorch-1123fa538848`

S. Wang, Distributed machine learning, January 2016. `https://www.slideshare.net/stanleywanguni/distributed-machine-learning?from_action=save`

Google Inc., Distributed training in TensorFlow, June 2019. `https://www.tensorflow.org/guide/distribute_strategy`

S. Arnold, Writing distributed applications with PyTorch, June 2019. `https://pytorch.org/tutorials/intermediate/dist_tuto.html`

Microsoft, Distributed machine learning Toolkit (DMTK), June 2019. `http://www.dmtk.io/`

Turi-Create, June 2019. `https://turi.com/`

G. Malewicz, M. H. Austern, A. J. C. Bik, et al., Pregel: A system for large-scale graph processing, In *Proc. of the ACM SIGMOD International Conference on Management of Data (SIGMOD)*, June 2010. DOI: 10.1145/1807167.1807184.

Y. Low, J. Gonzalez, A. Kyrola, et al., GraphLab: A new framework for parallel machine learning, *ArXiv Preprint ArXiv:1006.4990*, June 2010. `https://arxiv.org/abs/1006.4990`

Apache Spark MLlib, June 2019. `https://spark.apache.org/mllib/`

Apache Spark GraphX, June 2019. `https://spark.apache.org/docs/latest/graphx-pr ogramming-guide.html`

T. Ben-Nun and T. Hoefler, Demystifying parallel and distributed deep learning: An in-depth concurrency analysis, *ArXiv Preprint ArXiv:1802.09941*, September 2018. `https://arxiv. org/abs/1802.09941` DOI: 10.1145/3320060.

J. Devlin, M. W. Chang, K. Lee, et al., BERT: Pre-training of deep bidirectional transformers for language understanding, *ArXiv Preprint ArXiv:1810.04805*, May 2019. `https://arxi v.org/abs/1810.04805`

A. Galakatos, A. Crotty, and T. Kraska, Distributed machine learning, In *Encyclopedia of Database Systems*, December 2018. DOI: 10.1007/978-1-4614-8265-9_80647.

R. Bekkerman, M. Bilenko, and J. Langford, *Scaling up machine learning: Parallel and distributed approaches*, Cambridge University Press, February 2012. DOI: 10.1017/cbo9781139042918.

Y. Liu, J. Liu, and T. Basar, Differentially private gossip gradient descent, In *IEEE Conference on Decision and Control (CDC)*, pp. 2777–2782, December 2018. DOI: 10.1109/cdc.2018.8619437.

J. Daily, A. Vishnu, C. Siegel, et al., GossipGraD: Scalable deep learning using gossip communication based asynchronous gradient descent, *ArXiv Preprint ArXiv:1803.05880*, March 2018. `http://arxiv.org/abs/1803.05880`

C. Hardy, E. Le Merrer, and B. Sericola, Gossiping GANs: Position paper, In *Proc. of the 2nd Workshop on Distributed Infrastructures for Deep Learning*, pp. 25–28, December 2018. DOI: 10.1145/3286490.3286563.

I. Hegedüs, G. Danner, and M. Jelasity, Gossip learning as a decentralized alternative to federated learning, In *Proc. of the 14th International Federated Conference on Distributed Computing Techniques*, pp. 74–90, June 2019. DOI: 10.1007/978-3-030-22496-7_5.

D. Liu, T. Miller, R. Sayeed, et al., FADL: Federated-autonomous deep learning for distributed electronic health record, *ArXiv Preprint ArXiv:1811.11400*, November 2018. `https://arxi v.org/abs/1811.11400`

T. Nishio and R. Yonetani, Client selection for federated learning with heterogeneous resources in mobile edge, *ArXiv Preprint ArXiv:1804.08333*, October 2018. `https://arxiv.org/ab s/1804.08333` DOI: 10.1109/icc.2019.8761315.

I. J. Goodfellow, O. Vinyals, and A. M. Saxe, Qualitatively characterizing neural network optimization problems, *ArXiv Preprint ArXiv:1412.6544*, May 2015. `https://arxiv.org/ab s/1412.6544`

S. Ioffe and C. Szegedy, Batch normalization: Accelerating deep network training by reducing internal covariate shift, In *Proc. of the 32nd International Conference on Machine Learning (ICML)*, July 2015.

H. Tang, C. Yu, C. Renggli, et al., Distributed learning over unreliable networks, *ArXiv Preprint ArXiv:1810.07766*, May 2019. https://arxiv.org/abs/1810.07766

Q. Ho, J. Cipar, H. Cui, et al., More effective distributed machine learning via a stale synchronous parallel parameter server, In *Proc. of the 26th International Conference on Neural Information Processing Systems (NIPS)*, pp. 1223–1231, December 2013.

H. Su and H. Chen, Experiments on parallel training of deep neural network using model averaging, *ArXiv Preprint ArXiv:1507.01239*, July 2018. https://arxiv.org/abs/1507.01239

X. Shu, G.-J. Qi, J. Tang, et al., Weakly-shared deep transfer networks for heterogeneous-domain knowledge propagation, In *Proc. of the 23rd ACM International Conference on Multimedia (MM)*, pp. 35–44, 2015. DOI: 10.1145/2733373.2806216.

F. Seide, G. Li, and D. Yu, Conversational speech transcription using context-dependent deep neural networks, In *12th Annual Conference of the International Speech Communication Association*, pp. 437–440, 2011.

M. Kamp, L. Adilova, J. Sicking, et al., Efficient decentralized deep learning by dynamic model averaging, In *Proc. of Machine Learning and Knowledge Discovery in Databases (KDD)*, pp. 393–409, September 2018. DOI: 10.1007/978-3-030-10925-7_24.

S. Han, H. Mao, and W. J. Dally, Deep compression: Compressing deep neural networks with pruning, trained quantization and Huffman coding, *ArXiv Preprint ArXiv:1510.00149*, February 2016. https://arxiv.org/abs/1510.00149

Y. Lin, S. Han, H. Mao, et al., Deep gradient compression: Reducing the communication bandwidth for distributed training, In *International Conference on Learning Representations (ICLR)*, April 2018.

E. Zhong, W. Fan, Q. Yang, et al., Cross validation framework to choose amongst models and datasets for transfer learning, In J. L. Balcázar, F. Bonchi, A. Gionis, and M. Sebag, Eds., *Machine Learning and Knowledge Discovery in Databases*, pp. 547–562, Springer, Heidelberg, 2010. DOI: 10.1007/978-3-642-15883-4.

I. Kuzborskij and F. Orabona, Stability and hypothesis transfer learning, In *Proc. of the 30th International Conference on Machine Learning (ICML)*, 28(3):942–950, 2013.

B. Hitaj, G. Ateniese, and F. Pérez-Cruz, Deep models under the GAN: Information leakage from collaborative deep learning, In *Proc. of the ACM SIGSAC Conference on Computer and Communications Security*, pp. 603–618, October 2017. DOI: 10.1145/3133956.3134012.

F. McSherry, Deep learning and differential privacy, `https://github.com/frankmcsherry/blog/blob/master/posts/2017-10-27.md`

Z. Li, Y. Zhang, Y. Wei, et al., End-to-end adversarial memory network for cross-domain sentiment classification, In *Proc. of the 26th International Joint Conference on Artificial Intelligence (IJCAI)*, pp. 2237–2243, August 2017. DOI: 10.24963/ijcai.2017/311.

S. J. Pan, X. Ni, J.-T. Sun, et al., Cross-domain sentiment classification via spectral feature alignment, In *Proc. of the 19th International Conference on World Wide Web (WWW)*, pp. 751–760, April 2010. DOI: 10.1145/1772690.1772767.

Y. Zhu, Y. Chen, Z. Lu, et al., Heterogeneous transfer learning for image classification, In *Proc. of the 25th AAAI Conference on Artificial Intelligence (AAAI)*, pp. 1304–1309, August 2011.

M. Oquab, L. Bottou, I. Laptev, et al., Learning and transferring mid-level image representations using conutional neural networks, In *Proc. of the IEEE Conference on Computer Vision and Pattern Recognition CVPR*, pp. 1717–1724, June 2014. DOI: 10.1109/cvpr.2014.222.

R. Bahmani, M. Barbosa, F. Brasser, et al., Secure multiparty computation from SGX, In *Proc. of International Conference on Financial Cryptography and Data Security Financial Cryptography and Data Security (FC)*, pp. 477–497, December 2017. DOI: 10.1007/978-3-319-70972-7_27.

T. Chen and C. Guestrin, XGBoost: A scalable tree boosting system, In *Proc. of the 22nd International Conference on Knowledge Discovery and Data Mining (KDD)*, pp. 785–794, August 2016. DOI: 10.1145/2939672.2939785.

K. Chang, N. Balachandar, C. K. Lam, et al., Institutionally distributed deep learning networks, *ArXiv Preprint ArXiv:1709.05929*, September 2017. `https://arxiv.org/abs/1709.05929`

K. Chang, N. Balachandar, C. Lam, et al., Distributed deep learning networks among institutions for medical imaging, *Journal of the American Medical Informatics Association*, 25(8):945–954, August 2018. DOI: 10.1093/jamia/ocy017.

L. T. Phong, Privacy-preserving stochastic gradient descent with multiple distributed trainers, In *Proc. of the 11th International Conference on Network and System Security (NSS)*, pp. 510–518, July 2017. DOI: 10.1007/978-3-319-64701-2_38.

L. T. Phong and T. T. Phuong, Privacy-preserving deep learning via weight transmission, *IEEE Transactions on Information Forensics and Security*, April 2019. `https://arxiv.org/abs/1809.03272` DOI: 10.1109/tifs.2019.2911169.

L. T. Phong, Y. Aono, T. Hayashi, et al., Privacy-preserving deep learning via additively homomorphic encryption, *IEEE Transactions on Information Forensics and Security*, 13(5):1333–1345, May 2018. DOI: 10.1109/tifs.2017.2787987.

L. Su and J. Xu, Securing distributed gradient descent in high dimensional statistical learning, In *Proc. of the ACM on Measurement and Analysis of Computing Systems*, 3(1), March 2019. DOI: 10.1145/3309697.3331499.

S. Tutdere and O. Uzunko, Construction of arithmetic secret sharing schemes by using torsion limits, *ArXiv Preprint ArXiv:1506.06807*, June 2015. `https://arxiv.org/abs/1506.06807` DOI: 10.15672/hujms.460348.

A. Beimel, Secret-sharing schemes: A Survey, *IWCC*, LNCS 6639, pp. 11–46, Springer-Verlag, 2011. DOI: 10.1007/978-3-642-20901-7_2.

A. Acar, H. Aksu, A. S. Uluagac, et al., A survey on homomorphic encryption schemes: Theory and implementation, *ACM Computing Surveys (CSUR)*, 51(4):79:1–79:35, 2018. DOI: 10.1145/3214303.

Y. Aono, T. Hayashi, L. Wang, et al., Privacy-preserving deep learning via additively homomorphic encryption, *IEEE Transactions on Information Forensics and Security*, 13(5):1333–1345, 2018. DOI: 10.1109/TIFS.2017.2787987.

F. Armknecht, C. Boyd, C. Carr, et al., A guide to fully homomorphic encryption, *IACR Cryptology ePrint Archive*, 2015. `https://eprint.iacr.org/2015/1192.pdf`

H. Bae, D. Jung, and S. Yoon, Anomigan: Generative adversarial networks for anonymizing private medical data, *ArXiv Preprint ArXiv:1901.11313*, January 2019. `https://arxiv.org/abs/1901.11313`

E. Bagdasaryan, A. Veit, Y. Hua, et al., How to backdoor federated learning, *ArXiv Preprint ArXiv:1807.00459*, August 2019. `https://arxiv.org/abs/1807.00459`

M. Barreno, B. Nelson, R. Sears, et al., Can machine learning be secure? In *Proc. of the ACM Symposium on Information, Computer and Communications Security*, pp. 16–25, 2006. DOI: 10.1145/1128817.1128824.

D. Beaver, Efficient multiparty protocols using circuit randomization, In *Proc. of the Annual International Cryptology Conference*, pp. 420–432, Springer, 1991. DOI: 10.1007/3-540-46766-1_34.

D. Beaver, Correlated pseudorandomness and the complexity of private computations, In *Proc. STOC Proceedings of the 28th Annual ACM Symposium on Theory of Computing*, pp. 479–488, May 1996. DOI: 10.1145/237814.237996.

M. Bellare and S. Micali, Non-interactive oblivious transfer and applications, In G. Brassard, Ed., *Advances in Cryptology—CRYPTO Proceedings*, pp. 547–557, Springer, New York, 1990. DOI: 10.1007/0-387-34805-0.

M. Ben-or, S. Goldwasser, and A. Wigderson, Completeness theorems for non-cryptographic fault-tolerant distributed computation (extended abstract), In *Proc. of the 20th Annual ACM Symposium on Theory of Computing*, pp. 1–10, January 1988. DOI: 10.1145/62212.62213.

D. Bogdanov, L. Kamm, S. Laur, et al., Privacy-preserving statistical data analysis on federated databases, In *Annual Privacy Forum*, pp. 30–55, Springer, 2014. DOI: 10.1007/978-3-319-06749-0_3.

D. Boneh, R. Gennaro, S. Goldfeder, et al., Threshold cryptosystems from threshold fully homomorphic encryption, In H. Shacham and A. Boldyreva, Eds., *Advances in Cryptology—CRYPTO*, pp. 565–596, Springer International Publishing, 2018. DOI: 10.1007/978-3-319-96881-0.

D. Boneh, E.-J. Goh, and K. Nissim, Evaluating 2-DNF formulas on ciphertexts, In *Theory of Cryptography Conference*, pp. 325–341, Springer, 2005. DOI: 10.1007/978-3-540-30576-7_18.

K. Bonawitz, V. Ivanov, B. Kreuter, et al., Practical secure aggregation for privacy-preserving machine learning, In *Proc. of the ACM SIGSAC Conference on Computer and Communications Security (CCS)*, pp. 1175–1191, November 2017. DOI: 10.1145/3133956.3133982.

K. Bonawitz, H. Eichner, W. Grieskamp, et al., Towards federated learning at scale: System design, *ArXiv Preprint ArXiv:1902.01046*, March 2019. `https://arxiv.org/abs/1902.01046`

Z. Brakerski, C. Gentry, and V. Vaikuntanathan, Fully homomorphic encryption without bootstrapping, *IACR Cryptology ePrint Archive*, 2011.

Z. Brakerski and V. Vaikuntanathan, Fully homomorphic encryption from ring-LWE and security for key dependent messages, In P. Rogaway, Ed., *Advances in Cryptology—CRYPTO*, pp. 505–524, Springer, 2011. DOI: 10.1007/978-3-642-22792-9.

R. Canetti, Universally composable security: A new paradigm for cryptographic protocols, In *Proc. IEEE International Conference on Cluster Computing*, pp. 136–145, October 2001. DOI: 10.1109/sfcs.2001.959888.

K. Chaudhuri, C. Monteleoni, and A. D. Sarwate, Differentially private empirical risk minimization, *Journal of Machine Learning Research*, pp. 1069–1109, March 2011.

D. Cozzo and N. P. Smart, Using TopGear in overdrive: A more efficient ZKPoK for SPDZ, *Cryptology ePrint Archive, Report 2019/035*, 2019. https://eprint.iacr.org/2019/035

I. Damård, V. Pastro, N. P. Smart, et al., Multiparty computation from somewhat homomorphic encryption, *Cryptology ePrint Archive, Report 2011/535*, 2011. https://eprint.iacr.org/2011/535 DOI: 10.1007/978-3-642-32009-5_38.

I. Damård, M. Keller, E. Larraia, et al., Practical covertly secure MPC for dishonest majority—or: Breaking the SPDZ limits, *Cryptology ePrint Archive, Report 2012/642*, 2012. https://eprint.iacr.org/2012/642 DOI: 10.1007/978-3-642-40203-6_1.

I. Damgård and J. B. Nielsen, Universally composable efficient multiparty computation from threshold homomorphic encryption, In D. Boneh, Ed., *Advances in Cryptology—CRYPTO*, pp. 247–264, Springer, 2003. DOI: 10.1007/978-3-540-45146-4_15.

D. Demmler, T. Schneider, and M. Zohner, Aby-a framework for efficient mixed-protocol secure two-party computation, In *NDSS*, February 2015. DOI: 10.14722/ndss.2015.23113.

W. Diffie and M. E. Hellman, New directions in cryptography, *IEEE Transactions on Information Theory*, 22(6):644–654, November 1976. DOI: 10.1109/tit.1976.1055638.

N. Dowlin, R. Gilad-Bachrach, K. Laine, et al., CryptoNets: Applying neural networks to encrypted data with high throughput and accuracy, In *International Conference on Machine Learning*, pp. 201–210, June 2016.

W. Du, Y. S. Han, and S. Chen, Privacy-preserving multivariate statistical analysis: Linear regression and classification, In *Proc. of the SIAM International Conference on Data Mining*, pp. 222–233, Society for Industrial and Applied Mathematics, April 2004. DOI: 10.1137/1.9781611972740.21.

C. Dwork, Differential privacy, *Encyclopedia of Cryptography and Security*, pp. 338–340, 2011. DOI: 10.1007/978-1-4419-5906-5_752.

C. Dwork, K. Kenthapadi, F. McSherry, et al., Our data, ourselves: Privacy via distributed noise generation, In *Annual International Conference on the Theory and Applications of Cryptographic Techniques*, pp. 486–503, Springer, 2006. DOI: 10.1007/11761679_29.

C. Dwork, V. Feldman, M. Hardt, et al., Preserving statistical validity in adaptive data analysis, *ArXiv Preprint ArXiv:1411.2664*, March 2016. https://arxiv.org/abs/1411.2664

C. Dwork, F. McSherry, K. Nissim, et al., Calibrating noise to sensitivity in private data analysis, In *Theory of Cryptography Conference*, pp. 265–284, Springer, 2006. DOI: 10.1007/11681878_14.

C. Dwork and K. Nissim, Privacy-preserving data mining on vertically partitioned databases, In *Annual International Cryptology Conference*, Springer, pp. 528–544, 2004. DOI: 10.1007/978-3-540-28628-8_32.

T. ElGamal, A public key cryptosystem and a signature scheme based on discrete logarithms, *IEEE Transactions on Information Theory*, 31(4):469–472, 1985. DOI: 10.1007/3-540-39568-7_2.

C. Fontaine and F. Galand, A survey of homomorphic encryption for nonspecialists, *EURASIP Journal on Information Security*, (15), 2007. DOI: 10.1186/1687-417x-2007-013801.

A. Gascón, P. Schoppmann, B. Balle, et al., Secure linear regression on vertically partitioned datasets, *IACR Cryptology ePrint Archive*, 2016.

C. Gentry, Fully homomorphic encryption using ideal lattices, In *Proc. of the 41st Annual ACM Symposium on Theory of Computing*, 9:169–178, June 2009. DOI: 10.1145/1536414.1536440.

N. Gilboa, Two party RSA key generation, In *Annual International Cryptology Conference*, pp. 116–129, Springer, 1999. DOI: 10.1007/3-540-48405-1_8.

O. Goldreich, S. Micali, and A. Wigderson, How to play any mental game, In *Proc. of the 19th Annual ACM Symposium on Theory of Computing*, pp. 218–229, January 1987. DOI: 10.1145/28395.28420.

S. Goldwasser and S. Micali, Probabilistic encryption and how to play mental poker keeping secret all partial information, In *Proc. of the 14th Annual ACM Symposium on Theory of Computing*, pp. 365–377, 1982. DOI: 10.1145/800070.802212.

T. Gu, B. Dolan-Gavitt, and S. Garg, Badnets: Identifying vulnerabilities in the machine learning model supply chain, *ArXiv Preprint ArXiv:1708.06733*, August 2017. https://arxiv.org/abs/1708.06733

S. Hardy, W. Henecka, H. Ivey-Law, et al., Private federated learning on vertically partitioned data via entity resolution and additively homomorphic encryption, *ArXiv Preprint ArXiv:1711.10677*, November 2017. https://arxiv.org/abs/1711.10677

C. Hazay and Y. Lindell, Efficient secure two-party protocols, In *Information Security and Cryptography*, 2010. DOI: 10.1007/978-3-642-14303-8.

X. He, A. Prasad, S. P. Sethi, et al., A survey of Stackelberg differential game models in supply and marketing channels, *Journal of Systems Science and Systems Engineering*, 16:385–413, 2007. DOI: 10.1007/s11518-008-5082-x.

R. Impagliazzo and S. Rudich, Limits on the provable consequences of one-way permutations, In *Proc. of the 21st Annual ACM Symposium on Theory of Computing (STOC)*, pp. 44–61, 1989. DOI: 10.1145/73007.73012.

Y. Ishai and A. Paskin, Evaluating branching programs on encrypted data, In S.P. Vadhan, Ed., *Theory of Cryptography*, pp. 575–594, Springer, 2007. DOI: 10.1007/978-3-540-70936-7.

Y. Ishai, M. Prabhakaran, and A. Sahai, Founding cryptography on oblivious transfer—efficiently, In David Wagner, Ed., *Advances in Cryptology—CRYPTO*, pp. 572–591, Springer Berlin Heidelberg, Berlin, Heidelberg, 2008. DOI: 10.1007/978-3-540-85174-5.

B. Jayaraman and D. Evans, When relaxations go bad: Differentially-private machine learning, *ArXiv Preprint ArXiv:1902.08874*, February 2019. https://arxiv.org/abs/1902.08874

L. Jiang, R. Tan, X. Lou, et al., On lightweight privacy-preserving collaborative learning for internet-of-things objects, In *IoTDI*, 2019. DOI: 10.1145/3302505.3310070.

A. F. Karr, X. S. Lin, A. P. Sanil, et al., Privacy-preserving analysis of vertically partitioned data using secure matrix products, *Journal of Official Statistics*, pp. 125–138, September 2009.

M. Kim, Y. Song, S. Wang, et al., Secure logistic regression based on homomorphic encryption: Design and evaluation, *JMIR Medical Informatics*, 6(2), April 2018. DOI: 10.2196/preprints.8805.

Y. Lindell, Secure multiparty computation for privacy preserving data mining, In *Encyclopedia of Data Warehousing and Mining*, pp. 1005–1009, IGI Global, 2005. DOI: 10.4018/9781591405573.ch189.

Y. Lindell, How to simulate it—a tutorial on the simulation proof technique, In Y. Lindell, Ed., *Tutorials on the Foundations of Cryptography, Information Security and Cryptography*, pp. 277–346, Springer, April 2017. DOI: 10.1007/978-3-319-57048-8.

Y. Lindell and B. Pinkas, Secure multiparty computation for privacy-preserving data mining, *IACR Cryptology ePrint Archive*, 1(1):59–98, April 2009. DOI: 10.4018/9781591405573.ch189.

A. López-Alt, E. Tromer, and V. Vaikuntanathan, On-the-fly multiparty computation on the cloud via multi-key fully homomorphic encryption, In *Proc. of the 44th Annual ACM Symposium on Theory of Computing*, pp. 1219–1234, 2012. DOI: 10.1145/2213977.2214086.

V. Lyubashevsky, C. Peikert, and O. Regev, On ideal lattices and learning with errors over rings, In *Annual International Conference on the Theory and Applications of Cryptographic Techniques*, pp. 1–23, Springer, 2010. DOI: 10.1145/2535925.

F. McSherry and K. Talwar, Mechanism design via differential privacy, In *FOCS*, 7:94–103, 2007. DOI: 10.1109/focs.2007.66.

D. Mishra and D. Veeramani, Vickrey–Dutch procurement auction for multiple items, *European Journal of Operational Research*, 180:617–629, 2007. DOI: 10.1016/j.ejor.2006.04.020.

P. Mohassel and P. Rindal, ABY3: A mixed protocol framework for machine learning, In *Proc. of the ACM SIGSAC Conference on Computer and Communications Security CCS*, pp. 35–52, October 2018. DOI: 10.1145/3243734.3243760.

M. Naor and B. Pinkas, Efficient oblivious transfer protocols, In *Proc. of the 12th Annual ACM-SIAM Symposium on Discrete Algorithms*, pp. 448–457, Society for Industrial and Applied Mathematics, January 2001.

A. Narayanan and V. Shmatikov, Robust de-anonymization of large datasets (how to break anonymity of the Netflix prize dataset), University of Texas at Austin, February 2008.

P. Paillier, Public-key cryptosystems based on composite degree residuosity classes, In *International Conference on the Theory and Applications of Cryptographic Techniques*, pp. 223–238, Springer, Berlin, Heidelberg, May 1999. DOI: 10.1007/3-540-48910-x_16.

N. Phan, Y. Wang, X. Wu, et al., Differential privacy preservation for deep auto-encoders: an application of human behavior prediction, In *30th AAAI Conference on Artificial Intelligence*, February 2016.

M. O. Rabin, How to exchange secrets with oblivious transfer, Harvard University Technical Report, May 1981. https://eprint.iacr.org/2005/187.pdf

T. Rabin and M. Ben-Or, Verifiable secret sharing and multiparty protocols with honest majority, In *Proc. of the 21st Annual ACM Symposium on Theory of Computing STOC*, pp. 73–85, New York, 1989. DOI: 10.1145/73007.73014.

L. Reyzin, A. D. Smith, and S. Yakoubov, Turning HATE into LOVE: Homomorphic ad hoc threshold encryption for scalable MPC, *IACR Cryptology ePrint Archive*, 2018.

R. L. Rivest, A. Shamir, and L. Adleman, A method for obtaining digital signatures and public-key cryptosystems, *Communications of the ACM*, 21(2):120–126, 1978. DOI: 10.21236/ada606588.

B. D. Rouhani, M. S. Riazi, and F. Koushanfar, DeepSecure: Scalable provably-secure deep learning, *ArXiv Preprint ArXiv:1705.08963*, May, 2017. `https://arxiv.org/abs/1705.08963` DOI: 10.1109/dac.2018.8465894.

P. Samarati and L. Sweeney, Protecting privacy when disclosing information: k-anonymity and its enforcement through generalization and suppression, *Technical Report*, SRI International, 1998.

A. P. Sanil, A. F. Karr, X. Lin, et al., Privacy preserving regression modelling via distributed computation, In *Proc. of the 10th ACM SIGKDD International Conference on Knowledge Discovery and Data Mining*, pp. 677–682, August 2004. DOI: 10.1145/1014052.1014139.

N. P. Smart, The discrete logarithm problem on elliptic curves of trace one, *Journal of Cryptology*, 12:193–196, 1999. DOI: 10.1007/s001459900052.

J. Vaidya and C. Clifton, Privacy preserving association rule mining in vertically partitioned data, In *Proc. of the 8th ACM SIGKDD International Conference on Knowledge Discovery and Data Mining*, pp. 639–644, July 2002. DOI: 10.1145/775047.775142.

M. V. Dijk, C. Gentry, S. Halevi, et al., Fully homomorphic encryption over the integers, In *Annual International Conference on the Theory and Applications of Cryptographic Techniques*, pp. 24–43, Springer, 2010. DOI: 10.1007/978-3-642-13190-5_2.

S. Wagh, D. Gupta, and N. Chandran, SecureNN: Efficient and private neural network training, *IACR Cryptology ePrint Archive*, 2018.

Z. Brakerski and V. Vaikuntanathan, Efficient fully homomorphic encryption from (standard) LWE, In *IEEE 52nd Annual Symposium on Foundations of Computer Science*, pp. 97–106, October 2011. DOI: 10.1109/focs.2011.12.

L. Wan, W. K. Ng, S. Han, et al., Privacy-preservation for gradient descent methods, In *Proc. of the 13th ACM SIGKDD International Conference on Knowledge Discovery and Data Mining*, pp. 775–783, August 2007. DOI: 10.1145/1281192.1281275.

J.-S. Weng, J. Weng, M. Li, et al., DeepChain: Auditable and privacy-preserving deep learning with blockchain-based incentive, *IACR Cryptology ePrint Archive*, 2018.

A. F. Westin, Privacy and freedom, Washington Lee Law Review, 1968.

C. Xie, S. Koyejo, and I. Gupta, SLSGD: Secure and efficient distributed on-device machine learning, *ArXiv Preprint ArXiv:1903.06996*, March 2019. `https://arxiv.org/abs/1903.06996`

Y. Yin, I. Kaku, J. Tang, et al., *Application for privacy-preserving data mining*, Springer London, London, 2011. DOI: 10.1007/978-1-84996-338-1_14.

M. Chen, R. Mathews, T. Ouyang, et al., Federated learning of out-of-vocabulary words, *ArXiv Preprint ArXiv:1903.10635*, March 2019. `https://arxiv.org/abs/1903.10635`

A. Sergeev and M. D. Balso, Horovod: Fast and easy distributed deep learning in TensorFlow, *ArXiv Preprint ArXiv:1802.05799*, February 2018. `https://arxiv.org/abs/1802.05799`

coMind.org, Machine learning network for deep learning, `https://comind.org/`

V. Smith, C.-K. Chiang, M. Sanjabi, et al., Federated multi-task learning, In *Proc. of International Conference on Neural Information Processing Systems (NIPS)*, December 2017.

H. H. Zhuo, W. Feng, Q. Xu, et al., Federated reinforcement learning, *ArXiv Preprint ArXiv:1901.08277*, January 2019. `https://arxiv.org/abs/1901.08277`

WeBank AI Department, Federated learning white paper V1.0, September 2018. `https://aisp-1251170195.cos.ap-hongkong.myqcloud.com/fedweb/1552917186945.pdf`

S. Pouyanfar, S. Sadiq, Y. Yan, et al., A survey on deep learning: Algorithms, techniques, and applications, *ACM Computing Survey*, 51(5):1–36, January 2019. DOI: 10.1145/3234150.

W. G. Hatcher and W. Yu, A survey of deep learning: Platforms, applications and emerging research trends, *IEEE Access*, 6(24):411–432, April 2018. DOI: 10.1109/access.2018.2830661.

I. Goodfellow, Y. Bengio and A. Courville, *Deep Learning*, MIT Press, April 2016. `http://www.deeplearningbook.org`

The official GDPR website `https://ec.europa.eu/commission/priorities/justice-and-fundamental-rights/data-protection/2018-reform-eu-data-protection-rules_en`

DLA Piper, Data protection laws of the world: Full handbook, September 2019. `https://www.dlapiperdataprotection.com/`

Q. Yang, Y. Liu, T. Chen, et al., Federated machine learning: Concept and applications, *ArXiv Preprint ArXiv:1902.04885*, February 2019. `http://arxiv.org/abs/1902.04885` DOI: 10.1145/3298981.

H. B. McMahan, E. Moore, D. Ramage, et al., Communication-efficient learning of deep networks from decentralized data, *ArXiv Preprint ArXiv:1602.05629*, February 2016a. `https://arxiv.org/abs/1602.05629`

H. B. McMahan, E. Moore, D. Ramage, et al., Federated learning of deep networks using model averaging, February 2016b. `https://pdfs.semanticscholar.org/8b41/9080c d37bdc30872b76f405ef6a93eae3304.pdf`

H. Yu, S. Yang, and S. Zhu, Parallel restarted SGD with faster convergence and less communication: Demystifying why model averaging works for deep learning, *ArXiv Preprint ArXiv:1807.06629*, July 2018. `https://arxiv.org/abs/1807.06629` DOI: 10.1609/aaai.v33i01.33015693.

J. Konecný, H. B. McMahan, F. X. Yu, et al., Federated learning: Strategies for improving communication efficiency, *ArXiv Preprint ArXiv:1610.05492*, October 2016a. `http://arxi v.org/abs/1610.05492`

J. Konecný, H. B. McMahan, D. Ramage, et al., Federated optimization: Distributed machine learning for on-device intelligence, *ArXiv Preprint ArXiv:1610.02527*, October 2016b. `http: //arxiv.org/abs/1610.02527`

F. Hartmann, Federated learning, Master thesis, Free University of Berlin, May 2018. `http: //www.mi.fu-berlin.de/inf/groups/ag-ti/theses/download/Hartmann_F18.pdf`

F. Hartmann, Federated learning, August 2018. `https://florian.github.io/federated- learning/`

Y. Liu, Q. Yang, T. Chen, et al., Federated learning and transfer learning for privacy, security and confidentiality, *The 33rd AAAI Conference on Artificial Intelligence (AAAI)*, January 2019. `https://aisp-1251170195.file.myqcloud.com/fedweb/1552916850679.pdf`

T. Yang, G. Andrew, H. Eichner, et al., Applied federated learning: Improving Google keyboard query suggestions, *ArXiv Preprint ArXiv:1812.02903*, December 2018. `http://arxiv.org/ abs/1812.02903`

A. Hard, K. Rao, R. Mathews, et al., Federated learning for mobile keyboard prediction, *ArXiv Preprint ArXiv:1811.03604*, November 2018. `http://arxiv.org/abs/1811.03604`

Y. Zhao, M. Li, L. Lai, et al., Federated learning with non-IID data, *ArXiv Preprint ArXiv:1806.00582*, August 2018. `http://arxiv.org/abs/1806.00582`

F. Sattler, S. Wiedemann, K. Müller, et al., Robust and communication-efficient federated learning from non-IID data, *ArXiv Preprint ArXiv:1903.02891*, March 2019. `http://ar xiv.org/abs/1903.02891`

S. van Lier, Robustness of federated averaging for non-IID data, August 2018. `https://www.cs.ru.nl/bachelors-theses/2018/Stan_van_Lier___4256166___Robustness_of_federated_averaging_for_non-IID_data.pdf`

A. N. Bhagoji, S. Chakraborty, P. Mittal, et al., Analyzing federated learning through an adversarial lens, *ArXiv Preprint ArXiv:1811.12470*, March 2019. `http://arxiv.org/abs/1811.12470`

B. Han, An overview of federated learning, March 2019. `https://medium.com/datadriveninvestor/an-overview-of-federated-learning-8a1a62b0600d`

J. Mancuso, B. DeCoste, and G. Uhma, Privacy-preserving machine learning 2018: A year in review, January 2019. `https://medium.com/dropoutlabs/privacy-preserving-machine-learning-2018-a-year-in-review-b6345a95ae0f`

K. Cheng, T. Fan, Y. Jin, et al., Secureboost: A lossless federated learning framework, *ArXiv Preprint ArXiv:1901.08755*, January 2019. `http://arxiv.org/abs/1901.08755`

Y. Liu, T. Chen, and Q. Yang, Secure federated transfer learning, *ArXiv Preprint ArXiv:1812.03337*, January 2018. `http://arxiv.org/abs/1812.03337`

F. Chen, Z. Dong, Z. Li, et al., Federated meta-learning for recommendation, *ArXiv Preprint ArXiv:1802.07876*, February 2018. `http://arxiv.org/abs/1802.07876`

D. Liu, T. Miller, R. Sayeed, et al., FADL: Federated-autonomous deep learning for distributed electronic health record, *ArXiv Preprint ArXiv:1811.11400*, November 2018. `http://arxiv.org/abs/1811.11400`

L. Huang and D. Liu, Patient clustering improves efficiency of federated machine learning to predict mortality and hospital stay time using distributed electronic medical records, *ArXiv Preprint ArXiv:1903.09296*, March 2019. `http://arxiv.org/abs/1903.09296` DOI: 10.1016/j.jbi.2019.103291.

OpenMined. `https://www.openmined.org/`

Horovod. `https://github.com/horovod`

T. Ryffel, A. Trask, M. Dahl, et al., A generic framework for privacy preserving deep learning, *ArXiv Preprint ArXiv:1811.04017*, November 2018. `http://arxiv.org/abs/1811.04017`

OpenMined/PySyft. `https://github.com/OpenMined/PySyft`

T. Ryffel, Federated learning with PySyft and PyTorch, March 2019. https://blog.openmined.org/upgrade-to-federated-learning-in-10-lines/

WeBank AI Department, Federated AI technology enabler (FATE). https://github.com/FederatedAI/FATE

WeBank AI Department, The federated AI ecosystem project. https://www.fedai.org/#/

Tensorflow.org, Tensorflow federated (TFF): Machine learning on decentralized data. https://www.tensorflow.org/federated

A. Ingerman and K. Ostrowski, Introducing tensorflow federated, March 2019. https://medium.com/tensorflow/introducing-tensorflow-federated-a4147aa20041

Tensorflow/federated. https://github.com/tensorflow/federated

TensorFlow/Encrypted. https://github.com/tf-encrypted/tf-encrypted

coMindOrg/federated-averaging-tutorials. https://github.com/coMindOrg/federated-averaging-tutorials

IEEE P3652.1—Guide for architectural framework and application of federated machine learning. https://standards.ieee.org/project/3652_1.html and https://sagroups.ieee.org/3652-1/

The general data protection regulation (GDPR), April 2016. https://eur-lex.europa.eu/legal-content/EN/TXT/HTML/?uri=CELEX:32016R0679&from=EN

GDPR Info. https://gdpr-info.eu/

EU GDPR.ORG. https://eugdpr.org/

Overview of the general data protection regulation (GDPR). https://ico.org.uk/media/for-organisations/data-protection-reform/overview-of-the-gdpr-1-13.pdf

TechRepublic, GDPR: A cheat sheet. https://www.techrepublic.com/article/the-eu-general-data-protection-regulation-gdpr-the-smart-persons-guide/

A. Kotsios, M. Magnani, L. Rossi, et al., An analysis of the consequences of the general data protection regulation (GDPR) on social network research, *ArXiv Preprint ArXiv:1903.03196*, March 2019. http://arxiv.org/abs/1903.03196

A. Shah, V. Banakar, S. Shastri, et al., Analyzing the impact of GDPR on storage systems, *ArXiv Preprint ArXiv:1903.04880*, March 2019. http://arxiv.org/abs/1903.04880

A. Dasgupta and A. Ghosh, Crowdsourced judgement elicitation with endogenous proficiency, In *WWW*, pp. 319–330, 2013. DOI: 10.1145/2488388.2488417.

B. Faltings and G. Radanovic, *Game Theory for Data Science: Eliciting Truthful Information*, Morgan & Claypool Publishers, 2017. DOI: 10.2200/s00788ed1v01y201707aim035.

R. Jia, D. Dao, B. Wang, F. A. Hubis, N. Hynes, N. M. Gurel, B. Li, C. Zhang, D. Song and C. Spanos, Towards efficient data valuation based on the Shapley value, In *PLMR*, pp. 1167–1176, 2019.

Y. Kong and G. Schoenebeck, An information theoretic framework for designing information elicitation mechanisms that reward truth-telling, *ACM Transactions on Economics and Computation*, 7(1), article 2, 2019. DOI: 10.1145/3296670.

G. Radanovic, B. Faltings and R. Jurca, Incentives for effort in crowdsourcing using the peer truth serum, *ACM Transactions on Intelligent Systems and Technology*, 7(4), article 48, 2016. DOI: 10.1145/2856102.

A. Richardson, A. Filos-Ratsikas and B. Faltings, Rewarding high-quality data via influence functions, *arXiv 1908.11598*, 2019.

A. Singla and A. Krause, Truthful incentives in crowdsourcing tasks using regret minimization mechanisms, In *WWW*, pp. 1167–1178, 2013. DOI: 10.1145/2488388.2488490.

V. Shnayder, A. Agarwal, R. Frongillo, and D. C. Parkes, Informed truthfulness in multi-task peer prediction, In *ACM EC*, pp. 179–196, 2016. DOI: 10.1145/2940716.2940790.

S. Sirur, J. R. C. Nurse, and H. Webb, Are we there yet? understanding the challenges faced in complying with the general data protection regulation (GDPR), *ArXiv Preprint ArXiv:1808.07338*, September 2018. http://arxiv.org/abs/1808.07338 DOI: 10.1145/3267357.3267368.

University of Groningen, Understanding the GDPR. https://www.futurelearn.com/cour ses/general-data-protection-regulation/0/steps/32412

T. McGavisk, The positive and negative impact of GDPR. https://www.timedatasecurity .com/blogs/the-positive-and-negative-implications-of-gdpr

D. Roe, Understanding GDPR and its impact on the development of AI, April 2018. https://www.cmswire.com/information-management/understanding-gdpr-an d-its-impact-on-the-development-of-ai/

J. Pierce, Privacy and cybersecurity: A global year-end review, December 2018. https://www.insideprivacy.com/data-privacy/privacy-and-cybersecurity- a-global-year-end-review/

The California consumer privacy act (CCPA). https://www.caprivacy.org/ DOI: 10.2307/j.ctvjghvnn.

Information security technology—Personal information security specification. http://www.gb688.cn/bzgk/gb/newGbInfo?hcno=4FFAA51D63BA21B9EE40C51DD3CC40BE

G. Liang and S. S. Chawathe, Privacy-preserving inter-database operations, In *International Conference on Intelligence and Security Informatics*, pp. 66–82, Springer, 2004. DOI: 10.1007/978-3-540-25952-7_6.

M. Scannapieco, I. Figotin, E. Bertino, et al., Privacy preserving schema and data matching, In *Proc. of the ACM SIGMOD International Conference on Management of Data*, pp. 653–664, 2007. DOI: 10.1145/1247480.1247553.

R. Nock, S. Hardy, W. Henecka, et al., Entity resolution and federated learning get a federated resolution, *ArXiv Preprint ArXiv:1803.04035*, March 2018. http://arxiv.org/abs/1803.04035

S. J. Pan and Q. Yang, A survey on transfer learning, *IEEE Transactions on Knowledge and Data Engineering*, 22(10):1345–1359, 2010. DOI: 10.1109/tkde.2009.191.

S. J. Pan, I. W. Tsang, J. T. Kwok, and Q. Yang, Domain adaptation via transfer component analysis, *Proc. of the 21st International Joint Conference on Artificial Intelligence*, pp. 1187–1192, 2009. DOI: 10.1109/tnn.2010.2091281.

J. Augustine, N. Chen, E. Elkind, et al., Dynamics of profit-sharing games, *Internet Mathematics*, 1:1–22, 2015. DOI: 10.1080/15427951.2013.830164.

S. Barbara and M. Jackson, Maximin, leximin, and the protective criterion: Characterizations and comparisons, *Journal of Economic Theory*, 46(1):34–44, 1988. DOI: 10.1016/0022-0531(88)90148-2.

The Belmont report. *Technical Report*, National commission for the protection of human subjects of biomedical and behavioral research, *Department of Health, Education and Welfare*, United States Government Printing Office, Washington, DC, 1978.

G. Christodoulou, K. Mehlhorn, and E. Pyrga, Improving the price of anarchy for selfish routing via coordination mechanisms, In *ESA*, pp. 119–130, 2011. DOI: 10.1007/978-3-642-23719-5_11.

Regulation (EU) 2016/679 of the European Parliament and of the Council 27 April 2016 on the protection of natural persons with regard to the processing of personal data and on the free movement of such data, and repealing directive 95/46/ec (general data protection regulation), *Technical Report*, European Union, 2016.

B. Faltings, G. Radanovic, and R. Brachman, *Game Theory for Data Science: Eliciting Truthful Information*, Morgan & Claypool Publishers, 2017. DOI: 10.2200/s00788ed1v01y201707aim035.

S. Gollapudi, K. Kollias, D. Panigrahi, et al., Profit sharing and efficiency in utility games, In *ESA*, pp. 1–16, 2017.

K. Kollias and T. Roughgarden, Restoring pure equilibria to weighted congestion games, *ACM Transactions on Economics and Computation*, 3(4):21:1–21:24, 2015. DOI: 10.1145/2781678.

T. Luo, S. S. Kanhere, J. Huang, et al., Sustainable incentives for mobile crowdsensing: Auctions, lotteries, and trust and reputation systems, *IEEE Communications Magazine*, 55(3):68–74, 2017. DOI: 10.1109/mcom.2017.1600746cm.

J. R. Marden and A. Wierman, Distributed welfare games, *Operations Research*, 61(1):155–168, 2013. DOI: 10.1287/opre.1120.1137.

M. J. Neely, *Stochastic Network Optimization with Application to Communication and Queueing Systems*, Morgan & Claypool Publishers, 2010. DOI: 10.2200/s00271ed1v01y201006cnt007.

R. Shokri and V. Shmatikov, Privacy-preserving deep learning, In *Proc. of the ACM SIGSAC Conference on Computer and Communications Security (CCS)*, pp. 1310–1321, October 2015. DOI: 10.1109/allerton.2015.7447103.

P. von Falkenhausen and T. Harks, Optimal cost sharing protocols for scheduling games, In *Proc. of the 12th ACM Conference on Electronic Commerce (EC)*, pp. 285–294, June 2011. DOI: 10.1145/1993574.1993618.

S. Yang, F. Wu, S. Tang, et al., On designing data quality-aware truth estimation and surplus sharing method for mobile crowdsensing, *IEEE Journal on Selected Areas in Communications*, 35(4):832–847, 2017. DOI: 10.1109/jsac.2017.2676898.

H. Yu, C. Miao, Z. Shen, et al., Efficient task sub-delegation for crowdsourcing, In *29th AAAI Conference on Artificial Intelligence*, pp. 1305–1311, February 2015.

H. Yu, C. Miao, C. Leung, et al., Mitigating herding in hierarchical crowdsourcing networks, *Scientific Reports*, 6(4), 2016. DOI: 10.1038/s41598-016-0011-6.

H. Yu, Z. Shen, C. Miao, et al., Building ethics into artificial intelligence, *ArXiv Preprint ArXiv:1812.02953*, December 2018. http://arxiv.org/abs/1812.02953

H. Yu, C. Miao, Y. Zheng, et al., Ethically aligned opportunistic scheduling for productive laziness, *ArXiv Preprint ArXiv:1901.00298*, January 2019. http://arxiv.org/abs/1901.00298 DOI: 10.1145/3306618.3314240.

S. Ruder, *Neural Transfer Learning for Natural Language Processing*, National University of Ireland, Galway, 2019.

E. Bagdasaryan, A. Veit, Y. Hua, et al., ImageNet: A large-scale hierarchical image database, In *IEEE Conference on Computer Vision and Pattern Recognition*, pp. 248–255, 2009. DOI: 10.1109/CVPR.2009.5206848.

H. B. McMahan and D. Ramage, Federated learning: Collaborative machine learning without centralized training data, April 2017. https://ai.googleblog.com/2017/04/federated-learning-collaborative.html

K. Xu, W. Hu, J. Leskovec, et al., How powerful are graph neural networks?, *ArXiv Preprint ArXiv:1810.00826*, October 2018. http://arxiv.org/abs/1810.00826

D. Preuveneers, V. Rimmer, I. Tsingenopoulos, et al., Chained anomaly detection models for federated learning: An intrusion detection case study, In *Applied Sciences*, December 2018. DOI: 10.3390/app8122663.

Y. Zheng, F. Liu, and H. Hsieh, U-Air: When urban air quality inference meets big data, In *Proc. of the 19th ACM SIGKDD International Conference on Knowledge Discovery and Data Mining (KDD)*, pp. 1436–1444, New York, 2013. https://doi.org/10.1145/2487575.2488188 DOI: 10.1145/2487575.2488188.

CNNIC publishes the 41st statistical report on China's Internet development in China. https://www.lexology.com/library/detail.aspx?g=911ae57f-50da-4c53-ab75-2376272b2021

eMarketer publishes Worldwide Internet and mobile users: eMarketer's updated estimates and forecast for 2017–2021. https://www.emarketer.com/Report/Worldwide-Internet-Mobile-Users-eMarketers-Updated-Estimates-Forecast-20172021/2002147

R. S. Sutton and A. G. Barto, *Introduction to Reinforcement Learning*, MIT Press, 1998.

G. A. Rummery and M. Niranjan, *On-Line Q-Learning Using Connectionist Systems*, Cambridge University Engineering Department, 1994.

C. Watkins and P. Dayan, Q-learning, In *Machine Learning*, pp. 279–292, 1992. DOI: 10.1007/bf00992698.

J. Chen, X. Pan, R. Monga, et al., Revisiting distributed synchronous SGD, March 2017. http://arxiv.org/abs/1604.00981

V. Mnih, A. P. Badia, M. Mirza, et al., Asynchronous methods for deep reinforcement learning, In *Proc. of the 33rd International Conference on Machine Learning*, pp. 1928–1937, June 2016.

A. Nair, P. Srinivasan, S. Blackwell, et al., Massively parallel methods for deep reinforcement learning, July 2015. `http://arxiv.org/abs/1507.04296`

A. V. Clemente, H. N. Castejón, and A. Chandra, Efficient parallel methods for deep reinforcement learning, May 2017. `http://arxiv.org/abs/1705.04862`

V. Chen, V. Pastro, and M. Raykova, Secure computation for machine learning with SPDZ, January 2019. `https://arxiv.org/abs/1901.00329`

R. Cramer, I. Damgård, D. Escudero, et al., $SPDZ_{2^k}$: Efficient MPC mod 2k for dishonest majority, In *Annual International Cryptology Conference*, pp. 769–798, Springer, 2018.

R. Gilad-Bachrach, N. Dowlin, K. Laine, et al., CryptoNets: Applying neural networks to encrypted data with high throughput and accuracy, In *International Conference on Machine Learning*, pp. 201–210, 2016.

C. Juvekar, V. Vaikuntanathan, and A. Chandrakasan, Gazelle: A low latency framework for secure neural network inference, In *USENIX Security Symposium*, 2018.

D. Chai, L. Wang, K. Chen, and Q. Yang, Secure federated matrix factorization, June 2019. `https://arxiv.org/abs/1906.05108`

N. Phan, X. Wu, and D. Dou, Preserving differential privacy in conutional deep belief networks, In *Machine Learning*, 106(9):1681–1704, October 2017. DOI: 10.1007/s10994-017-5656-2.

A. Triastcyn and B. Faltings, Generating differentially private datasets using GANs, February 2018. `https://openreview.net/pdf?id=rJv4XWZA-`

L. Yu, L. Liu, C. Pu, et al., Differentially private model publishing for deep learning, May 2019. `https://arxiv.org/abs/1904.02200` DOI: 10.1109/sp.2019.00019.

X. Chen, T. Chen, H. Sun, et al., Distributed training with heterogeneous data: Bridging median- and mean-based algorithms, June 2019. `https://arxiv.org/abs/1906.01736`

L. Li, W. Xu, T. Chen, et al., RSA: Byzantine-robust stochastic aggregation methods for distributed learning from heterogeneous datasets, November 2018. `https://arxiv.org/abs/1811.03761` DOI: 10.1609/aaai.v33i01.33011544.

M. Duan, Astraea: Self-balancing federated learning for improving classification accuracy of mobile deep learning applications, July 2019. `https://arxiv.org/abs/1907.01132`

iResearch, Report on China's smart cities development, 2019. `https://www.iresearch.com.cn/Detail/report?id=3350&isfree=0`

A. Chen, IBM's Watson gave unsafe recommendations for treating cancer, July 2018. https://www.theverge.com/2018/7/26/17619382/ibms-watson-cancer-ai-healthcare-science

L. Mearian, Did IBM overhype Watson health's AI promise?, November 2018. https://www.computerworld.com/article/3321138/did-ibm-put-too-much-stock-in-watson-health-too-soon.html

A. van den Oord, S.Dieleman, H. Zen, et al., WaveNet: A generative model for raw audio, September 2016. https://arxiv.org/abs/1609.03499

F. Baldimtsi, D. Papadopoulos, S. Papadopoulos, et al., Server-aided secure computation with off-line parties, In *Computer Security—ESORICS*, pp. 103–123, 2017. DOI: 10.1007/978-3-319-66402-6_8.

R. Bost, R. A. Popa, S. Tu, and S. Goldwasser, Machine learning classification over encrypted data, In *NDSS*, pp. 103–123, February 2015. DOI: 10.14722/ndss.2015.23241.

Covington and Burling LLP, Inside privacy: Updates on developments in data privacy and cybersecurity, July 2019. https://www.insideprivacy.com/uncategorized/china-releases-draft-measures-for-the-administration-of-data-security/

H. Guo, R. Tang, Y. Ye, et al., DeepFM: A factorization-machine based neural network for CTR prediction, In *Proc. of the 26th International Joint Conference on Artificial Intelligence, IJCAI*, pp. 1725–1731, August 2017. https://doi.org/10.24963/ijcai.2017/239 DOI: 10.24963/ijcai.2017/239.

O. Habachi, M.-A. Adjif, and J.-P. Cances, Fast uplink grant for NOMA: A federated learning based approach, March 2019. https://arxiv.org/abs/1904.07975

S. Niknam, H. S. Dhillon, and J. H. Reed, Federated learning for wireless communications: Motivation, opportunities and challenges, September 2019. https://arxiv.org/abs/1908.06847

K. B. Letaief, W. Chen, Y. Shi, et al., The roadmap to 6G—AI empowered wireless networks, July 2019. https://arxiv.org/abs/1904.11686 DOI: 10.1109/mcom.2019.1900271.

Z. Zhou, X. Chen, E. Li, et al., Edge intelligence: Paving the last mile of artificial intelligence with edge computing, May 2019. https://arxiv.org/abs/1905.10083 DOI: 10.1109/jproc.2019.2918951.

G. Zhu, D. Liu, Y. Du, et al., Towards an intelligent edge: Wireless communication meets machine learning, September 2018. https://arxiv.org/abs/1809.00343

S. Samarakoon, M. Bennis, W. Saad, and M. Debbah, Federated learning for ultra-reliable low-latency V2V communication, In *Proc. of the IEEE Globecom*, 2018. DOI: 10.1109/glocom.2018.8647927.

E. Jeong, S. Oh, H. Kim, et al., Communication-efficient on-device machine learning: Federated distillation and augmentation under non-IID private data, *NIPS Workshop*, Montreal, Canada, 2018.

M. Bennis, Trends and challenges of federated learning in the 5G network, July 2019. `https://www.comsoc.org/publications/ctn/edging-towards-smarter-network-opportunities-and-challenges-federated-learning`

J. Park, S. Samarakoon, M. Bennis, and M. Debbah, Wireless network intelligence at the edge, September 2019. `https://arxiv.org/abs/1812.02858` DOI: 10.1109/jproc.2019.2941458.

Q. Li, Z. Wen, and B. He, Federated learning systems: Vision, hype and reality for data privacy and protection, July 2019a. `http://arxiv.org/abs/1907.09693`

T. Li, A. K. Sahu, A. Talwalkar, and V. Smith, Federated learning: Challenges, methods, and future directions, August 2019. `https://arxiv.org/abs/1908.07873`

F. Mo and H. Haddadi, Efficient and private federated learning using TEE, March 2019. `https://eurosys2019.org/wp-content/uploads/2019/03/eurosys19posters-abstract66.pdf`

R. C. Geyer, T. Klein, and M. Nabi, Differentially private federated learning: A client level perspective, March 2018. `https://arxiv.org/abs/1712.07557`

M. Al-Rubaie and J. M. Chang, Reconstruction attacks against mobile-based continuous authentication systems in the cloud, In *IEEE Transactions on Information Forensics and Security*, 11(12):2648–2663, 2016. DOI: 10.1109/tifs.2016.2594132.

M. Fredrikson, S. Jha, and T. Ristenpart, Model inversion attacks that exploit confidence information and basic countermeasures, In *Proc. of the 22nd ACM SIGSAC Conference on Computer and Communications Security*, pages 1322–1333, 2015. DOI: 10.1145/2810103.2813677.

P. Xie, B. Wu, and G. Sun, BAYHENN: Combining Bayesian deep learning and homomorphic encryption for secure DNN inference, In *Proc. of the 28th International Joint Conference on Artificial Intelligence, IJCAI*, pages 4831–4837, Macao, China, August 10–16, 2019. DOI: 10.24963/ijcai.2019/671.

R. Shokri, M. Stronati, C. Song, and V. Shmatikov, Membership inference attacks against machine learning models, In *IEEE Symposium on Security and Privacy (SP)*, pages 3–18, 2017. DOI: 10.1109/sp.2017.41.

D. Wang, L. Zhang, N. Ma, and Xiaobo Li, Two secret sharing schemes based on Boolean operations, *Pattern Recognition*, 40(10):2776–2, 2017. DOI: 10.1016/j.patcog.2006.11.018.

K. Xu, H. Mi, D. Feng, et al., Collaborative deep learning across multiple data centers, October 2018. https://arxiv.org/abs/1810.06877

I. Cano, M. Weimer, D. Mahajan, et al., Towards geo-distributed machine learning, March 2016. https://arxiv.org/abs/1603.09035

A. Reisizadeh, A. Mokhtari, H. Hassani, et al., FedPAQ: A Communication-efficient federated learning method with periodic averaging and quantization, October 2019. https://arxiv.org/abs/1909.13014

L. Wang, W. Wang, and B. Li, CMFL: Mitigating communication overhead for federated learning, In *Proc. of the 39th IEEE International Conference on Distributed Computing Systems (ICDCS)*, July 2019.

K. Hsieh, A. Harlap, N. Vijaykumar, et al., Gaia: Geo-distributed machine learning approaching LAN speeds, In *NSDI*, pp. 629–647, 2017.

A. Zhang, Z. C. Lipton, M. Li, and A. J. Smola, Dive into deep learning, October 2019. https://en.d2l.ai/d2l-en.pdf

T.-Y. Liu, W. Chen, T. Wang, and F. Gao, *Distributed Machine Learning: Theories, Algorithms, and Systems*, China Machine Press, September 2018. (In Chinese, ISBN 978-7-111-60918-6.)

J. Redmon, S. Divvala, R. Girshick, and A. Farhadi, You only look once: Unified, real-time object detection, May 2016. Available: https://arxiv.org/abs/1506.02640

H. Yu, Z. Liu, Y. Liu, T. Chen, M. Cong, X. Weng, D. Niyato, and Q. Yang, A fairness-aware incentive scheme for federated earning, In *Proc. of the 3rd AAAI/ACM Conference on Artificial Intelligence, Ethics, and Society (AIES-20)*, 2020.

F. Haddadpour, M. M. Kamani, M. Mahdavi, and V. R. Cadambe, Local SGD with periodic averaging: Tighter analysis and adaptive synchronization, October 2019. https://arxiv.org/abs/1910.13598

P. Kairouz, H.B. McMahan, B. Avent, et al., Advances and open problems in federated learning, December 2019. https://arxiv.org/abs/1912.04977

# 찾아보기

# 연합학습

발 행 | 2022년 8월 22일

**지은이** | 치양 양 · 양 리우 · 용 청 · 옌 캉 · 텐젠 첸 · 한 유
**옮긴이** | 이 태 휘

**펴낸이** | 권 성 준
**편집장** | 황 영 주
**편 집** | 조 유 나
　　　　 김 다 예
**디자인** | 윤 서 빈

에이콘출판주식회사
서울특별시 양천구 국회대로 287 (목동)
전화 02-2653-7600, 팩스 02-2653-0433
www.acornpub.co.kr / editor@acornpub.co.kr

한국어판 © 에이콘출판주식회사, 2022, Printed in Korea.
ISBN 979-11-6175-671-4
http://www.acornpub.co.kr/book/federated-learning

책값은 뒤표지에 있습니다.